JN091981

民主主義は支えられることを求めている！

瀬川至朗＝編著

「石橋湛山記念 早稲田ジャーナリズム大賞」記念講座2021

早稲田大学出版部

はじめに

早稲田大学　政治経済学術院教授
（本賞選考委員）
瀬川至朗

二〇二一年のノーベル平和賞は、フィリピンとロシアで活動する二人のジャーナリストに贈られることになった。

ノーベル平和賞の受賞者といえば、人権活動家や政治家、平和団体などが多い印象がある。佐藤栄作元首相が受賞した一九七四年以降で見ると、二〇一一年に「女性の権利のための非暴力闘争」で受賞した三人の一人であるタワックル・カルマンさん（イエメン）が、ジャーナリスト・人権活動家と紹介されているぐらいで、ジャーナリストの受賞は極めて珍しいようだ。速報に触れ、当初は素直に喜ばしいことと感じたが、その後、ノルウェー・ノーベル委員会（ノーベル平和賞選考担当、以下ノーベル委員会）のプレスリリースを読む機会があり、今回の授賞は、世界が直面している「民主主義の後退」に対する警鐘の意味合いが強いのだろうと考え直した。

二人は、フィリピンのデジタル報道メディア「ラップラー」代表（共同創設者）のマリア・レッサさんと、ロシアの独立系新聞「ノヴァヤ・ガゼータ」編集長（共同創設者）のドミトリー・ムラトフさんである。いずれも、伝統的な大手マスメディアではない。

レッサさんが代表を務める「ラップラー」は、ドゥテルテ政権の強権的な「麻薬撲滅キャンペーン」（麻薬犯罪容疑者の殺人を容認）に対する報道をはじめ、政権による権力乱用や暴力容認、言論弾圧に厳しく対峙してきた。一方で、最近二年以内にレッサさんとラップラーに一〇件の逮捕状が出され、レッサさん自身、サイバー名誉毀損の罪で有罪判決を受けている（二〇二一年一〇月時点で控訴中）。ムラトフさんの「ノヴァヤ・ガゼータ」も、汚職や不当逮捕、選挙不正、ネット情報操作の「トロール工場」についての記事など、プーチン政権などの強硬な姿勢を事実に基づいて批判してきた。創刊以来、同紙の六人の記者が殺害されたという。

政権からは嫌がらせや脅迫などの圧力が繰り返される。それでも二人は怯むことなく、表現の自由の旗を掲げている。ノーベル委員会のプレスリリースに記された次の一文が目にとまった。

「民主主義と報道の自由がますます逆境に置かれる世界において、二人は、理想のために立ち上がるジャーナリストたちの代表です」。

この文章が指摘する世界の民主主義の退潮傾向を示す事例を、私たちは知っている。二〇二一年に限っても、トランプ前大統領支持グループによる米議会襲撃事件（一月）、ミャンマー国軍のクーデターによる政権掌握（二月）、アフガニスタンでのタリバン政権の復活（八月）を挙げることができる。データにも退潮傾向は示されている。スウェーデンの調査機関「Ｖ-Ｄｅｍ」の「デモクラシーリポート２０２１」

は「拡散する専制化」を主見出しに採っている。この報告書によると、近年、世界における民主化の衰退と専制主義の拡大が顕著であり、過去一〇年で「自由民主主義国家」は四一から三二に減少している。また、英エコノミスト誌の関連会社「エコノミスト・インテリジェンス・ユニット」が調査・作成する各国の民主主義指数の世界平均値は二〇一五年をピークに減少傾向にあり、コロナ禍の二〇二〇年は特に減少幅が大きかったという。

先に、今回のジャーナリストへのノーベル平和賞授賞は、「民主主義の後退」に対し、ノーベル委員会が警鐘を鳴らす意味合いがあると書いた。そのことをより強く感じたのは、もう一人、八六年前（一九三五年）に「思想と表現の自由」を理由にノーベル平和賞を受賞したジャーナリストがいることを知ったからだ。ドイツ人ジャーナリストのカール・フォン・オシエツキー。今回の受賞者のレッサさんが、インタビュー記事のなかで「過去のジャーナリスト受賞者」として言及していた人である。

オシエツキーは、第一次世界大戦後、雑誌『ディ・ヴェルトビューネ』で、ドイツがベルサイユ条約（第一次世界大戦終結の講和条約）に違反して再軍備を密かに進めていることを暴いた。一九三一年、反逆罪に問われ、ヒトラー内閣の誕生後には強制収容所に送り込まれた。拘留中の受賞となった一九三五年はヒトラー政権がベルサイユ条約を破棄し、再軍備を宣言した年である。その後、第二次世界大戦に向かって世界が動いたことを考えると、「民主主義の後退」に対する二〇二一年の警鐘メッセージはより鮮明に見えるだろう。

今日、社会における「分断」と「格差」が進み、メディアも分断を促進しているような状況が起きている。メディアに対する市民の信頼度も、各国ともに漸減傾向にあるといわれる。はたしてジャーナリズムに何ができるのだろうか。そんな素朴な疑問に、ノーベル委員会は明確に答えてくれている。

「自由で独立した、事実に基づくジャーナリズムは、権力の乱用や嘘、戦争プロパガンダに対抗して守る役割を果たします。ノルウェー・ノーベル委員会は、表現の自由と情報の自由が、市民への確実な情報提供に役立つことを確信しています。これらの権利は民主主義と戦争・紛争防止にとって大前提となります」。

つまりは、こういうことである。ジャーナリズムとは、市民に適切な情報を提供することで、民主主義を支え、戦争・紛争を防止する機能を果たすものである。そして、ジャーナリズムがそのような機能を十二分に果たすために、「表現の自由」の権利が大前提となる。ノーベル委員会のメッセージは警鐘だけではない。ジャーナリスト活動の重要性を指摘し、彼ら彼女らを激励する意味も込められている。マリア・レッサさんは受賞について次のように語っている。

「私たちは事実のための闘いを続けてきました。そして突然、ノーベル委員会が、これは闘うべき争いであることを認めてくれたのです」（ハーバード・ケネディスクールHP　インタビュー記事）。

本書のタイトルである『民主主義は支えられることを求めている！』は、以上のようなノルウェー・ノーベル委員会のメッセージを包摂した文言であることを理解していただけると思う。

早稲田大学は、石橋湛山記念 早稲田ジャーナリズム大賞の受賞者を中心に講師として招聘する記念講座「ジャーナリズムの現在」を各年度春学期に開講している。二〇二〇年度は、新型コロナウイルス感染症の初期の拡大期にも重なり、休講措置を取った。二〇二一年度は開講し、二〇二〇年度の受賞者と同時に、前年お呼びできなかった二〇一九年度の受賞者もお招きし、学生に向けてお話しいただいた。本書はその講義録である。二年間の優れたジャーナリズム活動がこの一冊に詰まっている。

計一五回の講義を聴いて感じるのは、いずれも、市民が自由で自律的な社会を築いていくために必要な情報を市民に伝えようとする作品であり、真摯で誠実なジャーナリズムの営みだということである。日頃、何となくメディアに対して不信感を抱いているような人にこそ、本書を手に取っていただきたい。共感できる部分も少なくないのではないかと思う。

なお今回は、一五作品を、早稲田ジャーナリズム大賞の三部門である「公共奉仕部門」「草の根民主主義部門」「文化貢献部門」を柱とする三部構成に編成し、配置することにした。受賞作品は受賞部門に置き、ファイナリスト作品も、編者らが検討し、ふさわしいと思われる部に配した。わかりやすい構成になったと考えているが、ご意見を頂戴できれば幸いである。

目次

原発事故から一〇年──福島第一原発の作業員を追い続けて

II 草の根からの民主主義

I

公共に奉仕する

「公文書クライシス」とその取材手法

毎日新聞　社会部記者
大場弘行

一　調査報道の手法

端緒をつかみ、仮説を立て、証拠を集め、事実を固める

調査報道をテーマにお話しします。通常の報道との違いは、発表された情報をベースにした報道ではないことです。報道の根拠となる事実を記者が自力で調べて集める。そして「私たちの調査で判明した」と自らの責任において報道するものです。

調査報道には二つのパターンがあります。一つはスクープ型で、「政治家が一億円の賄賂を受け取っていた」というようなストレートニュース系の報道です。もう一つはキャンペーン型で、現場で情報を集め

て、「都会で孤独死が相次いでいる」というような社会問題を掘り起こすものです。私は今、スクープ型の記事を狙いつつ、キャンペーン型の調査報道を行っています。

調査報道の基本は、端緒をつかんで、仮説を立て、証拠を集め、事実を固めていくことです。これが簡単なようで意外と難しい。二〇二〇年五月一四日に新聞掲載した私の記事を参考に説明してみます。記事の内容は、ある議員が国会審議中なのにタブレットでワニの動画を見ていたというものです。議員は自民党の平井卓也氏。菅義偉政権（当時）では要となるデジタル改革担当大臣を務めています。

問題の国会審議は、検察庁法改正案に関するもので、政権による司法介入を許す「改悪」との批判が噴出していました。つまり注目の審議だったのです。平井議員はその最中に巨大なワニが歩いたり、大蛇にかみつかれたりする動画を見ていました。私がその様子を撮影できたのは偶然ではありません。狙っていたのです。

私は社会部の国会担当も兼務しています。二〇二〇年四月、審議を見に行くと、スマートフォンを見ている議員が異常に多いことに驚きました。これは報道する必要があると思っていたのです。検察庁法の改正案のような重要な審議でも、必ずスマホを見る議員がいるはずだ。その様子を報道すればインパクトは大きい。端緒をつかみ、こう仮説を立てたのです。

さすがに、大きなタブレット画面で堂々とワニ動画を見ることまでは予想できませんでしたが、冷静に撮影を進めます。動画の閲覧が一瞬ではないことを証明するために、一定の時間間隔で連続撮影していきます。レンズをワイドにして議場内の時計も写し込む。この時間に動画を見ていた証拠になるからです。動画に夢中の平井議員と答弁中の担当大臣の姿も一緒に収める。象徴的なシーンになるからです。さらに、手前の記者席も入れて写します。記者席からルールを守って取材していることを証明するためです。

ほかの議員の様子もチェックします。別の自民党議員が記者席から離れた議員席で、娯楽小説を読みふけっていました。今度は本を特定するために、レンズを望遠にして狙います。このように瞬時に状況を判断し、必要な証拠を集め、事実を固めていくのです。

問題を普遍化させる

二人を撮影したのは理由があります。一人のケースだけでは、個人の問題にわい小化されてしまうからです。しかし二人であれば、横行している実態を伝えられる。調査報道の手法の一つは、問題行為の広がりを明らかにして、社会問題として提示することです。私たちはこれを「普遍化させる」と呼んでいます。

その「普遍化」をより確かなものにするために、私は本格的な調査に入りました。一カ月間カメラをかついで議場を回り、新たに八人の問題行為を確認しました。落語家の「まくら集」や推理小説を読んだり、スマホで通販サイトの閲覧や健康商品のモニター登録をしたりしていました。今度はその八人の様子を写真付きで報道して、問題行為の横行を動かしがたい事実として伝えました。

報道はこれで終わりません。国会議員は、規則で議事と関係のない書籍などを読む行為を禁じられています。にもかかわらず、議員はなぜ小説やスマホに手を伸ばすのか。背景には、長年放置されてきた国会の構造的な問題があるのです。

取り上げた一〇人のうち九人が自民党、つまり与党の議員です。国会は主に法案を審議する場ですが、自民党議員は退屈してしまうのです。法案の多くは、まず官庁が作り、与党の自民党本部で事前審査が行われます。党の部会で議員が意見を述べ合い、党として問題ない形に完成させます。その後、内閣を通して国会に提出されるのですが、自民党議員は事前審査済みなので質問することがない。党議拘束もあるため反対意見も言えません。

「定足数」のルールも関係しています。国会審議は一定の出席者数を満たさないと成立しません。このため、法案を通したい与党の自民党議員は数合わせのためだけに黙って何時間も座っていなければならないのです。

野党は法案に必死で反対するものの、実は結論を知っています。国会の日程や質疑時間は、与野党の国会対策委員長が水面下で協議して決めています。与党は法案を会期内に通したい。野党は抵抗する様子を国民に見せたい。国対委員長の間で、野党に質問の時間を多く与える代わりに、最終的には法案を日程どおり成立させることで話がついているのです。つまり、出来レース。これが世に言う「国対政治」です。退屈する背景にはこうした事情もあるのです。

自民党内での事前審査や国対政治は戦後五〇年以上続く国会の因習で、いずれも密室で行われています。ここでの議論や協議は、本来なら言論の府である国会の議場で行い、国民に明らかにされるべきものです。

この調査報道はシンプルなものです。まず象徴的な場面を提示して、ほかの事例を集めて「普遍化」させる。活字の記事による解説で背景を深掘りし、専門家の分析も紹介しました。そのうえで「記者の目」というコラム欄で私はこう主張しました。ワニ動画問題の背景には国会審議の形骸化がある。それは民主主義制度に関わる問題でもある。単なる笑い話では済まされない。国会改革を進めるべきではないか、と。

二　闇に葬られる記録

公文書とは何か

私は二〇一八年一月、公文書をテーマとしたキャンペーン報道を始めました。「公文書クライシス」というシリーズです。

公文書の問題も民主主義制度と深い関わりがあります。公文書は国の活動を歴史として記録し、後世に伝え残すものです。一方で、公文書管理法第一条ではこうも定義されています。「健全な民主主義の根幹を支える国民共有の知的資源として、主権者である国民が主体的に利用し得るもの」。つまり、国民が国の活動を自ら検証するために不可欠なものということです。このため、情報公開法で公文書を請求する権利が国民に認められています。

官僚にとっても公文書は重要なものです。若手官僚は入省直後から記録を取ることを叩き込まれます。政策や法案の打ち合わせ内容から政治家とのやりとりまで、ほぼすべてを克明に記録します。記者から取材を受けてもその応答内容を書き残しています。官庁は良くも悪くも前例主義で物事を決めていきますが、記録がなければ前例がわからなくなります。しかし、近年、「森友学園」や「桜を見る会」の問題などで公文書の隠蔽（いんぺい）が相次いで明るみに出ました。官僚たちはどうやって公文書を隠しているのか。そもそもなぜ隠すのか。「公文書クライシス」はその実態に迫る調査報道です。

どんな文書があるかを知る

森友学園の問題は、安倍晋三政権下で起きました。財務省が安倍氏の夫人と関係のある学園を優遇し、国有地を不当に安く売り渡したのではないかという疑惑です。その経緯がわかる記録が隠蔽され、さらには改竄までされていました。財務省は問題発覚後、隠していた記録を公表しました。それを見ると、公文書にはさまざまなものがあるとわかります。決裁文書、起案書、報告書、交渉記録――。特に学園側との交渉記録には、いつ、どこで、どんなやりとりをしたのか詳細に書かれ、担当者らの印が押されていました。まぎれもない公文書なのにそれを平然と隠していたのです。

公文書にはこのほか、出張報告書など必ず作らないといけないものがたくさんあります。官庁にどんな公文書があるかを知ることは相手の手のうちを知ることでもあります。記者はこうした点を押さえて情報公開請求をします。ただ、財務省の対応からわかるように、官僚たちはそう簡単に出しません。その実態を見ていきましょう。

ぼかされたファイル名

情報公開制度は国民が公文書を見る権利、つまり、知る権利を保障するものです。この制度自体も骨抜きにされています。国民は官庁がどんな公文書を保有しているのかわかりません。このため、政府は専用ウェブサイト「e-Gov（イーガブ）」を開設し、国民が必要な公文書を探せるようにしています。

仕組みを簡単に説明します。官僚は公文書を作成すると、それをとじるファイルを作り、そのファイル名を電子登録するルールになっています。この登録ファイル名を国民はイーガブ上で閲覧できます。検索してめぼしいファイルが見つかると、このファイルのなかに入っている文書を開示してほしいと省庁に請求するわけです。

私たち新聞記者は官庁に人脈を持っています。私にも複数の協力者がいます。そのうちの一人の防衛省の官僚から、イーガブに登録されたファイル名を見せられたことがあります。ファイル名は「報告書」。その官僚から「このファイルにどんな公文書が入っているかわかりますか?」と聞かれました。わからないと首をふると、官僚はこう言いました。「当然です。中身がわからないようにわざとぼかして書いているのですから」。しかも、そうする理由は「情報公開請求を回避するためです」と明かしたのです。

重大な問題だと思いました。確かにイーガブで検索して出てくるファイル名は抽象的なものが多い。ただ、一人の官僚の証言だけで報道するわけにはいきません。どうすればファイル名ぼかしの横行を証明できるか。つまり「普遍化」できるかということです。私はその官僚に繰り返し会いました。旧知の仲とはいえ、簡単に内部情報を教えてはくれません。それでもヒントはくれる。防衛省内に手がかりになるリストがあると教えてくれました。リストには、名前がぼかされたファイルにどんな文書がとじられているか書いてあるというのです。それを防衛省に請求してみることにしました。

「レコードスケジュール」と呼ばれるリストが出てきました。複数のファイルの名前や作成日、種別などの情報が一覧になったもので、ファイル名が抽象的な場合にはどんな文書が入っているか補足説明を書く欄がありました。つまり、この欄に補足説明があるファイルは、防衛省自らが抽象的なファイル名を付けていると認めたものということです。

請求したリストは二〇一六年度分だけでしたが、補足説明のあったファイルを数えると、四万件以上あ

写真1　公文書問題が相次ぐ霞が関

りました。リストの内容を取材班で一カ月近くかけて詳細に分析しました。すると、名前が単に「報告書」とされていたファイルには懲戒処分の報告書が入っていました。「服務指導」の名前のファイルの中身はセクハラに関する文書、「運用一般」の名前のファイルの中身は、国民に反対の声もあった自衛隊のイラク復興支援派遣に関する記録でした。

旧知の官僚の証言のとおり、目的が公文書隠しにある可能性が極めて高い。私たちはこの問題を新聞のトップニュースにして報じました。当時の小野寺五典防衛大臣が記事を読んで、抽象的なファイル名を書き直すよう指示を出しました。

ファイル名ぼかしは防衛省だけの問題ではありません。ほぼすべての省庁に広がっています。取材でわかっただけでも三九省庁に二〇万件ありました。複数の官僚の証言から、始まった経緯もわかりました。きっかけは二〇〇一年に情報公開法が施行され、イーガブ検索の仕組みができたことでした。ファイル名ぼかしの作業は「丸める」という隠語で呼ばれ、省ぐるみで行われたというのです。

三　公文書化されない電子メール

紙の報告書に取って代わるメール

次は電子メールと公文書の問題です。官僚には公用メールのアドレスが与えられています。旧知の文部科学省の官僚からこんな話を教えてもらいました。官庁内でメールによる報告が増え、紙の報告書に取って代わりつつある。重要な内容まで書かれるようになっているのに、メールが公文書にされていない――。

ただ、ファイル名ぼかしのときと同じように、一人の官僚の証言だけでは説得力がありません。そこで、複数の証言を集めることにしました。取材に応じたのは、公文書管理に関わる六省庁の八人。いずれも「メールは公文書にしていない」と口をそろえました。証言から使用実態もわかりました。官僚たちはメールを一日に一〇通から一〇〇通ほど受け取る。そのなかには政治家とのやりとりの報告も含まれている。ところが、「メールは文書じゃない。電話で話すのと同じ」などという理屈で公文書として扱っていない。だから国民から開示請求が来ても平気で「ない」と答えるというのです。

この取材と並行して、情報公開制度を使った実験もしました。題材に選んだのは森友学園問題。学園側が野党の求めに応じ、保有していた大量の書類をオープンにしていました。そのなかに、財務省の担当者とやりとりしたメールが複数ありました。財務省内にはこのほかにも、森友案件に関して省内や関係機関との間で交わしたメールが大量にあるはずです。そこで私たちは森友案件に関して送受信されたすべての公用メールを請求したのです。回答は「メールは一通もない」でした。メールを公文書として扱っていないことがこの回答からも裏付けられたといえます。

「私用メール」という盲点

公用メールは、政務三役と呼ばれる大臣、副大臣、政務官にも与えられています。省庁のかじ取りを担う政治家たちです。彼らのメールも開示請求してみました。

請求対象者は二〇一六年八月から約一年間の約一三〇人。ところが、開示されたのは一通だけでした。当時の厚生労働副大臣が職員に働き方改革の推進を呼びかけたメールで、庁内の掲示板に載るような当たり障りのないものでした。

政務三役は各省の意思決定に関わります。そのメールの重要度は、官僚のそれより高いはずです。なぜ残していないのか。今度は政務三役経験者に直接インタビュー取材をかけることにします。

すると、公用メールではなく「Gメール」のような私用メールを使っているという証言が複数得られました。取材に応じた元内閣府副大臣の福田峰之氏の証言は衝撃的でした。公用メールは官庁内の執務室の備え付けパソコンを開かなければ確認できないから使いものにならない。このため、官僚やほかの副大臣らとの業務のやりとりはもっぱら私有のスマホを使い、ＬＩＮＥでしていたというのです。

ある元大臣の証言も驚きでした、公用メールはサーバーから官僚に盗み見られる恐れがある。大臣用の官用スマホもあるが、アプリがインターネットに常時つながっているためハッキングされかねない。だから重要な情報を首相ら政府首脳に伝えるときは私有のガラケーのメールを使っていた――。

政務三役が私有のパソコンや携帯電話で送受信したメールやメッセージは「私的なもの」として扱われ、公文書の対象から外れています。公文書管理の大きな抜け道、盲点になっているのです。ただ、そこまで厳密に公文書にして残す必要があるかという疑問もあるでしょう。答えは日本の外にあります。

ヒラリー・メール事件から見える日本の現状

「ヒラリー・メール事件」を知っていますか。ヒラリーとは、二〇一六年の米大統領選でトランプ氏に破れたヒラリー・クリントン氏のことです。敗北の一因となったのが、オバマ政権の国務長官時代に公務に私用メールを使っていたことでした。

アメリカでは、私用メールの公務利用は原則禁止されています。セキュリティが脆弱だからです。アメリカは諜報活動の対象にもされやすい。にもかかわらず、ヒラリー氏は国務長官時代、私用メールで指示を出したり、報告を受けたりしていました。国家の機密情報も扱ったのではないかと批判されたのです。

アメリカでは、政府高官の電子メールは自動的に国立公文書記録管理局（ＮＡＲＡ）に保存されます。職位や任務によってメールの保存年限などは変わりますが、国務長官であれば、メールのほぼすべてが永久保存されるはずです。記録はアメリカの歴史であり、民主主義を支える基盤なのです。ヒラリー氏はこの点もないがしろにした。だから有権者の怒りをかったのです。逆に考えれば、アメリカでは、メールが重要な公文書であるという認識が定着していることがわかります。

四　調査報道のもう一つの手法

最も象徴的なケースを狙う

調査報道のもう一つの手法を紹介しましょう。象徴的なケースを狙うことです。

公文書で最も重要なものの一つは首相の記録でしょう。首相は国の最高責任者だからです。そこで、首相の意思決定の過程がきちんと記録されているかを調べてみました。首相の記録がどのように扱われているかがわかれば、日本の公文書管理の本質のようなものが見えるかもしれないと思ったのです。

しかし、首相官邸の実態は厚いベールに包まれています。まずは、首相経験者に話を聞くことにしました。鳩山由紀夫氏と福田康夫氏が協力してくれました。二人とも公文書に思い入れがあったからでした。証言から首相の記録の一端がわかりました。

たとえば、首相が意思決定に使う公文書に「レク資料」というものがあることです。首相は日々、官邸内で省庁幹部らと政策や法案などについて打ち合わせをしています。その際に要点をまとめた説明用のペーパーを渡されるのです。データなどの添付資料が付いていることもある。これらが「レク資料」です。首相はこれを見て政策の可否を判断していきます。

ルールも調べます。首相と省庁幹部らの打ち合わせのうち、重要なものは「打ち合わせ記録」を作る決まりになっています。誰といつ、どこで、どんな名目の打ち合わせをして、どんなやりとりがあったのかを記録するものです。これを見れば、首相の発言や反応、つまり意思決定の過程がわかるはずです。政策などの方針に影響を与えた打ち合わせなら、首相の出席の有無にかかわらず、どんな会合でも作る必要があります。これは安倍政権（当時）で相次いだ公文書問題の教訓を踏まえ、二〇一七年の公文書ガイドラインの改定でルール化されたことです。そこで、改定を主導した安倍首相の意思決定に関わる「レク資料」と「打ち合わせ記録」を約一年分、開示請求することにしました。

請求する際は、「首相が官邸内で省庁幹部らと面談した際にわたされた説明用資料（レク資料など）」「公文書ガイドラインで規定されている打ち合わせ記録」などと具体的に指定しました。こうすることで、「不存在」とされた場合に、これらの重要な記録が廃棄あるいは作成されていないと断定できるからです。

官邸からの回答は「不存在」でした。予想どおりでしたが、首相と省庁幹部の面談は年間一〇〇〇回近くあります。明らかにおかしい。今度は、官邸のこうした文書管理は国の意思決定過程の記録を定めた公文書管理法の趣旨やガイドラインに反するのではないかという質問状を送ります。

官邸は取材にほとんど応じませんが、このときは担当幹部から私に「説明する」との連絡がありました。こちらが情報公開請求で官邸の正式な回答を引き出し、それがルールに反した運用の可能性があると根拠を示して指摘したからです。つまり説明せざるを得なくなったのです。

その担当幹部の説明から、首相に渡された「レク資料」は打ち合わせが終わるとその日のうちに捨てられていることが判明しました。また、打ち合わせ記録は、首相に面談した省庁側の責任で作るものなので、官邸では一切作っていないということでした。そこで、省庁側に首相面談の打ち合わせ記録を請求してみましたが、省庁側も一件も作っていないと回答しました。省庁側は「記録が必要な『方針に影響を与えた打ち合わせ』がなかった」と口をそろえましたが、首相との面談でそんなことがあるはずがない。真相を官僚たちに聞いていきます。

記録が禁じられている首相の言葉

官僚たちの証言によると、官邸は首相との打ち合わせの場に記録要員を入れさせないというのです。首相執務室に入れるのは一部の幹部に制限される。幹部らが首相の発言をメモし始めると、首相秘書官に注意されることもあるそうです。官邸は情報漏洩（ろうえい）を警戒して、記録することを事実上禁じていたのです。

私はある官僚にこう言われたことがあります。「記者さん、あなたは公文書を開示しろと言うが、われわれは政治家に人事を握られている。彼らにとって都合の悪い文書を出せると思いますか？」。その声は震えていました。官僚も人間です。正義感から記録を出せば、左遷の憂き目に遭い、家族につらい思いをさせるかもしれない。まわりの同僚らに迷惑もかかる。さまざまなことを考えて隠蔽に加担してしまう。彼らもそれが国民への裏切りだと知っている。森友問題で改竄を強いられた近畿財務局の職員は苦しみ、自ら命を絶ってしまいました。

キャンペーン報道「公文書クライシス」をもとにした書籍『公文書危機――闇に葬られた記録』（毎日新聞取材班著）を毎日新聞出版（2020年）から刊行。

私は前述の「記者の目」の欄にこう書きました。首相官邸を頂点に隠蔽体質が省庁に根を下ろしているように見える。とりわけ、首相と政府高官の面談記録がないことは、国民の運命を左右する事柄を、一部の権力者が外部から検証できないブラックボックスのなかで決めていることを意味する。それは民主主義とは呼べない——この状況は安倍政権が終わったあとも変わっていません。

米軍ヘリ首都異常飛行で特権を問う

最後に、現在手がけている調査報道を紹介します。在日米軍の問題です。

私たちは二〇二一年二月末から、在日米軍のヘリコプターが東京都心で異常な低空飛行を繰り返している問題を報道しています。

たとえば、地表から約二〇〇メートルの高度で新宿駅の上空を通過したり、都心の高層ビル群の間をぬうように飛んだりしています。日本のヘリは法令上、都心のような人口密集地では、ビルの屋上から三〇〇メートル以上高く飛ばなくてはなりません。ビルから水平に六〇〇メートル離れる必要もあります。つまり、日本のヘリが高層ビルが林立する都心で米軍ヘリと同じ飛行をすれば完全に違法となるのです。

あまり知られていませんが、六本木に米軍のヘリポートがあります。米軍ヘリは東京西部や神奈川にある米軍基地から幹部らをここに運んで来るのですが、ヘリポートと基地の往復だけなら新宿駅上空を飛ぶ必要はありません。しかも、新宿駅と東京スカイツリーを周回するなど不可解な飛行も繰り返しています。米軍は取材に飛行目的を明かしていませんが、専門家は軍事訓練もしくは遊覧飛行の可能性もあると指摘しています。

なぜこんな飛行が許されるかといえば、終戦後に結ばれた日米安全保障条約や日米地位協定によって特別な権利が与えられているからです。その一つが日本の航空法の高度基準が適用されず、日本領空を自由に飛び回れる特権なのです。

この取材でも、「普遍化」や「象徴的なケース」を狙うといった調査報道の基本を押さえています。私たちは米軍ヘリの問題飛行を二七回確認し、いずれも動画撮影しています。一回の飛行だけでは特殊なケースと見なされる恐れがある。目視で確認しただけでは証拠能力がない。証拠動画を撮りためることで、問題飛行の横行を可視化することにしました。冒頭で紹介した「ワニ動画」報道と同じ手法です。

在日米軍の問題は、基地の多い沖縄の問題と思われがちです。私たちは撮影取材に半年以上かけました。そこまで粘ったのは、日本の首都のど真ん中での異常飛行は、まさに米軍の特権の象徴といえるからです。日本全体の問題として捉えるきっかけにもなると考えました。

調査報道には時代性も不可欠です。日米同盟は中国の台頭によってかつてなく注目され、その真価が問われています。日本政府はアメリカとは「対等」だと強調しますが、日米地位協定は戦後一度も改定されておらず、実際は不平等な関係が続いています。これで健全な関係といえるのか。本当に中国と向き合えるのか。私たちは今の時代にこそ、日米関係を問い直す意味があると信じて報道しています。

ただ、そのことが多くの人に伝わらないと意味がない。このシリーズでは記事を出すたびに、証拠動画をＴｗｉｔｔｅｒなどで同時配信する試みもしています。ネット上に情報があふれる今の時代、記者は取材、執筆に加え、伝え方を工夫して自ら読者にアプローチしていく必要があります。メディアは今、過渡期にあります。不安を感じ、悩みながら取材をしている記者が多いのも事実です。ただ、だからこそ、いろいろなことにチャレンジができる面白い時代でもあると思っています。

❖講義を終えて　独善的にならないために

聴講してくれた皆さんの感想文を読んで驚いたのは、公文書の隠蔽を民主主義制度の問題と結び付け、憤りを感じている人が多かったことです。私が話したのは、重要な公用電子メールが公文書にされていなかったり、公開を回避するために公文書ファイルの名前がわざとぼかされたりしている実態でした。ある学生の指摘です。「これは市民に選挙で正しい選択をする権利を与えないこと」。公文書の隠蔽がもたらす問題の本質です。私の問題意識もまったく同じで、これが取材の原動力となっています。勇気付けられる思いがしました。

私は一〇〇%の自信を持って記事を書けたことがありません。特に担当している調査報道は、自力で証拠を集め、価値判断もします。事実の評価が正しいか。問題意識が世間とずれていないか。ニュース性が本当にあるか――こうした不安が常にあるからです。

皆さんからこんな質問がありました。「読者のニーズ、ニュースのトレンド、時代性をどうつかむのか」。まさに私が苦心していることです。新聞記者は日々のニュースを網羅的に把握しつつ、担当分野のニュースを丹念に読み込み、取材を重ね、専門性を深めます。こうしてニーズやトレンドをつかみ、自分なりの時代感覚を養っていきます。

私はこの基本動作に加え、記事を出す前にできるだけ関連書籍を読み、第三者の意見を聞くようにしています。同僚、専門家、政策通の旧知の官僚や政治家の秘書たちです。報道後は、記事に対するインターネット上の書き込みを徹底的にチェックします。こうした作業を繰り返すことで感覚を磨きます。

それでも「独善的な記事だ」という批判を浴び、その指摘が的を射ているため、反省することがあります。

皆さんのなかに、公文書の問題の話を聞いて「困惑」しているという公務員志望の学生がいました。感想文にはこうあります。「一般国民として重大な問題と感じました。自分が隠蔽の当事者になるかも知れない。どう向き合えばよいのかわかりません」。

森友学園問題で明らかになったような露骨な隠蔽を強いられたのなら、堂々と声を上げたらいい。今なら賛同してくれる同僚がたくさんいるはずです。私の知るかぎり、官僚の多くは優秀で正義感が強く、常識的です。ただ、公文書に関する常識はまだずれている。公文書は官庁の所有物であって国民のものではない。政治家や身内に迷惑が及ぶものは公開すべきではない――という意識が強い。小さな隠蔽がいろいろな理屈を付けて正当化されています。新人の頃は違和感を覚えるのに、次第にこの常識に染まっていくそうです。

ではどうしたらいいのか。数式のような答えはありません。大事なことは、一人ひとりが世間の常識とのずれを絶えず意識すること。そして修正を恐れないこと。そういう謙虚さが必要だと思います。官庁は社会を動かす権力を持っています。独善は国民を不幸にしてしまう。同じことは社会に影響力を持つマスメディアに属する記者にも強く言えます。

感想文に「困惑」していると書いた学生には、その「困惑」を抱えたまま公務員への道に進んでほしいと思います。そして困惑した自分を忘れないでほしい。えらそうなことばかり言ってすみませんが、きっと社会のためになるいい仕事ができると思います。

二〇一八年沖縄県知事選でのファクトチェックと地方紙のデジタル展開

琉球新報社 デジタル推進局局長
滝本 匠

一 ファクトを確かめ伝える

琉球新報のファクトチェック

今回の講義では、まず私たちが取り組んできた「ファクトチェック」の内容や意義などをご紹介し、そのあと、「ファクトチェック」と通じるところもある新聞社のＤＸ（デジタルトランスフォーメーション）や、デジタル展開についてもお話しようと思います。

私は一九九八年に琉球新報へ入社しました。社会部、石垣市の八重山支局長、政経部、東京支社報道部のほか、ワシントン特派員を経て、今は沖縄の本社に戻りデジタル推進局に立ち上げから関わっています。

琉球新報では、二〇一八年の沖縄県知事選においてファクトチェックを通してフェイクニュースを監視する報道を行いました。私は取材班のキャップとして、たとえば「ファクトチェック――フェイク監視」のシリーズをワッペンをつけて報じたり、沖縄県知事選に関するＴｗｉｔｔｅｒ分析をしたりしました。

図１の「虚構のダブルスコア」という記事では、沖縄県知事選について事前の世論調査によると、候補者二人にダブルスコア（二倍の票差）がついているという情報の真偽を追いました。朝日新聞の世論調査とされていましたが、取材したところ朝日新聞社広報部から「調査も何もしていない」との回答があり、フェイク情報だとわかりました。

沖縄県知事選は、自由党所属の元衆議院議員だった玉城デニー氏と、自民党、公明党が推薦する佐喜眞淳氏との事実上の一騎討ちとなりました。「一括金、民主政権時の創設」という記事では、玉城氏の「私が一括交付金を作った」という趣旨の発言に対して、佐喜眞陣営側から出た「ゆくし（うそ）」だとする言説について検証しました。

沖縄出身の歌姫・安室奈美恵さんが特定の候補を応援しているというＴｗｉｔｔｅｒの書き込みの真偽をチェックした「偽　安室さんが特定候補者支援」という記事も書きました。ちょうどこの時期に引退した安室さんは沖縄でも人気が高く、彼女の発言や行動は影響力を持っていました。

携帯料金を安くすると公約を掲げた候補者について、本当に実現できるかをチェックした「公約『携帯料金を削減』→知事や国に権限なし」という記事も書きました。これらはイエスかノーかを比較的はっきり言いやすい記事でしたが、そうではないネタもあります。

たとえば、「ある候補者が昔大麻を吸っていた」という情報が拡散していた事例を追った、「真偽不明情

図１　2018年沖縄県知事選におけるフェイクニュースを報じた記事

13日告示、30日投開票の県知事選を巡り、主な立候補予定者の支持に関する「世論調査」の情報が複数飛び交っている。調査結果の数字はおおむね傾向が一致し、主な立候補予定者2人のうち、一方の立候補予定者がダブルスコアでもう一方を上回るという結果となっている。その中には「朝日新聞の調査結果」とされる数字も含まれているが、朝日新聞社は本紙の取材に「事実無根。調査していない」と答え、偽（フェイク）情報であることが分かった。このほか「国民民主党の調査」もあるが、同党も調査を否定した。

虚構のダブルスコア

㊗ 知事選世論調査

ファクトチェック　フェイク監視

「朝日新聞の世論調査」とされる数字は9月1、2日調査とするもので、主な立候補予定者2人のうち、一方への支持が52%、もう一方が26%と、2倍近い差がついている。朝日新聞社広報部は、この数字の真偽について「これは事実無根だ。弊社の数字ではない。そもそも調査も何もしていない」と調査自体を否定した。

「朝日新聞」以外でも、政党が調査したとされる数字で「56・8対21・3」や、「34～35ポイント差がついている」といった情報が出回っている。

そのうち「国民民主党の世論調査」とされるものは8月25、26日の調査で、「サンプル数2000」との情報とともに「ある立候補予定者がもう一方を13ポイントリード」とされている。国民民主党は本紙の取材に対し「調査をやったという話は確認できない。承知していない」と答えた。

（18知事選取材班）

特定の立候補予定者や陣営を利することにならないよう、立候補予定者の名前は伏せました。

２０１６年の米大統領選でネット上において拡散され問題になった「フェイクニュース」。琉球新報は30日投開票の知事選に関するデマやうそ、フェイク（偽）情報を検証する「ファクトチェック―フェイク監視」を随時掲載します。ＬＩＮＥ「りゅうちゃんねる」で情報も募ります。

（出所）『琉球新報』2018年９月８日朝刊。

報が大量拡散」という記事です。玉城氏本人は吸っていないと証言していますが、ファクトチェックするには客観的な情報が必要です。三〇年以上前の情報で逮捕の有無もわからない状態でした。そのため、調査も真偽の判断も非常に難しい状況でした。この場合は真偽のチェックではなく、真偽不明の情報が蔓延しているという現象をニュースとして紹介しました。

これまで選挙報道は、いずれの候補者にも偏らないことを強く意識するため、積極的な論評などをせず、踏み込んだ報道を避けてきた傾向があります。そのため個人的には、選挙報道は無味乾燥なものが多いと思っており、何とか身近に受け取ってもらえないかと考え、その結果取り組んだことの一つがこのファクトチェックでした。

以前から取り組んでいた真偽検証

ファクトチェックは、沖縄県知事選の際に初めて着手したものではありません。そう名付けられてはいなかったものの実は昔からありました。

沖縄に関する話題について、事実と異なることが広く流布しているものは、以前からいくつもあります。その一つが普天間飛行場の話題です。返還問題が日米間の大きな懸案となっていますが、この基地の成り立ちについて「もとは誰も住んでいない場所に造られた」という話がよく出てきます。この話の要点は、人が住んでいないところに基地ができたにもかかわらず、基地の周囲に人が住み着いた、それにもかかわらず住人が騒音問題等で騒ぎ、返還を求めるのはおかしい、というロジックにあります。事実は、米軍が上陸後に住民を排除して基地を建設したのですが、その点が隠されて伝わっていませんでした。そこで、普天間には以前から集落があったことを、当時の写真とともに記事にしました。これもファクトチェックといえます。

この説を広げた人のなかで有名なのは作家の百田尚樹氏です。Ｔｗｉｔｔｅｒなどで拡散されていました。この手の話は、いつもどこかで盛り上がっては否定され、しぼんではまた盛り上がることを繰り返します。「普天間接収の歴史発信」という記事では、設立前に神社や参道があったことを写真で紹介しました。否定する記事を書いても、何年か経つとゾンビのようにまた出現してくるのです。そのたびに誤りを正す記事を出すことを繰り返しています。

ほかには、米軍基地が沖縄に集中しているという点について、ある政治家が在日米軍基地の面積のうち沖縄は二三％なのでそれほど集中していない、と主張したこともありました。政府の公式見解である防衛省の資料にも七〇％と書いてあるにもかかわらず、自衛隊と共同で使っている基地の面積も分母に入れ、割合を少なく見せる言説をしたのです。そうした点もファクトチェックし、報じました。

もう一つ、産経新聞が、沖縄で起きた交通事故においてアメリカ兵が救助活動をしたという情報を、地元の琉球新報や沖縄タイムスは取り上げないと記事にしたことがありました。「報道機関を名乗る資格はない。日本人として恥だ」と叱責する内容でした。当時の琉球新報の警察担当が調査を行い、その事実について米軍も否定していることを記事にしています。それを受けて産経新聞も誤りを認め、紙面で謝罪しました。

こうした素地があるなかで、沖縄県知事選のファクトチェックを行ったのです。

どの情報のファクトを確認すべきか

沖縄県知事選では印象操作のような情報が多く出ました。玉城氏が小沢一郎氏や共産党、過激派と近しいことを示すイラストなどが拡散されました。当時候補者だった玉城氏が、小沢氏が党首を務める自由党の幹事長を務めていたことに関連付けたものでした。

玉城氏の別荘の建設工事に関して、さまざまな斡旋をしたとにおわす動画も飛び交っていました。このような話題についても、取材班のメンバーがオープンな場やオフレコの場での発言についてアンテナを張り、Ｔｗｉｔｔｅｒなどをチェックして確認していました。読者からの情報提供もあります。

ファクトチェックが必要な情報かどうかを嗅ぎ付けるのは、記者の感性によるところもあります。同じテーマを取材していると、同じ人が発言の言い方を変えていることに気が付くこともあります。こうしたことに気付ける感度が必要です。ファクトチェックは通常の記事を書く作業と何ら変わりません。特別な技術が必要なわけではないのです。政治家の発言については常にチェックしていますし、日々の取材を積み重ね、最終的に事実を確認して報道します。通常の記事を書く際も、ファクトを集めて執筆しています。

沖縄県知事選のファクトチェックをするうえで配意したのは「公平性」でした。ファクトチェックをするときに、チェック対象の言説をどう選んだのかも問われてきます。県知事選で出したファクトチェック四本のうち、三本が玉城氏、一本が佐喜眞氏に関する記事でした。「両候補の記事本数が同じであることが『公平』なのか？」という議論もありました。しかし、真偽を確認するという切り口においては、そうではないと考えます。Ｔｗｉｔｔｅｒ分析で玉城氏への攻撃・批判的なツイートは約九割に及んでいました。出現したつぶやきの状況を考えると、扱った記事の本数の違いはその実態を反映したものだと考えています。

「Ｔｗｉｔｔｅｒで何千件リツイートもされ話題になり、いわゆる『バズる』状態になっているからチェックした」など、何かしら基準は必要です。話題の選択についての恣意性を排除することも大事だったろうと感じました。

そうした点も踏まえたうえで、沖縄県知事選の後もファクトチェックの報道を続けました。政府高官の国会答弁についてもチェックして、報じています。

菅義偉氏の官房長官時代の国会答弁の発言についても、図2の記事で確認しています。また、当時の安倍晋三首相がＮＨＫの日曜討論の際に、辺野古の埋め立てに関して、移植をしていないサンゴも含めて移植したと発言し、そのまま放送されたこともありました。その後、琉球新報は安倍首相の発言が事実と違

図2　菅義偉氏の普天間を巡る誤答弁を報じた記事

菅氏、普天間巡り誤答弁

偽 ファクトチェック フェイク監視

日米合意「事故」きっかけ
→○少女乱暴事件

稲嶺知事も辺野古合意
→○条件外され反発

菅義偉氏

【東京】菅義偉官房長官は15日の参院内閣委員会で、米軍普天間飛行場返還の日米合意に至る経緯を巡り「今から22年前に事故があり、橋本龍太郎元首相とモンデール駐日大使との間で県内移設が合意された。政府としては危険除去をなんとしてもやり遂げたい」と発言した。質問した木戸口英司議員（希望の会）が「きっかけは少女暴行の『事件』だ。逆に普天間の危険のすり替えに聞こえる」と指摘した。木戸口氏は、1995年の少女乱暴事件を受けて日米両政府が普天間飛行場の返還へ協議を始めた経緯を挙げ、菅氏の発言をただした。

普天間返還合意は危険性除去がきっかけだったと印象付けかねない菅氏の発言で、沖縄基地負担軽減担当相としての基本認識も問われそうだ。

木戸口氏の指摘を受けた再答弁でも菅氏は「事件もあったが、その以前に事故があったことも事実ではないか。その点で移設の要望があったことも事実だ」と、あくまで事故があることで普天間返還の要望が地元から上がっていたと反論した。さらに菅氏は、日米の普天間返還合意を受けて「3年後に地元の市長と県知事が合意し、辺野古について国が閣議決定した」と地元合意を強調した。

当時の稲嶺恵一知事は、合意に当たって軍民共用と15年使用期限を条件にしていたが、その後政府はこれらの条件を外した閣議決定を改めて決めており、そのことに稲嶺元知事は反発していた。現在も地元合意が存在したまま計画が進んでいるかのような印象を与える発言となっている。

さらに現在の辺野古新基地建設計画について菅氏は「V字型は着陸と発進が別になるので、極めて危険の少ない（計画で）。これは地元の要望でV字型にした経緯もある」と、ここでも地元の意向を強調してみせた。

（滝本匠）

（出所）『琉球新報』2018年11月16日朝刊。

うことを検証して記事にしています。

真実に迫る面白さを感じる

知事選は期間が限られるため、有権者に事実を届けるためにも選挙期間中に集中してファクトチェックの報道をするわけですが、期間中には、いったい誰がその情報を流したのか突き止めることはできませんでした。そのため、沖縄県知事選のあとに取材班を組み、フェイク情報を流す組織が存在する可能性も含め、情報の発信元について調査を始めたのです。

二〇一九年一月一日の元旦号の新聞紙面には「知事選に偽情報、誰が」という記事を掲載しました。誤情報の発信元をサイトのアドレスなどから追跡して探っていったのです。

当時私は東京の報道部にいましたので、サイトに登録された管理者の住所を訪れたりもしました。その場所には該当の人はいませんでした。その場合はどうやって調べていくかというと、インターネット検索もしますが、国会図書館にある電話帳のバックナンバーなどを使います。社会部一年目で教えられる取材の「いろは」の「い」です。最新の電話帳から見ていくと、登録住所と電話番号で一致するものはありません。名前について、一〇年くらいさかのぼると、ぴたりと合う人が出てきます。その該当する人の住所に行き、建物を見て住所が本物かどうかを確かめたり、周囲に聞き込みをしたりして地道に調査していきます。結果として、このときは発信者を特定できませんでした。

しかし、新入社員時代に警察担当となり、いろいろ調査をしていたときに感じた、探求する面白さを再度感じられた仕事だったと思います。今はインターネットで簡単に調べ物ができますが、電話帳を繰ったり、現場に行ったりして聞き込みをして初めてわかることはまだまだ多いと実感しました。

ファクトチェックとその源流を探る仕事については、新聞記事にするとともに、琉球新報のウェブサイトでも記事を掲載するほか、Ｔｗｉｔｔｅｒ上でも発信し、多くの方にリツイートしてもらうなど、ネット界でも注目していただくことができました。本紙の読者からお電話をいただくこともあります。ネット上で起こっていることについて、新聞紙面を読んで初めて知ったという声もありました。石橋湛山記念早稲田ジャーナリズム大賞や新聞労連ジャーナリズム大賞の講評では、「従来の選挙報道のあり方に議論を投げかけた、殻を破るものであった」という声もいただきました。

記事に対しては、地方の記者からファクトチェックの手法について非常に多くの問い合わせもいただきました。多くの記者がファクトチェックについて非常に関心を持っていることを実感しました。

二　より広く伝えるためのＤＸ

ネット上で拡散する沖縄フェイク

沖縄を巡る言説については、事実ではない情報がまかり通っている「沖縄フェイク」とも言える状況があります。これは昔からあることで、沖縄戦の情報についても同様です。二五年ほど前でしょうか。インターネットが徐々に広がっていくなかで、沖縄についての誤情報が広がっていきました。当時は今のＳＮＳほど爆発的に拡散する状況ではなかったので、私はそれほどの脅威を感じていませんでしたが、今考えると見通しが甘かったと思います。その後、大学生がネット上の言説をうのみにして誤った認識のまま話をしている状況に接して、ネットからリアルの世界へ言説がにじみ出す現状を目の当たりにすることになります。

このような背景もあり、新聞社もインターネット上に記事を掲載して広く読まれる取り組みを加速させています。全国紙や地方紙でＤＸと名の付く部署が設立され、インターネットでの発信に対応できるようリニューアルが行われています。今年（二〇二一年）四月の組織改編でさらに進展したのではないでしょうか。

皆さんはご存じかと思いますが、新聞の発行部数の減少に歯止めがかかっていません。その発行部数の減少を止めようとする努力と並行して、別の収益の柱を作るために各社はデジタル部門に力を入れています。琉球新報もその例に漏れず、二〇二〇年一一月にデジタル推進局を立ち上げています。

琉球新報では、ホームページに記事を掲載したり、TwitterやFacebookのアカウントを作って発信したりしています。ほかにもLINEのチャネルを持っており、ニュースを毎日昼過ぎに配信しています。最近では、美ら海水族館のサンゴが国内で初めて日中に産卵したという動画を流しました。

また、定時のニュースとは別に速報も流しています。沖縄出身の俳優・新垣結衣さんと歌手の星野源さんの「逃げ恥」婚のニュースも速報しました。たまたま琉球新報デジタル推進局の部員が星野さんのインスタグラムを覗いたら、自ら報告をされているのを見付けて急いで報じました。事務所のリリースが午後四時だったようですが、星野さんの投稿をいち早くキャッチできたので、テレビなどよりもかなり早くに速報が打てました。文章での情報に写真や動画と合わせて、これらのさまざまな媒体を通して、多様な形で発信しています。

音声での発信も行っており、音声配信ポッドキャストのスポティファイ上で、「琉球新報ラジオ部」というコンテンツを毎朝配信しています。デジタル推進局の部員が、記事を書いた記者にインタビューを行う形で解説などを流しています。ちょっと沖縄特有のイントネーションもあって、それが味にもなっているかもしれません。慣れない感じはありますが、何が良いかを皆で研究しながらやっています。

ネットではどんな記事が求められるか

ホームページ上における、ここ一週間の記事のページビューランキングをご紹介しましょう。第一位はトップページです。これを除外すると、実際に最も読まれた記事は第二位の「沖縄　時短拒否十四店を公表」です。その次が「八ホテルで休廃業」、四番目は「コロナ感染初の二百人台」です。その後は逮捕者や新垣さん・星野さんの結婚、新型コロナウイルスに関するニュースが続きます。

コロナ感染者数については、沖縄県が毎日午後三時から四時の間に発表します。速報をアップするとページビューが増えてサイトのランキング上位になります。デジタルのデータを見ると、二〇一九年の後半くらいから新型コロナウイルス関連の情報を「知りたい」「読みたい」と読者の皆さんが感じていることをビビッドに知ることができます。

ＳＮＳ媒体別のランキングも見てみましょう。同じ一週間でも媒体ごとに上位に入る記事は違うことがわかります。Ｆａｃｅｂｏｏｋでは、那覇市が市政施行一〇〇周年を迎えた記事がトップです。スマートニュースでは、新垣さんの結婚を報じた記事が一位ですが、二位には他のＳＮＳでは上位に入らなかった河野太郎沖縄相が若年層の妊娠について「褒められる話ではない」と独自見解を示したニュースがきています。子どもの貧困の割合が沖縄県は全国ワーストで突出していることに関連して、若年層の妊娠が影響していることは褒められた話ではない、と発言したことを伝えています。

媒体に応じたコンテンツで「伝える」

同じ「琉球新報」という発信元ではありますが、ＴｗｉｔｔｅｒやＬＩＮＥなど、掲載媒体によって反応が変わります。それぞれに特徴があり、読者層の属性データを取るとＬＩＮＥは女性が多かったり、Ｔｗｉｔｔｅｒは年齢構成が比較的高めであったりすることがわかります。ニュースとＳＮＳ媒体の親和性で反応が変わってきます。

新聞に掲載する記事とホームページに掲載する記事では、見出しの付け方も変えています。「沖縄『時短拒否』十四店を公表　緊急事態中に過料手続き」の記事は、紙媒体では「時短非協力店」という名称を使いましたが、デジタルでは「時短拒否」と端的にわかる表現を使っています。あくまで正式な名称ではないので、カギカッコでとじて使います。

また、紙の新聞では琉球新報が発信するニュースであることは自明であるため、見出しではあまり沖縄を強調しません。一方、ウェブニュースは県境を越えて全国、全世界に届くものなので、沖縄の状況を伝えるものだとわかるように、「沖縄」という単語を入れることを意識しています。

細かい点では、紙の新聞であれば主見出しや中見出しなど、見出し構成を使って整理したりできますが、デジタルではそれができません。そのため、スペースを使ったりして読みやすくしています。一方で、見出しや文章が紙媒体より長くなっても何とか収まるという良い点もあります。

デジタル版の「『チャージ機で拾った一万円、届けず持ち帰った教諭を懲戒処分』沖縄県教委」という記事を例にご紹介しましょう。この記事は、紙の新聞ではベタ記事と呼ばれる類のもので、社会面の一段で小さい箇所に掲載されます。そのため、長い見出しは付けられません。実際には「拾得した一万円、教諭が持ち去り、県教委が減給処分」とし、端的に何をしたからこうなったという事実だけを伝えています。これがデジタルの記事であれば、どこでどのように拾ったかがわかる表現で具体的に伝えることができます。こうすると読者にイメージしてもらいやすいので、読んでもらいやすくなる気がしませんか。

現在（注：本講義は二〇二一年五月二七日にあった）、沖縄も緊急事態宣言に入っています。「【一覧表付き】沖縄　緊急事態で変わること　イベントどうなる？」という記事では、紙面の見出しは端的に収容上限が千人であること、国の基準より厳格化したこと、大型カラオケ店は休業したことのみを伝えています。しかし、その結論だけでは読んでもらえないのではないかと考え、一覧表を付け今後の見通しを伝える工夫をしました。

「迎合」と「独善」にならぬ発信を

再度ページビューのランキングに話を戻しますと、コロナの記事が多く、米軍基地関係の記事が入っていないことに気が付きます。この一週間、米軍基地関係のニュースがなかったからかというと、必ずしもそういうことではありません。ニュースを発信してもなかなかランキングに入らないのです。たとえば、ヘリが墜落したというような大きなニュースがあればランキングに入りますが、基地周辺の土地取得のための国の許可や事前審査に関する法律が議論されているといったニュースは、上位に入らないのです。沖縄のような基地と隣り合わせの暮らしでは、まさにそういった法律は、自分の身にも影響があることのはずです。われわれの訴求がまだ足りないことの表れなのかもしれません。ウェブサイトの記事は、およそ六割の読者が県外の方です。われわれとしては沖縄県外の人たちにこそ今の沖縄の米軍基地の状況を知ってほしいと思っていますが、課題の一つです。

では、ランキングに入らない記事はどこに行っているのでしょうか。「迎合」と「独善」をテーマに少しお話をしたいと思います。

ページビューが伸びる記事をアップすると、記事に掲載している広告の閲覧数が上がって、デジタル収益につながります。売り上げの面から考えると、より多くの人に見てもらうためにはどんな記事を出せばよいかという発想になりがちです。新垣さんが結婚された際も、デジタル部門は非常に沸いて、急いで速報を作ったり、これまでの琉球新報で掲載した写真の特集を作ったり、ＬＩＮＥやホームページにニュースを流したりとお祭り騒ぎになりました。結果としてページビューも伸びました。しかし、そうした取り組みのなかで、読者に「迎合」していないかという視点は常に意識しておかねばならないと思っています。

また、「基地問題があるからこれはぜひ知ってもらわなければならない」と「独善」的な姿勢になるのもよくありません。今、琉球新報の記事をウェブを通して全国の方に読んでいただいている状況は、非常にありがたいことなのです。そこからいかにＰＲするかは、われわれの工夫のしどころです。米軍基地問題や子どもの貧困の問題をいかに広く読んでもらうか、現在考えているところです。しかしその答えは出ておらず、日々トライ＆エラーを繰り返しています。

三　再び信頼されるメディアとなるために

ブラックボックス的な報道を脱する

ファクトチェックの話題で紹介した「知事選に偽情報、誰が」の記事は、連載記事としてルポルタージュ調で書いていきました。電話帳で調べた結果何に行き当たったか、実際に現地に行きどのように調べ、どう取材したのか、手の内をさらけ出して書いています。これは、われわれがどのように取材しているのか、新聞に掲載する情報に至った過程は何であるかを見せることが大事であり、今後求められるだろうと強く感じているからです。

識者の意見やこの記事への反響を見るに、フェイクニュースが広がる土壌の一つとして、「レガシーメディア」「オールドメディア」と呼ばれる旧来のメディアへの不信があると感じています。特に新聞に対する信頼感の低下は、実際に現場で触れる声や皆さんの声を聞くなかで、少なからずあると感じています。

新聞はその信頼をどうやって取り戻していけばよいのでしょうか。考えるに、今までインサイダー的というか、ブラックボックス的に、政府発信の情報をもとに新聞社の書きたい部分だけを発信してきた事例が多かったように思います。そこから転じて現在は、どういうふうに情報を得て、誰に対してどのように真偽を確認したかなど、取材の過程を読者と共有することが求められているのではないかと強く感じています。

そうした背景もあって、取材の手の内を見せることももちろんですが、Ｔｗｉｔｔｅｒやホームページを更新する「中の人」をさらけ出す取り組みもしています。紙面の一面下部にコラムがありますが、ウェブ限定で沖縄発の記者のコラムを長い文章で発信を始めています。数人のメンバーで過去の取材などについて、当時の思いや今もうごめいているアンダーグラウンドの話題なども書いています。それぞれの記者の問題意識やこれまで歩いてきた道がたどれるコラムですので、われわれとしては非常に読み応えがあるのではないかと自負しています。このような形でメディアのなかにいる人間の様子を見せていきたいと思っています。今までも署名記事を書いてはいましたが、もっと顔が見える形にしたいと思っています。

顔の見えるメディアとなるために

私がいるデジタル推進局では、今さまざまなツールを使っています。動画を掲載したり、Ｙｏｕｔｕｂｅを使って配信したり、先ほどご紹介したような「ラジオ部」による音声配信にも取り組んでいます。若い記者同士で話し合い、その持ち味を引き出して表現しているシーンがいくつも湧き起こっています。

同じ沖縄で生活している生活者としての視線は、私が記者をするなかで非常に大事だと感じてきたことです。これはどの地方の記者にとっても重要なことでしょう。沖縄に暮らす一人としては、基地の騒音の被害一つをとっても暮らしへの影響なのです。その視点がなければ観念的になってしまい、全国の読者に届かないのではないかと感じています。

したがって、人が前面に出る大切さを改めて感じているところです。私も慣れないながらもYoutubeに出演したりしていますが、そうした取り組みを積み重ねながら、信頼を再構築し、その積み上げのなかでファクトチェックを行い、ファクトを届けていく。さらに、それらのコンテンツをいかに届けるかを考えねばなりません。

琉球新報のわれわれが書いていること自体がフェイクニュースではないかという指摘もよく受けます。その指摘に対しては、われわれがどのように情報を作り上げていくかを知っていただくための取り組みを積み重ねるしかないと思います。

❖講義を終えて　ＤＸで広がる新聞ジャーナリズムの可能性

駆け出しの記者として沖縄県警記者クラブに詰めていた頃、東京から駐在している記者とよく議論をしました。その記者は一九九五年の少女乱暴事件を念頭に、地元紙が沖縄の置かれた現状を訴える記事をいくら書いても、政策決定する中央や国民に届かせているのは全国メディアだと言います。それに対して、地元紙のわれわれが書かなければ日の目を見ないネタがあると反論する私。結論は得られないまま、いつも飲酒量が増えていくばかりでした。学生からの感想にもあったように、ＤＸで地元紙もボーダーレスに発信できるようになり、このような不毛な議論も変わるのかもしれません。

沖縄の新聞は、偏向していると今も言われ続けています。それはどこに基軸を置いて見るのかということに直結しています。沖縄に住む私自身にとってはイデオロギーの問題ではなく、ただただ暮らしの問題です。日々、会議が中断される戦闘機の爆音、発がん性が指摘される化学物質が含まれた消火剤が基地の外に漏れ出す日常、軍の関係者に乱暴されて殺害される女性、蛇口をひねって出る水は安全なのか――暮らしにつながる懸念を報じる姿勢が偏っているのでしょうか？　もしそうなら、沖縄の日常が本土と違い「偏って」いるからなのでしょう。それはまさに本土基準の「中立性」とは何なのかという問いにも通底する問題意識なのです。

学生レビューシートのなかにはファクトチェック記事が届いていない現状への指摘もありました。最近ではフェイクニュース、ディスインフォメーションの認識も広がり、プラットフォーム側の取り組みも始まっています。フェイクはセンセーショナルな見出しでリツイートもされやすく、拡散力は強い。

地味なファクトチェックは目に触れにくいかもしれません。それでもデータベースのように、誤りをただす報道はいつでも触れられる状態にしておく必要があると考えます。

ファクトチェック記事への関心の高さも感じました。ファクトチェックをするうえで「記者の感性」の大事さを指摘しましたが、何も天性のものではなく、あるテーマに専念して見ていると、発言内容の変遷に気付きます。これは結局はニュース（新しいこと）をキャッチすることと同根です。

ファクトチェックのやり方で紙面とデジタルでの違いについて、ファクトを示してチェックするという手法に変わりはありませんが、紙は紙幅があり書き込める文字数に限りがありますが、デジタルは無限です。チェックのもとにしたデータの出典やＵＲＬをハイパーリンクさせることで、読者が記事を読みながらリンクでファクトも参照できるスタイルにしています。ワッペンは紙面でもデジタルでも付けましたが、ファクトチェックにかぎらず、ワッペンを付けて注目してもらうのはもちろん、連続性とキャンペーン性を意識してもらうことにもつながると考えています。

ファクトチェックの手法で「手の内を見せる」ことを強調しましたが、これは他の記事にも共通して言えることです。何を根拠にその記事を書いたのか。それを読者に伝える。どこの誰かわからない「関係者」のソースだけで記事を書くのか。「関係者によると」の記事だとしてもどうやってその情報を得たのかもできるだけつまびらかにする。それらが、失墜したメディアの信頼の回復につなげる一つの方法なのだろうと強く思っています。

単にサイトにテキストを貼り付けるだけでなく、デジタルにはＳＮＳごとに違う読者層に向けて記事の種類や見出しを出し分けて発信できるという特性があります。まだ着手できていないＴｉｋＴｏｋの展開も興味があるところです。その特性を踏まえたうえで、あるプラットフォームでそこの層で人気があるものをメインに発信すればページビューは上がるでしょうが、ジャーナリズムの役割として知ってもらいたいものをどう織り込んでいくかという課題があるのも事実です。

ぜひ今回の話で地方紙のニュースも覗いてみようと思うきっかけにしてもらえたらとても嬉しいです。それが沖縄であったら、なおありがたいですし（琉球新報であってもらいたいですが）、そうでなくても皆さんの出身地の地元新聞社サイトやＴｗｉｔｔｅｒに触れてみてください。そして、そのサイトのうしろにいる「中の人」を意識してみてください。

かんぽ生命不正販売問題を巡(めぐ)る報道

西日本新聞　社会部記者
宮　崎　拓　朗

一　一通の情報提供から大事件が発覚

かんぽ生命不正販売問題とは

かんぽ生命の不正販売問題は、全国各地の郵便局員が、内容をよく理解していない高齢者などをターゲットに必要のない保険を契約させていたというものです。西日本新聞などが報道した結果、郵便局を運営する日本郵政グループは大規模な不正を認めました。不正が疑われる件数は、結果的に約四〇万件にも上りました。郵政グループの社長三人が責任を取って辞任し、三〇〇〇人以上が処分されています。

かもめーる販売の過酷なノルマ

取材のきっかけは、二〇一八年八月に、西日本新聞に送られてきた一通のメールでした。情報を寄せた郵便局員は「毎年、暑中見舞い用はがき〝かもめーる〟の販売ノルマを課されて苦しんでいる」と訴えていました。話によると、郵便局では「一人一〇〇〇枚」などのノルマが決められていました。ノルマをこなせない局員は自腹で購入し、金券ショップで換金します。金券ショップでは本来の価格では買い取ってもらえないので、差額を損することになります。夏前になると、金券ショップには毎年、大量のかもめーるが並んでいました（図1）。

この問題を報道したところ多くの郵便局員から、「うちの局でもノルマがきつい」「社内で声を上げにくいので、もっと報道してほしい」という予想外の反響がありました。

そのなかに、二〇一八年秋に寄せられた、気になる情報がありました。「国民の皆様をだまして、生命保険の契約を取っているケースが多々あります。社員もやりたくてやっているわけではなく、多大なノルマを達成するためにやむなくやっている感じです」というものでした。にわかには信じがたい話でしたが、情報提供者の局員に会って話を聞くことにしました。

内部資料を入手

面会すると、彼はいくつかの内部資料を見せてくれました。郵便局の幹部が、局員たちに「いつまでにいくら売れ」と指示し、ノルマを達成できなければ呼び出しを受けるといったものでした。

このほかにも、保険の営業目標が毎年のように高くなっていることを示す資料や、高齢者をだまして契

図１　郵便局員への過剰なノルマを報じた記事

かもめ～る 悩めるノルマ

郵便局員"自腹営業"金券店へ

日本郵便が販売する暑中見舞いや残暑見舞い用のはがき「かもめ～る」に関して、九州の郵便局員の男性から悲痛なメールが寄せられた。「郵便局員は毎年、かもめ～るの販売にノルマを課されて苦しんでいます」。会員制交流サイト（SNS）が普及し、暑中・残暑見舞いをやりとりする習慣が薄れつつある現状も、負担増につながっているようだ。

あなたの特命取材班
特設サイト

2018年かもめ～る600枚/30年かもめ～る
SOLD
¥33,000

インターネット上では、数百枚単位で「かもめ～る」が売り買いされていた（写真の一部を加工しています）

SNS普及、苦戦続く

男性は、勤務先の郵便局で作成されたノルマ表を見せてくれた。職場の社員とアルバイト一人一人に課された販売目標と成績が一覧になっている。未達成者には印が付けられ、「とにかく売ってください！」と手書きされていた。

男性によると、九州の各郵便局は夏前に、前年の実績などを基に販売目標や達成スケジュールを作成。従業員ごとの成績を同社九州支社（熊本市）に報告する。男性の今年のノルマは千枚余り。「年賀状の10分の1ほどだけど、かもめ～るの方が売るのは大変」と話す。

かもめ～るの総発行枚数の推移
※18年度は当初発行枚数
（億枚）3.5　3　2.5　2　1.5　1　0.5
2000　05　10　15　18（年度）

強要禁止 線引きは難しく

「俺は無理だから、金券ショップに持って行った」という同僚もいた。

金券ショップでは本来の価格では買い取ってもらえないため、差額は"自腹"になる。近所の金券ショップに持ち込めば発覚する恐れがあるとして、東京など遠方の金券ショップに配送したり、フリーマーケットアプリ上に売りに出したりする社員もいるという。

ある金券ショップ経営者によると、ショップ側は、かもめ～るに付いたくじの当せん番号が発表されると、売れ残ったはがきに当たりがあるかどうかを確認した上で、はずれた分を郵便局に持ち込み、切手と交換。"回り回って"自腹営業"のはがきが、郵便局に戻ってくることになる。

郵便局の内勤従業員の場合、外部の人と接する機会がほとんどないため、勤務時間外にサービス残業をして営業に回るケースもあるという。

かもめ～るだけでなく、母の日や敬老の日などのイベントごとの物販、年賀はがきの営業も求められ、年中、ノルマに追われる。

一方で、自腹営業や上司によるノルマ強要を禁止する「コンプライアンス（法令順守）の徹底」も繰り返し指示されている。男性は「アクセルとブレーキを同時に踏まれているようで、やりきれない」と漏らした。

■

インターネットの普及を背景に、年賀状や暑中見舞いなどをやりとりする人たちは減りつつある。同社によると、かもめ～るの発行枚数は2000年の約3億1100万枚から、08年には約2億1500万枚に減少した。その後、かもめ～るを利用した企業向けのダイレクトメール（DM）の営業に力を入れ、発行枚数はやや回復しているが、販売の現場では苦戦が続く。

男性によると、福岡県内のある郵便局では、幹部社員が8月上旬、企業にDM千枚のはがきを販売した際、顧客が負担すべき印刷代金約6万円を無料にして契約。印刷会社に発注する代わりに、幹部社員は部下に命じて局内のコピー機でカラーコピーをさせ、印刷代金を浮かせたという。

特命取材班が入手した同社の研修資料には「割引・値引きは絶対に行わないこと」と記されており、幹部自ら社内ルールに違反した疑いがある。同社九州支社は、事実関係を認めた上で「調査を進め、不適切だと判断すれば厳正に対処する」と説明した。

男性は「ノルマの達成が人事評価に影響するので必死にならざるを得ない」。同支社は「個人のノルマではなく、チームごとの販売指標を設けている。人事評価では指標の達成状況だけではなく日々の業務など総合的に判断している」としている。

労働問題に詳しい光永享央弁護士（福岡市）は「ノルマの設定がどこまで許されるのか線引きは難しい。会社には、自腹営業などが行われていないか、積極的に実態を調査する責任がある」と指摘した。

（宮崎拓朗）

調査依頼はこちらへ
LINEで友達追加
FAX 092-711-5110

（出所）『西日本新聞』2018年8月31日付の朝刊社会面。

約を結ばせ、処分された事例が載っている文書などもありました。こうした証拠を得たことで、本腰を入れて取材しようと考えました。

一方で、そう簡単には記事にできない理由もありました。相手は日本を代表する巨大な会社です。こうした不祥事を報道する場合には、相手が非を認めざるを得ないような証拠を突き付ける必要があります。その半年前の二〇一八年春には、ＮＨＫが『クローズアップ現代＋（プラス）』でこの問題を取り上げましたが、その後も現場に課されるノルマや不正の実態はまったく変わっていませんでした。

この郵便局員は「これ以上、ノルマに苦しめられ、お客さんに迷惑をかける営業はやめさせたい。協力は惜しまないので、何としても記事にしてほしい」と訴えていました。

不正を報じる記事を掲載

その後、約半年をかけて取材を行い、ようやく記事を出せるだけの内部資料や証言が得られました。内部資料には、三年あまりの間に、全国の郵便局で保険業法に違反した営業が六八件、社内規定に違反したものが約四四〇件、そして保険営業に関する顧客からの苦情が一万四〇〇〇件あったと書かれていました。この数字をもとにして、二〇一九年三月に記事を書きました（図2）。

また、実際にどのような不正が行われているのか、具体例が詳細にまとめられた資料も手に入ったため、合わせて報じました。一部を紹介すると、「『八八万円の保険料を払えば一年後に一〇〇万円もらえる』とうそをついて契約をさせた」「保険内容を説明しないまま、認知症の高齢者に契約をさせた」などの事例がありました。顧客からの苦情として、「九〇歳になる父の月額保険料が五〇万円近くになっている」「局

図２　郵便局員による違法営業の事実を報じた記事

郵便局員違法営業68件

保険　高齢者と強引契約

15年度以降

全国の郵便局で２０１５年度以降、局員の保険業法違反に当たる営業行為が68件発覚し、監督官庁の金融庁に届け出ていたことが関係者への取材で分かった。内規に違反する不適正な営業も約４４０件に上ることが判明。保険の内容を十分理解していない高齢者に無理やり契約を結ばせるなど、悪質な事例が目立っている。

【29面に関連記事】

内規違反も440件

西日本新聞は、郵便局を運営する日本郵便（東京）の内部資料を関係者から入手した。保険業法違反の営業として金融庁に届け出た件数は15年度16件▽16年度15件▽17年度20件▽18年度はこれまでに17件。九州支社管内分は計7件あり、17年度は全国最多だった。

九州支社管内では16年3月、局員が「88万円の保険料を支払えば1年後に１００万円がもらえる」と虚偽の内容を記した資料を示して契約を結んだことが発覚。近畿支社管内の局員は17年10月、認知症の高齢者(85)に保険内容を説明しないまま契約させていたことなどが挙げられている。

「説明不十分」「不適切な代書」など、内部で「不祥事故」と呼ばれる不適正な営業の内訳は、15年度１２４件▽16年度１３７件▽17年度１８１件―だった。

全国の郵便局に寄せられた営業に対する苦情は昨年までの3年半で1万4千件超に上り、高齢者に関わる内容が約6割を占めた。「貯金と説明を受けて契約したら、保険証書が送られてきた」「局員に『帰ってほしい』と言ったのに4時間も居座られた」など、強引な営業行為や契約締結への苦情が目立った。

消費者問題に詳しい桜井健夫弁護士（東京）は「低金利の時代になり、郵便局が販売する貯蓄型の生命保険は魅力が薄れた。強引に営業するのではなく、顧客から何を求められているのか根本的に見直すべきだ」と指摘している。

西日本新聞の取材に対し、日本郵便は「具体的な件数は公表していないが、不適正な営業が根絶できていないことは極めて残念だ。教材による指導など改善に向けた取り組みを強化している」と文書で回答した。

（宮崎拓朗）

ワードBOX

保険営業と郵便局の保険

保険業法は、保険の勧誘を行う際、契約内容の情報提供や、顧客の意向確認を義務付けている。違反行為を把握した場合、保険会社は30日以内に金融庁に届け出なければならず、違反行為をした社員の営業資格を国が取り消すこともある。郵便局が主に販売するのは貯蓄型の生命保険。このうち、養老保険は80歳まで、終身保険は85歳まで加入できる。かんぽ生命からの業務委託で取り扱っており、毎年２００万件前後の新規契約がある。

（出所）『西日本新聞』2019年3月18日付の朝刊一面。

員に『帰ってほしい』と言ったのに四時間も居座られた」などといったものもありました。

被害者の多くは高齢者でした。高齢者にとっては、郵便局はかつて国が運営していた、身近で信頼できる存在です。他社の保険営業マンが訪問してくると警戒するけれども、郵便局員なら家に上げる、という高齢者にも取材で多く会いました。保険の不正販売は、そうした信頼を逆手に取って行われた点でも悪質でした。

記事掲載を契機に次々と寄せられる情報

この記事に対する日本郵便のコメントは、「不適正な営業が根絶できていないのは残念だ。改善に向けた取り組みを強化している」というものでした。こうした対応では、不正のまん延を認めたことにはならないし、改善に向けた動きも期待できません。私は、「現状を変えたい」との思いで協力してくれた局員のためにも、取材を続けようと考えました。

先ほどの記事は、インターネットでも広く読まれました。その結果、全国の郵便局員や顧客から、次々と情報が寄せられました。相手は巨大な組織ですが、記事を書くたびに情報を寄せてくれる人たちがいれば動かすことができるかもしれない、と思えるようになりました。

そして、寄せられた不正の事例をもとに、第二弾の記事を出しました。そこで紹介した事例の一つは、「保険料が一〇年間で八〇〇万円だと説明を受けたのに、実は四〇〇〇万円分の契約をさせられていた」というものでした。ほかにも、「局員から虚偽の説明をされたのでお金を返してほしい」と抗議したところ、かんぽ生命から「全額返金する代わりに、本件に関する一切の事項を第三者に開示しない」との文書に署名を求められたという事例も紹介しました。加えて「ノルマが達成できないと懲罰研修に参加させられた」「指導が厳しくて電車に飛び込みたくなった」という局員の声も紹介しました。

その後、他のメディアでもこの問題が報じられるようになりました。二〇一九年六月二四日には、全国紙の一面トップに、「かんぽ生命不適切な販売」という見出しの記事が載りました。この記事には「顧客のメリットが乏しい契約が月に五八〇〇件ある」という記載もあり、不正に関する新たなデータが示されていました。

こうした動きのなか、西日本新聞に寄せられる情報はさらに増えていきました。現役の郵便局員は「現場に課されるノルマは何も変わっていない」と打ち明け、不利益を受けた顧客やその家族は「だまされたのに返金してくれない」と訴えていました。

一方、郵政グループ側は、たとえ不利益になる契約が結ばれていたとしても、顧客が契約書にサインしていることを理由に、「不正ではない」という主張を曲げませんでした。

「保険料の二重払い」という悪質な契約の露見

そんななか、決定打になる情報が寄せられました。顧客に保険料を「二重払い」させる悪質な契約が多数あるというのです。

二重払いは、保険の乗り換え契約の際に起きていました。保険の乗り換えというのは、顧客にとって保険の内容が今の生活に合わなくなったり、より良い保険商品が出たりした際に、古い保険を解約して新しい保険に契約し直すことです。郵便局の営業現場では、新しい保険を契約したのに古い保険を何カ月も解約させず、しばらく両方の保険料を二重に支払わせるケースが相次いでいました。

なぜ、このようなことが起きたのか。そこには、郵便局での保険営業のルールが関係していました。乗り換え契約をすると、保険料が上昇するなど顧客が不利益になるケースも多いといわれています。このため、乗り換え契約の場合、郵便局員が得られる営業手当や営業成績は、通常の契約の半分と決められていました。そして、社内ルールでは、新しい契約をしてから六カ月以内に古い契約を解約した場合を、乗り換え契約と定義していました。つまり、新しい契約を取ってから七カ月以上、古い契約をそのままにしていれば、営業担当者は、通常どおりの営業手当と営業成績が得られるわけです。一方で、顧客からすれば、七カ月以上も二重に保険料を払い続けなければなりません。

こうした二重払いは、顧客にとってはほとんどメリットがありません。局員が手当や成績を多く得るために意図的に行った、悪質な営業である可能性が極めて高いわけです。

実際に取材した局員からは、「ノルマをこなすための二重払い契約が横行している」といった証言や、幹部からも「上層部は実態を把握しているのに、営業目標を達成するために黙認している」という声が得られました。これを裏付ける内部資料も入手しました。そこには、二重払いが行われた件数が、三年弱の間に二万二〇〇〇件もあったと書かれていました。

もはや、「顧客がサインしているから不正ではない」という言い訳は通用しません。この事実を二〇一九年七月七日、一面トップで報じました（図3）。

不正が疑われる一八万三〇〇〇件もの契約

二重払い報道の影響は大きく、全国紙やテレビが一斉に後追いし、麻生太郎金融担当大臣（当時）も記者会見で「信用が非常に大事な金融業界にあって、この種の話はいかがなものか」「適切に対応したい」と発言しました。西日本新聞が報道してから三日後、日本郵便とかんぽ生命の社長が記者会見を開き、「多数の顧客に不利益を生じさせ、信頼を損ねたことに関し、深くおわびを申し上げる」と謝罪しました。これまで、「不正ではない」と主張してきた姿勢が一八〇度変わり、二重払いさせた保険料などを顧客に返金し、第三者による調査を始めると明言しました。

そして二〇一九年七月末には、親会社の日本郵政の社長も記者会見で謝罪し、その時点で不正が疑われる契約は一八万三〇〇〇件に上ること、そして、三〇〇〇万件にもなる全契約について、顧客の意向に沿っ

図 3　かんぽ生命による保険料二重払い問題を報じた記事

かんぽ不適切販売

保険二重払い2.2万件

16─18年 解約時期遅らせる

かんぽ生命保険が顧客に不利益となる保険の乗り換え契約を繰り返していた問題で、半年以上、新旧の保険料を二重払いさせたケースが2016年4月～18年12月で約2万2千件に上ることが、西日本新聞が入手した同社の内部資料で判明した。一部の郵便局員が乗り換え契約の事実を隠すため、旧保険の解約時期を意図的に遅らせたことが原因とみられる。社内で「乗り換え潜脱」と呼ばれ、新規契約時に支給される手当金や営業実績目当てで横行しているという。【27面に関連記事】

手当金、営業実績目当て

かんぽ生命は6月27日、不適切な乗り換え契約が約2万4千件見つかったと発表したが、これとは別に乗り換えを巡る新たな問題が発覚した形だ。

保険業法は保険契約の際、顧客に内容を丁寧に説明するよう義務付けている。金融庁は「十分な説明がないまま顧客に不利益な契約内容になっていれば、（同社に）説明を求めることになる」としている。

複数の関係者によると、同社の内部規定では新しい保険を契約後、6カ月以内に旧保険を解約したケースを「乗り換え」と定義。乗り換えは保険料が上がるなど顧客の不利益につながることが多いため、契約した局員に支払われる手当金や営業実績は「新規契約の半分」と規定している。

このため、一部の局員が手当金を満額受給する手口として、顧客に「新契約の申し込み後6カ月間は、旧契約を解約できない」と虚偽の説明をするなどし、7カ月後に解約させる不正販売が相次いでいるという。

同社の内部資料によると、7カ月後の解約に伴う保険料の二重払いは、16年度約6400件▽17年度約8500件▽18年4～12月約7千件─だった。

一方、新規契約の4カ月以上前に旧保険を解約した場合も手当金が満額支給される。この場合、顧客は解約から新規契約までの間、無保険状態で保障を受けられない。4～6カ月間無保険だったケースは、16年度約1万7100件▽17年度約1万6600件▽18年4～12月約1万3千件─の計約4万7千件に上った。

取材に対し、同社は「局員の都合で意図的に解約時期をずらす行為は、顧客に不利益を与える問題だと認識している。疑わしいケースは、顧客に契約時の状況を聞き取るなど対策を進めている」と答えた。（宮崎拓朗）

保険営業を担当する郵便局員向け文書。乗り換え契約の際に、意図的に旧保険の解約時期をずらさないよう指導している

「乗り換え潜脱」の仕組み

かんぽ生命保険の不適切販売　かんぽ生命保険は6月27日、同じ種類の保険を一度解約して再び契約する乗り換えにより、顧客が不利益になったと疑われる件数が2万3900件あったと発表した。このうち旧保険を解約後に病気などで新しい保険の契約が結べず、顧客が無保険状態になった事案は2014年4月からの5年間で約1万5800件に上った。乗り換え時に持病などの告知に不備があり保険金を受け取れなかった事案は約3100件。乗り換えではなく、特約の切り替えで対応できた事案も17年10月以降で約5千件あった。

（出所）『西日本新聞』2019 年 7 月 7 日付の朝刊一面。

たものなのかどうか調査することも発表されました。

二　「オンデマンド調査報道」の模索

「あなたの特命取材班」とは何か

さてここで、西日本新聞が取り組んでいる新しい取材手法について紹介したいと思います。「あなたの特命取材班（あな特）」と呼んでいるツールです。仕組みを簡単に説明すると、読者から、メールやＬＩＮＥなどで、暮らしの疑問や地域の困りごと、不正の告発などを寄せてもらいます。寄せられた情報は西日本新聞の全記者が見ることができ、関心のある記者が返事を送り、取材に取り掛かります。今回、保険の不正販売問題の報道のきっかけになった、かもめーるの販売ノルマの情報提供も、あな特に寄せられたものでした。

あな特は、二〇一八年一月に始まり、これまでに寄せられた調査依頼は一万五〇〇〇件、出した記事は六〇〇本、ネット上で読まれた回数は累計で四億回にもなりました。

こういった取り組みを、社内では「オンデマンド調査報道」と呼んでいます。「読者の知りたいことを取材して報道する」という意味の造語です。

従来の新聞は、新聞社や記者が、「知るべきこと」や「知らせたいこと」を自分たちで決めて記事を出すという、いわば一方通行の報道でした。それが、新聞社の独りよがりになっていた面もあるのではないかという反省もあって生まれたのが、あな特です。

読者の疑問に応える報道スタイル

これまでは、新聞の読者の多くは高齢者でした。しかしＬＩＮＥやメールによって、あな特へのアクセスが可能になったことで、情報を提供してくれる若い人が格段に増えました。今回の郵政の問題でも、若い郵便局員や、「親がだまされて契約させられた」という若い人たちの情報提供が相次ぎました。これまでの取材では考えられなかったことでした。

さらに、従来の西日本新聞は九州エリアだけで紙の新聞を発行していましたが、ネットで記事を配信するようになり、全国の人に記事を読んでもらえるようになりました。保険の不正販売の報道では、一〇〇〇件以上の情報提供がありましたが、大半が九州以外から寄せられたものです。地方紙の枠を超えた影響力が持てるようになったと感じます。

そして、「読者の疑問に応える」という報道スタイルにより、記事で取り上げるテーマの幅も広がったと考えています。従来は、「違法な行為かどうか」といったわかりやすい基準が、記事にするかどうかの分岐点でした。今回の報道で言えば、「販売ノルマがきつい」というのは、違法行為かどうかの問題ではありません。保険の不正販売にしても、会社は「不正ではない」と主張し続けました。しかし、こうしたグレーゾーンの問題を報じ続けたことが、大きな不祥事の発覚につながりました。これを可能にしたのが、「読者の疑問に応え、実態を調べ、問題提起をする」という報道姿勢だったと思います。

新旧取材方法のハイブリッドで対応

ただ、こうした新しい取材の方法だけでうまくいくわけではありません。ＬＩＮＥやメールによる取材で最も苦労したのが、相手の素性がわからない点でした。報道するには何よりも、記事の内容が事実であることが求められます。内容が事実であることを確認するには、情報源がどのような人物なのかを知る必要があります。

しかし、今回のような内部告発の場合、告発者は素性を明かすことを警戒します。メールやＬＩＮＥでやりとりするなかで、相手がどのような人物なのか、こちらが問い合わせても答えてもらえないことがたびたびありました。

今回の取材では、寄せられた情報が事実かどうかの確認作業を繰り返しました。具体的には、できるだけ相手に会って話を聞く、内部資料を手に入れたときは内容を複数の関係者に確認してもらい本物かどうか確かめる、不正に関与したり実態を知っていたりする人を突き止め出勤や帰宅の際に話を聞く、といった取材をしました。こうした、時間も手間もかかる取材は新聞記者が昔から行ってきた手法です。

今回の取材では、ネットを活用した新しい手法と昔ながらの手法が組み合わさったことで、大きな成果が出せたのではないかと考えています。

三　不正販売に関する謝罪後の動向

経営陣の説明に疑義

ここからは、郵政グループが保険の不正販売を認めてからどのような経過をたどったのかについて説明します。

社長が謝罪会見をしたあとも、まだまだ報道すべき問題がありました。その第一は、経営陣の責任についてでした。日本郵政の社長は、問題発覚後の記者会見で、「不正を認識したのは報道後だった」と繰り返しました。そんななか、私は分厚い内部資料を入手しました。かんぽ生命の幹部たちが毎月出席する会議の資料でした。

そこには、二重払いの発生状況など不正販売の実態が詳しく書かれていました。入手した資料は、二〇一八年六月のものが最初でした。つまり、不正を認める一年以上前から、かんぽ生命の幹部たちは不正の実態を把握していたことになります。これは明らかに、「報道まで知らなかった」という社長の発言と矛盾します。

この内部資料について、二〇一九年八月五日朝刊の一面トップで報じました。当時、かんぽ生命は「個別の社内会議についてはコメントを控える」との回答でした。その後も、経営陣は「問題は現場だ」といった他人事のような発言を繰り返しました。しかし、報道から半年後、この会議の内容が国会で取り上げられ、新しく就任したかんぽ生命の社長は会議の事実を認め、「深く反省している」と謝罪しました。

不十分な内部調査

郵政グループが行った不正の調査についても、不十分な点がありました。郵政側は、悪質な契約が疑われる事例を「特定事案」と呼び、顧客宅の訪問や電話などで意向に沿った契約だったかの確認を進めていました。

しかし、一人の顧客に対し契約と解約を繰り返したり、認知症の高齢者が内容を理解しないまま契約書にサインしたりしたような事例は、特定事案の対象外でした。また保険料の二重払いについても、二重払いの期間が九カ月以内のものだけを対象とし、より悪質な一〇カ月以上の案件は対象外にするという調査方法でした。そして、特定事案に含まれないケースについては、「お客様のご意向に沿ったものでしょうか」と尋ねるはがきを送るだけで、返信がなければ調査対象にはならないという仕組みでした。

調査のあり方について報じたのは二〇一九年九月。その後、国が郵政グループを行政処分した際に、西日本新聞が指摘したケースなどを挙げ、「特定事案以外にも悪質な事例がある」と指摘しました。郵政グループは翌二〇二〇年一月、重点的に調査する契約をさらに二二万件も増やすことになりました。

与野党はなぜ問題を追及できない？

これまでの取材は、主に私一人で担当してきました。しかし、問題が大きくなったうえに、記者会見などはすべて東京で行われます。そのため、福岡で仕事をしている私一人ではカバーしきれなくなり、東京支社の記者と取材班を組むことにしました。

政府や国会では、保険の不正販売問題についてほとんど議論は行われませんでした。その理由について、東京の記者が記事を出しました。「かんぽ追及　与野党鈍く」という見出しです。この記事では、「与党、野党ともに郵政内に支持基盤を抱えており、それに遠慮して問題に切り込めないのではないか」との指摘がなされました。

自民党が支援を受けているのは、全国約二万人の郵便局長で作る「全国郵便局長会」です。その年の七月にあった参院選では、局長会が擁立した自民党の比例代表候補が党内でトップとなる六〇万票を獲得しました。一方で、野党第一党の立憲民主党も、郵政グループの労働組合の後押しを受け、郵政出身の参議院議員を二人抱えています。保険の不正販売問題はいまだに表面的な再発防止策しかなされておらず、国会では抜本的な対策を求める議論は低調なままです。

三社長の辞任と金融庁からの業務停止命令

二〇一九年末、大きなニュースが飛び込んできました。郵政グループの親会社の日本郵政、そして日本郵便とかんぽ生命の三社長が、責任を取って辞任する方針だ、という内容でした。一二月二七日に三社長による記者会見が開かれました。日本郵政の社長はそれまで責任を現場に押し付けるような発言を繰り返していましたが、一転して、「私の経営力のなさ。深く反省している」と語りました。

また、金融庁は郵政グループに対し、保険の新規販売を三カ月間停止するよう命令しました。取材を始めてから一年半。これですべてが解決したわけではありませんが、大きな区切りとなりました。

四　郵政グループを巡るさまざまな問題

不正販売に関わった局員の思い

交代した経営陣のもとで調査が進められ、これまでに三〇〇〇人以上のグループ社員が処分されています。不正に関わった局員は、どう受け止めているのか。処分された一人に、じっくりと話を聞くことができました。

彼は約三〇年間、保険営業を担当してきました。顧客の自宅に足繁く通い、ニーズに合った保険を提案しようとまじめに営業をしてきたそうです。状況が大きく変わってきたのは、二〇一六年頃でした。顧客が支払う保険料がどんどん値上がりし、郵便局で販売する保険の魅力は失われていきました。その一方で、ノルマはどんどん引き上げられていったと言います。

「お客さんのために」と思ってきた彼でしたが、厳しいノルマをこなすため、次第に顧客にとってはメリットのない乗り換えを勧めるようになったそうです。「不正を繰り返すうちに、良心が麻痺していった」と打ち明けました。

彼の上司は、二重払いになる契約をするように積極的に指示していました。しかし、問題発覚後、会社側から「客にうそを言って契約させたんだろう」と、責任をすべて押し付けるような調査を受けたと言います。彼は、自身の行為を反省しつつも、「上司の指示に従っただけだ。会社も不正を奨励していたじゃないか」と、納得できない思いも口にしました。

自ら命を絶った郵便配達員の妻の闘い

一連の報道では、保険の不正販売の問題だけでなく、郵政グループに関するさまざまな問題について報道しました。そのなかで、特に印象に残っている記事があります。記事に出てくる女性は、その九年前、埼玉県で郵便配達員をしていた夫を自殺で亡くしました。女性によると、夫は年賀はがきの販売ノルマに苦しめられていたそうです。また、時間内の配達を求められ、転勤したばかりの慣れない道で配達が思うように進まないことを悩んでいました。うつ病と診断され、休職と復職を繰り返していましたが、二〇一〇年一二月のある朝、郵便局の四階の窓から飛び降りて亡くなりました。

女性は、夫が自殺したのは厳しい指導やノルマが原因だと裁判を起こしましたが、会社側が明確に認めないまま、和解が成立しました。女性は取材した際、「社員を追い詰める会社の体質はまったく変わっていない。家族のために一生懸命働く社員が報われる会社になってほしい」と語りました。裁判後も国に対し、夫の死は労災だと訴え続けていました。

記事を出してからしばらくして、女性から連絡がありました。「労働局の担当者が西日本新聞の記事を読み、追加で調査してくれることになりました」。そして、記事を出して約四カ月後の二〇二〇年三月末、涙ながらに、「労災だと認められました」と電話で知らせてくれました。「夫の無念を晴らしたい」と闘い続け、ようやく主張が認められたのです。

旧特定郵便局長による二つの不祥事

保険の不正販売問題に区切りを付け、郵政グループは二〇二一年四月から保険の営業を再開しました。しかし、不祥事はその後も次々と明らかになっています。四月に入り、二つの大きなニュースを報じました。一つは、福岡県の有力な郵便局長が起こした内部通報を巡る問題です。彼の息子も郵便局に勤めていたのですが、日本郵便の内部通報窓口に「息子が社内ルールに違反する行動をしている」という通報が寄せられました。有力局長は、数人を内部通報者だと疑い、一人ずつ自分の局に呼び出して、「俺の力があれば誰が通報したかわかる」などと脅し、通報者だと認めるように迫りました。この問題は強要未遂ということで刑事事件にまで発展し、ほかの八人とともに懲戒処分もされました。

もう一つは、元郵便局長による巨額の詐欺事件でした。二五年間にわたり、知人や顧客など約五〇人に対し、「高い金利を得られる貯金がある」などと嘘を言って、一〇億円もだまし取っていたことが明らかになりました。

両方の事件に共通するのは、町中にある小さな郵便局の局長が関わっていたという点です。こうした郵便局は、民営化前まで特定郵便局と呼ばれていました。旧特定局の局長は全国で約二万人に上ります。彼らは「全国郵便局長会」という組織を作り、選挙活動にも力を入れています。相次ぐ旧特定局長の不祥事の背景について、今も継続して取材しています。

五　記者としてどう立つべきか

調査報道と批判精神

最後に、私が報道に携わって感じてきたことを話したいと思います。

調査報道という言葉を聞いたことがあるでしょうか。いろいろな解釈があるかと思いますが、個人的には、社会の課題や公権力、大企業などの不正を、記者が自分なりの問題意識を持って掘り下げていくことだと考えています。

記者になって一六年になりますが、ほとんどの時期を通じて役所や警察などを担当してきました。そこでは、取材対象者と関係を作り、相手がどのようなことを考え、何をしようとしているのか、発表されることのない裏の事情を探っていきます。相手の組織を知るには、事情を知る人との関係作りが欠かせません。しかし、ここで相手と一体化してしまい、批判する精神を持たないまま報道するようになれば、調査報道とは似て非なるものになってしまいます。

郵便局員からいただいた大切な手紙

郵政グループは、表向きは民営化を進め、国民の役に立つサービスを提供し続けてきたと説明しますが、裏では、多くの社員がノルマに苦しめられ、また、顧客が被害に遭ってきたわけです。こうした問題は調査報道によらなければ公になりません。今回の報道で、改めて報道に携わることの責任の重さとやりがいを実感しました。

今は、地方紙もインターネットによって全国の読者とつながり、全国にニュースを発信できる時代になりました。現場のある地方発のニュースだからこそ、世の中を動かせるとも考えています。

最後に、今も大切にしている、郵便局員からいただいたメールを紹介したいと思います。

「私は西日本新聞の名前も知りませんでした。今では、気骨のある新聞社がまだあるんだなと新聞の大切さを感じています。報道機関の使命を果たす役割に誇りを持って仕事を続けてください。私も勇気付けられました。何事にも負けず、日本郵便の発展の為に頑張ります」。

❖講義を終えて　読者との双方向の関係を目指して

自分の仕事について人前で話すのは初めてのことで、どこまで伝わるのか不安でしたが、受講者の皆さんからの感想を読んで、内容をよく理解し真剣に考えてもらったことに胸を打たれました。

感想文では、西日本新聞の「あなたの特命取材班」（あな特）に関する記述が多く見られました。あな特は、読者からメールやＬＩＮＥなどで、暮らしの疑問や不正の告発などを寄せてもらう仕組みです。「何がきっかけで始めたのか」という質問がありました。西日本新聞があな特を始めたのは、読者離れに対する危機感からでした。「読者が離れたのではなく、新聞が読者から離れてしまったのではないか」。読者に向き合い、双方向の関係を作り直そうというコンセプトでした。

今回のかんぽ生命の不正販売問題の取材でも、あな特を活用しました。講義でも申し上げましたが、「郵便局員」を名乗る情報提供者の大半は詳しい素性を明かしませんでした。大量に寄せられる匿名の情報にどう向き合うべきなのか、手探りのなかで進めました。

匿名で語られる情報は、どこまで詳しく取材をしても、それだけでは記事を書く根拠にはなりません。それでも、その声に耳を傾けることにしました。一〇〇〇件以上にもなった情報の提供者一人ひとりに返事を出し、やりとりを繰り返しました。朝から晩までパソコンの画面に向かい、気の遠くなるような作業を続けた日もありました。

生の声を聞き続けることで、自分が郵便局で働いているかのように、現場の空気をリアルに感じることができました。保険営業の現場で語られる専門用語を使いこなせるようになり、ノルマを課される苦しみを追体験し、上層部が不正を見て見ぬふりする姿勢に怒りを覚えました。数々の声に通底していたのは「現状を変えたい」という切実な願いでした。

記事を書くたびに、新たな情報が寄せられました。大げさに言えば全国の郵便局員と対話を重ね、次に書くべき記事や、隠された問題点に気付くことができました。こうした作業の積み重ねにより、記事にリアリティや深み、そして説得力を持たせることができたと考えています。

一方で、感想文のなかには、あな特を利用した取材に対し「気付かないうちに読者に寄り添いすぎてしまうのではないか」という鋭い指摘もありました。これは、今回の報道を続けるなかで、常に抱えていた問題意識でもありました。

情報を寄せてくれた郵便局員の多くは「過剰なノルマに苦しめられている」と訴えていました。しかし、実際に詐欺まがいの営業をしているのも一部の局員です。誤解を恐れずに言うなら、局員は〝被害者〟でもあり〝加害者〟でもあったわけです。ノルマに着目しすぎることで、問題の構図を見誤る可能性がありました。偏ることなく報道することに腐心しました。

石橋湛山記念早稲田ジャーナリズム大賞を受賞したことを紙面で紹介した際、同僚の編集者がこんな見出しを付けました。「かんぽ不正　１０００の声が暴く」。今回の報道では、私自身の積極的な取材によって問題の端緒をつかんだわけではありません。現場の声を受け止め、それを発信する役割だったと思います。

ある受講者は「一個人の叫びでは世の中に届きませんが、小さな声を拾って証拠で裏付けし報道することで、世の中を変えることにつながるというジャーナリズムの重要性を改めて感じました」と書いてくれました。記者にとって、勇気を与えてくれる言葉でした。

ネットを主舞台にした「桜を見る会」追及報道
——多様な手法で読者とつながる試み

毎日新聞　デジタル報道センター長
日下部　聡

一　なぜメディアのデジタル化を進めるのか

イギリスでの経験とデジタル化の模索

まず私の経歴を申しますと、一九九三年に毎日新聞社に入社し、駆け出しの頃の五年半は警察担当として、事件・事故の報道に携わっていました。そして『サンデー毎日』編集部を経て、主に社会部で調査報道などを手がけました。二〇一八年四月には、自ら希望して統合デジタル取材センター（現デジタル報道センター）に移り、現在に至っています。

なぜ希望したかというと、私は二〇一六〜一七年に、客員研究員として英オックスフォード大学ロイタージャーナリズム研究所に所属していたのですが、このとき、BBC出身の研究所幹部から「日本の主要メディアはデジタル化では世界のトレンドから一〇年ぐらい遅れている」と言われ、ぐうの音も出なかった経験があるからです。

実際に、イギリスの報道がデジタルを前提として動いていることを目の当たりにして、「毎日新聞はもっとがんばらないといけない」と痛感したことが、異動を希望した一つの動機になっています。

加えて、『サンデー毎日』での経験もベースにありました。週刊誌の場合、「どうやったら読者に買ってもらえるか」ということを常に意識して記事を書かなければなりません。同様に、読者に読んでもらうための工夫はデジタルでもとても大事です。

このデジタル報道センターですが、一言で言うと、「毎日新聞のデジタル化の先陣を切ること」が大きなミッションとなっています。具体的には、デジタルで有料購読してもらえる読者を獲得すること、契約してくれた読者を離さないようにすることです。経営的な判断で設けられた部署なのです。そのためにはどうすればいいかというと、魅力的な記事を出し続けることに尽きるわけです。

最近は、記者が熱量を持って取材した記事は、爆発的ではなくても着実に読者が評価をしてくれるという実感を持っています。

紙のメディアを乗り越えて

では、なぜメディアはデジタル化を進めなければいけないのでしょうか。

社会の情報環境はここ二〇年で大きく変わりました。ネットは、すでに情報流通のインフラとなっているので、当然新聞もそこに適応していかなければなりません。

もともと新聞は、記事を紙に印刷して宅配するという、非常にコストのかかる重厚長大なシステムです。ネットが出現する前までは合理的な仕組みだったと思いますが、限られた紙面に収めるために原稿量を制限しなければいけないとか、記事の締め切りが設定されていて、それに向けて原稿を書かなければいけないという特性があります。そうしたことが、読者が求める情報をリアルタイムに提供することの足枷(かせ)になってきました。この問題を乗り越えるために、新聞もデジタルの方向に舵を切っていかなければならないことに、業界の人は気付き始めています。

究極的な目標としては、デジタル化によって、ジャーナリズムを持続可能なものにしていくということだと思っています。

統合編集システムの導入

新聞記事がどのように読者に届いているか、簡単に説明します。

かつては記者が取材してきた素材をデスクのところに集めて、デジタル用と紙用に分けて編集していました。しかしこれでは、どうしても紙のほうに労力を割かれてしまい、デジタル向けの素材はどちらかといえば片手間の仕事になってしまう弊害がありました。

そこで、毎日新聞では二〇一八年に統合編集というシステムが導入されました。これは、原稿や写真などの素材をコンピューターシステムに蓄積し、ウェブと紙のそれぞれの編集者がそこにアクセスして、素材を自由に編集して使うというものです。

こうした方式は世界的な潮流になっています。イギリスにいたとき、新聞社のガーディアンや放送局のBBCなどを見学しましたが、これらのメディアでは統合編集が進んでいました。紙媒体や放送媒体を使った報道は全体の一部で、基本的にはまず、オンラインでニュースを配信していました。

毎日新聞も同じ方向を目指しているわけです。まずは統合素材をウェブで提供し、紙はそのあとで編集するという流れです。それに先駆けて取り組むのがデジタル報道センターの役目なのです。

二 「桜を見る会」問題とは何か

二〇一九年一一月に国会で問題化

このような私たちが、「桜を見る会」の報道によって、石橋湛山記念早稲田ジャーナリズム大賞を受賞したのは、正直言ってまったく予想外のことでした。デスクであった私と取材班の三人の記者は、受賞の報を受けて大喜びしました。

「桜を見る会」問題について簡単におさらいしたあと、私たちの報道のどこが評価され、受賞することができたのか、というお話しをしたいと思います。

「桜を見る会」は、一九五二年に始まった政府の公式行事です。四月に新宿御苑で行われ、皇族や閣僚、駐日大使などのＶＩＰに加え、各界で功績・功労のあった人が招待されます。

この「桜を見る会」が、国会の質疑をきっかけに二〇一九年一一月に問題化し、コロナが猛威を振るい始める二〇二〇年の春先まで大きなニュースとして各メディアに取り上げられました。

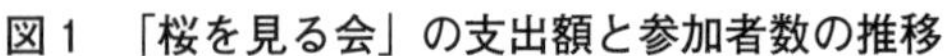
図１　「桜を見る会」の支出額と参加者数の推移

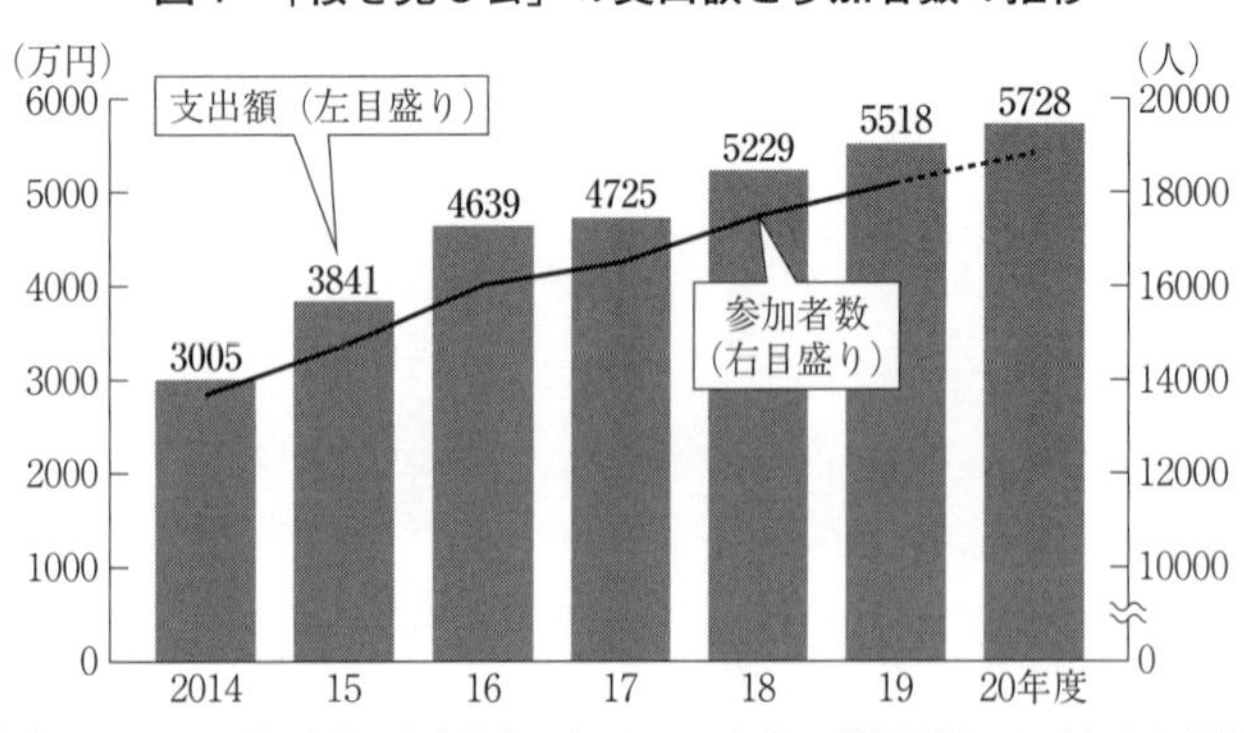

（出所）『汚れた桜――「桜を見る会」疑惑に迫った49日』（毎日新聞出版、2020年）より著者作成。

政府行事の私物化――問題のポイント（その一）

この問題のポイントは、大きく三つに分けられます。

まず一つ目が、政府行事の私物化です。「桜を見る会」への参加者は、第二次安倍政権が始まる前まではおよそ一万人前後でした（図１）。ところが、第二次安倍政権になってから参加者の数は右肩上がりに増えていき、最終的には一万八〇〇〇人ぐらいになりました。それは、安倍首相（当時）の地元山口県の後援会員や、安倍さんを支持している政治家の後援会員など、安倍さんの支持者たちが大量に招かれるようになったからでした。

本来は日本全体に功績があった人たちを招待してねぎらう行事だったのが、いつのまにか安倍さんの支持者たちをもてなすイベントに変質してしまったのです。

「桜を見る会」では、参加者に飲食物が提供されました。政治家が自身の資金で飲食物を選挙区の有権者である自分の支持者たちに提供して接待することは公職選挙法で禁止されています。

選挙は本来、政治家の訴える政策を有権者が自由意思で判断して投票するものです。それが民主主義の根幹です。しかし、飲食物やお金を供与して投票を誘導することは、自由意思に支えられた選挙や民主主義をねじ曲げる行為です。だから禁止されているのです。

政府の公式行事に招待して接待することは、法律のどこにも想定されておらず、一種の抜け穴、脱法行為とも言えます。税金で接待をした形であり、公的な行事を私物化したことになるわけです。

支援者のパーティ代金の補塡——問題のポイント（その二）

二つ目のポイントは「前夜祭」です。安倍さんの後援会は二〇一九年の「桜を見る会」の前日に、ホテルニューオータニで前夜祭を開いていました。料理が振る舞われたり、シャンソン歌手による歌が披露されたりと、かなり豪華なパーティーでした。

当初安倍さんは、この前夜祭は五〇〇〇円の会費制で行われたものだと説明していました。しかし超一流ホテルのパーティーがはたして一人五〇〇〇円でできるのかという疑問が、野党やメディアから出てきました。

仮にニューオータニでのパーティーが一人一万円かかっていて、参加者から五〇〇〇円しか徴収していなかったとすれば、その差額は安倍さん側が補塡していたことになります。これは、先ほどのケースと同じように、有権者に利益を与える行為として公職選挙法で禁止されています。安倍さんは、疑惑が発覚してからもずっと、「安倍事務所が補塡した事実はない」と言い続けてきました。そして、ホテルが発行した料金の明細書についても、安倍さんは頑として見せようとはしませんでした。

弁護士グループの告発を受けた東京地検特捜部が捜査を始めました。捜査の過程で安倍事務所の人たちに事情聴取が行われましたが、安倍さんの公設第一秘書だった配川博之氏が、パーティー費用の差額を補塡していたこと、そしてこのパーティーの収支を政治資金収支報告書に記載しなかったことを認めました。その結果、配川氏は政治資金規正法違反に問われ、略式裁判によって一〇〇万円の罰金刑が下されました。ただ、配川氏は、安倍総理には伝えなかったと主張を続け、安倍さん自身は不起訴になりました。

しかし安倍さんは、国会の追及されたときに嘘の答弁を何度も繰り返していたことになるわけです。常識的には「散々追及されていたのに、安倍さんは秘書に『本当に補塡しなかったのか』と確認しなかったのか」という疑問が浮かびます。「本当は知っていたのではないのか?」という疑惑はまだ残されたままです。

内閣府による招待者名簿の処分――問題のポイント(その三)

三つ目のポイントは公文書の廃棄です。

「桜を見る会」は内閣府の管轄ですが、国会でこの問題が取り上げられたときに内閣府は「功績・功労のあった人たちを招いた」と説明していました。そこで、野党は招待者の名簿を公開するよう求めたわけです。本当に「功績・功労」のあった人たちなのかどうか、名簿を見ればすぐにわかるからです。

ところが内閣府はその名簿を、「桜を見る会」が開かれた直後の二〇一九年五月九日にシュレッダーで裁断して捨ててしまったという説明をしました。その理由として、「招待者の名簿は保存期限が一年未満の文書であると内部の規則で決めている」ことを挙げていました。

しかし実際に名簿がシュレッダーにかけられたのは、共産党の宮本徹衆議院議員が、国会で招待者数や招待基準などの開示を内閣府に要求した一時間後でした。「証拠を隠滅したのではないか」と疑われても仕方がないタイミングだったわけです。

さらに、内閣府以外の役所では招待者の名簿を保管していたこともあとからわかり、疑いはさらに濃くなりました。

公文書は、役所の所有物ではありません。役所の人たちが私たちの税金を使って集めたり作成したりした記録なので、役所の都合で勝手に処分できるものではありません。そのことが問われたわけです。

三　赤旗のスクープと取材班の立ち上げ

ツイートが取材班の立ち上げのきっかけ

三人の記者とデスクである私をメンバーとする取材班がスタートしたのは、二〇一九年一一月九日でした。そのきっかけは数多くのＴｗｉｔｔｅｒ投稿でした（図２）。その前日に、共産党の田村智子参議院議員が、予算委員会で「桜を見る会」問題を取り上げていました。その動画を見た人たちが「これはひどい！」と、次々にツイートを始めました。これに当時のセンター長が気付き、「私たちも動画を見たほうがいい」という話になったのです。

この質疑は毎日新聞も報じています。ただ、朝刊では政治面のちょうど真ん中にレイアウトされ、そんなに目立つ記事ではありませんでした。

図2 「桜を見る会」の国会質疑に関するTwitter投稿の一例

2019年11月9日

「桜を見る会」の問題点が非常にわかりやすくまとめられた質問だと思うのですよ。税金使って自分たちの地元の後援会のアゴアシ接待だと。ふざけた話だな。やめりゃいいんだよ。この国、社会保障費も足りてないのに、こんなことにムダ金使うなんておかしいだろ？

「桜を見る会」が首相後援会の恒例行事に
2019.11.8 田村智子議員が追及 参院予算委員会
youtube.com

一方私たちは、常にデジタルを意識していたので、ネット上の声の熱量に比べて、新聞での取り上げ方はちょっと淡泊なのではないか、という印象を持ったわけです。それで取材班を組み、集中的に報道することを決めました。

何が赤旗のスクープにつながったのか

ただ、私たちには悔しい思いもあります。

もともとは、日本共産党の機関紙である『しんぶん赤旗日曜版』のスクープでした。田村議員の予算委員会での質疑も、赤旗の報道がベースになっています。このスクープは、内部告発者の証言に基づいて暴いたものではありません。宮本徹衆議院議員が、二〇一九年五月に「『桜を見る会』の予算が増えているのはおかしいのではないか」という質問を国会でしたことをきっかけに、赤旗の記者が桜を見る会についてネット検索をしたのがそもそもの端緒だったそうです。

すると、安倍首相の支持者たちが「『桜を見る会』に行ってきました」「安倍さんのおかげで参加することができました」といったことをブログや後援会報などに書いていたのです。その人たちは、後援会のイベントのような感覚で参加しており、何の疑問も持たずに文章をアップしていました。「桜を見る会」は政府の公式行事のはずです。しかし、なぜか安倍さんの支援者たちが大勢参加している。それは会本来の趣旨に反していておかしい、と赤旗の記者は気付いたわけです。

忸怩たる思い

毎日新聞の政治部の記者も、毎年「桜を見る会」の取材に行っています。そのときに、安倍さんの支持者がたくさん来ていることに気付いた記者もいたはずです。そのことをおかしいと思うかどうかで、赤旗との差が付いてしまいました。

さらに言うと、私たちは国会質疑が行われるまで、赤旗の報道すら知りませんでした。

一方、政治部記者として二〇一九年の「桜を見る会」を取材し、その後統合デジタル取材センター（デジタル報道センターの前身）に異動してきた古川宗記者も「なぜ問題意識を持てなかったのか」と悔やんでいました。古川記者は、この疑問を解消しようと、『しんぶん赤旗日曜版』の山本豊彦編集長にインタビューし、「赤旗はなぜ桜を見る会をスクープできたのか　見逃し続けた自戒を込めて、編集長に聞いてみた」という記事にまとめました。

古川記者にも、実は引っ掛かっていたことがありました。「桜を見る会」の会場で首相官邸の職員が「行事の目的が最近よくわからなくなってきている」と、古川記者にぼやいていたのです。このときにもう一歩踏み出せていれば、展開は違っていたかもしれません。

四　ネットメディアとして「桜を見る会」問題をどう報道したか

ネットを駆使した取材

さて、Ｔｗｉｔｔｅｒでの盛り上がりに気付いて取材を始めた私たちですが、特に人脈やネタがあるわけではなかったので、どこから取り組むべきか試行錯誤が始まりました。

最初に、江畑佳明記者が田村議員の質疑を全部おさらいしました。すなわち、彼女が指摘をした問題点を整理し、それに政治資金の問題に詳しい研究者のコメントを付けて、何が問題なのかを提示しました。記事にして改めて驚いたのは、田村議員の質疑は、「桜を見る会」についてその後国会やメディアで問題になったほぼすべての点を網羅していたことです。それだけ優れた質疑だったわけです。

次に記事を書いたのは大場伸也記者です。彼は、ネットをチェックして「桜を見る会」に参加した支援者のブログが質疑の翌日からどんどん消されていることに気付いて、そのことを記事にしました。たとえば「（参加者の）皆様『素晴らしい一生の思い出をつくることができた‼』と大変喜んでいただいて私自身も感動した次第です」「安倍首相には長く政権を続けてもらい、今後もずっと『桜を見る会』に下関の皆さんを招いていただきたいと思い新宿御苑をあとにしました」と書いてあった山口県議会議員のブログが消されていたので、本人に「なぜ消したのか」ということを直撃取材して書きました。

また、「桜を見る会」の参加者にも話を聞きたいと思い、Ｔｗｉｔｔｅｒで「参加した人は情報を寄せてください」と何度も呼びかけた結果、毎日新聞ニュースサイトの情報提供窓口「つながる毎日新聞」に何人かの方から情報を寄せていただき、二〇二〇年二月に取材班が出版した『汚れた桜――「桜を見る会」疑惑に迫った49日』（毎日新聞出版）という本に書くことができました。

一方で、Ｔｗｉｔｔｅｒ上で鋭い発言をしている人もいました。たとえば、時事芸人のプチ鹿島さんは、安倍さんの「皆さんと共に政権を奪還してから七回目の『桜を見る会』となりました」という「桜を見る会」でのあいさつを取り上げ、「『皆さんと共に政権を奪還してから』という挨拶がそもそも妙です。支持者や後援会を前提にしていて桜を見る会の趣旨と劇的に異なります」とツイートしていました。確かにそのとおりなので、この指摘をベースにした記事も書きました。

一本の記事で事件の経緯を網羅

このように、いろいろなネット上の情報を参考にすること、そしてわかりやすく解説することを心掛けて記事を書きました。すでに新聞で書かれていることについても、再度それを組み立て直し、何が問題なのかを解説する記事を節目に出していきました。

なぜこのような記事の掲載方法を採ったのか。これまでの新聞記事は、継続的に購読している読者向けの書き方でした。したがって、すでに報道された記事を前提にしたうえで、次の記事が書かれていたわけです。

しかしネットでは、紙の新聞講読者のように継続的にニュースを追いかけている人はそう多くありません。ウェブニュースの記事は個別に単体として読まれる特性があります。したがって、できるだけ一本の記事で事実の経緯が把握できる書き方を心掛けました。

内閣府へのヒアリングを記録する――「詳報」という取り組み

「詳報」という取り組みもしました。これは、野党による内閣府へのヒアリングを記録したものです。そうしたヒアリングは以前からありましたが、取材はしても、新しい事実が出てこなかった場合は、記事にしていませんでした。しかし、特に新しい情報がなかったとしても、役所の人がどこで言葉に詰まり、逆にどこで雄弁にしゃべったかなど、現場でのやりとりそのもののなかに問題のありかを象徴する要素が詰まっていることが、次第にわかってきました。そこでこうしたヒアリングを、一問一答に近い形で繰り返し詳報として記事にしました。

またこうしたヒアリングは、国会の正式な議事ではないため議事録が残りません。歴史に残すという意味でも、記録する意義があったと思います。

ネットからの指摘を調査

加えて、ネット上の「これは怪しいのではないか」という指摘について、事実かどうかを調べ、その結果をできるだけ記事にすることも心掛けました。

たとえば、「桜を見る会」の飲食物を提供していた「ジェーシー・コムサ」という業者の役員が、安倍さんの妻の昭恵さんの友人だという指摘がありました。確かに昭恵さんのFacebookには「夕食を楽しみました」とのコメント付きでジェーシー・コムサの取締役らとレストランで会食した際の写真が載っていました。

そこで、これについて関係者に取材しました。取材した範囲では、不正行為があったかどうかはわかりませんでした。ただ、この業務の発注先は業者が提出する企画書などを政府側が審査し、契約する「企画競争」で選んでいますが、二〇一四年以降すべてコムサが受注していること、受注額は内閣府が公表している二〇一四年の約一三四九万円から、二〇一九年には約二一九一万円と増え、二〇一七年以降は首相の地元の日本酒「獺祭（だっさい）」を提供していることなど、事実としてわかった固いところまでは記事にしました。

「何か怪しいな」と言われていることについて、どこまで事実と言えるのかということをクリアな形で示そうと心掛けました。

事件の背景に迫る――地元への取材

地元で何が起きているのかということについても調べました。すると、「桜を見る会」の参加者がぐっと増えてきた背景には、山口県下での激しい政争があったことがわかってきました。そこで、大場記者が下関に行って地元の記者の協力も得て取材し、ルポにまとめました。

具体的には、安倍さんと、防衛大臣や文部科学大臣を歴任した林芳正参議院議員の二人が、常に地元で争っている状況がありました。そして二〇一七年の下関市長選挙では、安倍派と林派の候補者が激突し、安倍派の候補者が僅差で勝ちました。それを受けて、いわば支援者たちへのねぎらいやお礼のような形で、「桜を見る会」の参加者が増えているのではないかという証言を地元の方から得られました。実際数字で見てみると、二〇一七年から二〇一八年にかけて参加者が増えていることがわかります。

五　ネットメディアの可能性

ネットで報道するときの留意点

あの手この手の私たちの取材・報道に対して、それまで経験したことのない反響がありました。「がんばれ」「応援している」「デジタル版を契約した」など、多大な励ましをいただいたのです。私たちも人間なので、褒められるとやる気が出ます。コロナ禍になる直前まで、九五本もの記事を出すことができました。その背景には、このように常にビビッドな反応が読者から寄せられていたことも大きく関係していると思います。

私たちが「桜を見る会」を報じるときに留意してきた点をまとめると、第一点として、ネット上の意見や情報に常に目を配っていたこと、第二点として、新聞記事よりも詳しく書いたこと、第三点として、新聞的な硬い文章ではなくて軟らかい文章を意識して書いたこと、が挙げられます。

新聞は紙面の制約があるので、「そこに収めるためにはどうすればいいか」という発想から書いてしまいます。そうすると、「なるべく漢字を使って字数を減らそう」とか、「細かいことを書かずに丸めて書こう」ということになり、結果として、硬くてわかりにくい記事になりがちです。一方、ウェブの場合はスペースの制約がないので、なるべく丁寧に細かく説明をして、しかも起承転結をうまく組み立てて書くことができます。

記者クラブの外から見えたもの

もう一つ特徴的だったのは、私たちには記者クラブという足場がなかったので、一種の部外者として永田町を取材したということです。

取材班の記者も、安倍首相の記者会見に出席しましたが、一度も指名されず二〇分ぐらいで会見は打ち切られてしまいました。首相官邸の記者クラブである内閣記者会のメンバーでない記者が首相記者会見に参加するには、煩雑な手続きが必要です。指名されるのもほとんどが内閣記者会の記者で、一種の閉鎖的なサークルのなかで行われている感じがしました。そうした問題点を指摘する記事も書きました。これは、これまでにないかなり珍しいタイプの記事だったと思っています。

また、記者が総理大臣をはじめ政権の幹部と食事をするなどして親密に付き合うことの是非、あるいは当時の菅義偉官房長官の木で鼻をくくったような記者会見での対応や、それが「桜を見る会」の問題を通じて少し変わってきたことなどについて、追加取材をした上で『汚れた桜――「桜を見る会」疑惑に迫った49日』にまとめました。政治の本としては異例の約一万八〇〇〇部が売れました。さらに、本書のプロモーションも兼ねて、取材班の記者が読者の前で語るというイベントも実現しました。

何が問われたか

イベントでは、読者から厳しい質問もありました。当時東京高等検察庁検事長だった黒川弘務氏と記者が賭けマージャンをしていた問題について、権力と記者との関係性のあり方を問うたり、記者が政権幹部と食事をすることはメディアへの信頼を損なう行為ではないのかという批判がありました。

それに対して、取材班の記者たちはおおむね、次のように答えました。記者というのは究極的には一匹狼であり、取材の手法は個人の裁量によって成り立っているところが大きい。そういう状況のなかで、たとえば会社が一律に「取材相手と食事をするな」など、取材の自由を規制するような指示を出した場合、それに盲従してしまう記者であっていいのか、と。それは違うのではないか、と。私もその点は賛成です。

では、何が問題だったのでしょうか。私は、取材したことを書いたかどうかが問われているのだろうと思っています。権力者と仲良くなることが目的ではなく、そこで取材したことはどこかの段階で記事にしなければいけない。「取材したことを本当に報じているのか」という重い批判だったと思います。

いずれにしても、Ｔｗｉｔｔｅｒをきっかけに取材を始め、リアルのイベントまで開いて感じたことは、記者が顔の見える形で発信し、読者とさまざまなチャネルを通じて双方向のコミュニケーションを重ねていくことがとても大切だということです。そうした取り組みこそが、得体の知れない「マスコミ」から信頼されるジャーナリズムに至る一つの道筋ではないかと思っています。

❖講義を終えて　求められる「目利き」としてのジャーナリズム

受講生からの質問が予想以上に多く、しかも多様で驚きました。一〇人以上はいたでしょうか。それだけ関心の高いテーマなのだということを実感しました。後日届いた感想票を読んでも、それぞれ私が伝えたかったことを正面から受け止めてくれている人が多く、とても嬉しく思いました。

多かった感想を大別すると▽新聞がSNSを意識しているのは意外だった▽従来の新聞と書き方を変える工夫をしていると知って驚いた▽「桜を見る会」の何が問題だったのかがよくわかった▽「ジャーナリズムを持続可能にする」という言葉が印象に残った▽「当たり前」を疑うことを大学生としても意識するようにしたい――といったものです。

疑問や質問で目立ったのは「ネット上の指摘や反応をもとに記事を書くと記事が偏らないか」ということです。極端な声が実際の世論以上に目立つのはネットの特性の一つです。しかし、なかには有用な情報や鋭い指摘もあります。あふれる情報から何が事実なのか、何が合理的な意見かを見極める「目利き」の役割がこれからのジャーナリズムには求められると考えています。そのためには、「裏付けを取る」という従来業界で培われてきた取材の基本と、世論調査やデータ分析などの科学的な手法にさらに磨きをかける必要があるでしょう。

「紙の新聞の価値」についての質問や感想も複数ありました。

紙の新聞が優れているのは、まず、ニュースを一覧できることでしょう。ちょうど、書店や図書館でふと目にした本に引き込まれるのと同じように、意識していなかった話題と出会える可能性があります。

紙の新聞記事一本一本は短いですが、社会の目次、インデックスのようなものと考えればいいかもしれません。

もう一つは、記録としての安定性です。私たちは一〇〇年前の新聞を読んで歴史を知ることができます。今の新聞記事も縮刷版となって一〇〇年後、二〇〇年後の世代に読んでもらえます。一方で、デジタル情報はどのような形で未来に残っていくのか、まだよくわからないところがあります。

電話ができても電報が生き残り、テレビが始まっても映画がすたれなかったように、紙の新聞も何らかの形で残っていくでしょう。

ただ、インターネットは情報環境を激変させました。かつて不特定多数の人々への情報発信はマスメディアが一手に担っていました。多くの場合、政府や企業など情報の集まる組織から得た情報のなかから、メディアがニュース価値ありと判断したものを伝える「上」から「下」への一方通行でした。もちろん市民の声も取材していましたが、伝えるか伝えないかという権限はメディアが握っていました。情報のゲートキーパーとしての力は強大だったといえます。

ところが、スマートフォン一つで誰もが世界に発信できるようになり、膨大な情報がメディアをバイパスして広がるようになりました。事件現場に記者が着く前に通行人撮影の動画が出回り、政治家や芸能人は記者会見やインタビューより先に自分でツイートする。ジャーナリスト出身でない人たちがウェブ上の情報を精査して優れた調査報道を発信するようにもなりました。一方でデマや誤情報もたやすく拡散するという深刻な問題をもたらしています。

良くも悪くも大量の情報が人々にシェアされるようになり、メディアのゲートキーパーとしての力が弱くなった時代、新聞の取材や報道も、それに合わせて変えていく必要があると考えています。

原発事故から一〇年
——福島第一原発の作業員を追い続けて

東京新聞（中日新聞東京本社）福島特別支局
片山夏子

一　〝爆心地〟の作業員の思いと労働環境

震災直後の混乱

二〇一一年三月一一日、私は名古屋社会部に所属していました。翌日には「原発が危ない。すぐ東京に向かって」と指示を受け、経済産業省や東京電力の記者会見を取材するため、新幹線に飛び乗りました。一二日夕方に経済産業省に着いて、最初に目にしたものが、テレビの画面に映る福島第一原子力発電所の一号機が爆発する様子でした。記者室は「何が起きたんだ！」「放射線は大丈夫なのか」などと騒然とし、記者が一斉に経済産業省の別館にあった原子力安全・保安院（現在は原子力規制委員会に移行）に走り、広

写真１　水素爆発した２日後に、白煙を上げる３号機
（2011年３月16日）

（出所）東京電力ホールディングス。

報担当者を囲みましたが「わからない。今、東京電力に確認している」と繰り返すだけでした。

その後、記者であふれた会見室の床に座って、いつ始まるのかわからない会見を待ちました。その日、ホテルにチェックインしたのは明け方。その後もホテルに帰ってもすぐに呼び戻され、いつ寝たのかわからない日々が続きました。

居酒屋を利用して取材

原発作業員の取材を始めたのは、二〇一一年八月からです。すでにフリーライターが福島第一原発に作業員として潜入した生々しいルポが出ており、私に何ができるのだろうかと悩みました。国や東京電力の記者会見では、原発の状況や作業の進み具合などの情報は入ってきますが、〝爆心地〟にいる作業員の人たちがどう作業をしているのかまではわかりませんでした。どんな人たちがどんな思いで働いているのか。現場にいる人が見えるように取材しようと思いました。まずは、作業員たちが共同生活を送るホテルが集中していた原発から四、五〇キロの距離の福島県いわき市で取材をすることにしました。

この頃はすでに箝口令が敷かれていました。それなので集団でいるときに声をかけても、取材に応じてもらえませんでした。そんななか、ある作業員が「上司や同僚がいるときは答えられないよ」とアドバイスしてくれました。そこで、作業員が宿泊するホテルの裏口や周辺、作業員がよく行くというパチンコ屋やコンビニなどを回り、一人でいるときに声をかけるようにしました。声をかけるときは、東京新聞の記者だと名乗って取材に応じてもらえるかどうかを聞きました。

そうこうするうちに、少しずつ取材先が見付かってきました。その場で話を聞くと誰が見ているかわからないので、場所を移して取材をする必要がありました。でも近くに支局はなく、必要なときにすぐ借りることができる会議室などもありませんでした。結局、居酒屋の個室などを利用して取材をしました。取材をするに当たって、命懸けで福島第一原発を何とかしようとしている人たちの仕事を奪うことだけは、絶対にしてはならないと心に決めました。なので、作業員が私の取材を受けていることが周囲にわからないように、取材をするときも記事を書くときも細心の注意を払いました。

二　低賃金と過酷な作業

多重下請け構造による低賃金

実際に話を聞いてみないと、わからないことばかりでした。事故直後は一日四〇万円で作業員を募集しているという報道もありましたが、安い人だと一日六〇〇〇円という人もいました。もちろん一日数万円をもらっている人や、技術者などで専門に応じて相応の日当をもらっている人もいました。

日当の低さの理由の一つに多重下請け構造があります。多重下請け構造は原発だけではなく、建設業界などでは同じ構造になっています。まず、東京電力から発注を受けるゼネコンやメーカーなど元請け企業があります。その下に、下請け企業が連なります。上から一次、二次……と数えますが、東京電力が認めているのは二次や三次下請け企業までといわれています。しかし、事故初期は特に人を集めれば集めるほど儲かったので、いわゆるブローカー的な存在や暴力団関係者も人集めに入り、いくつもの下請け企業が連なりました。そして作業員を紹介した分の手数料を取る会社やブローカーにピンハネされたり、自分が何次下請けに所属しているのかもわからなかったりする作業員がたくさんいました。

全面マスクと大量の汗

体の外から放射線を浴びて被ばくすることを外部被ばく、体内に放射性物質を取り込んで被ばくすることを内部被ばくと言います。体内に取り込んだ放射性物質は体外に出るまで放射線を出し続け、被ばくし続けます。そのため、作業員は外部被ばくより内部被ばくを恐れ、とにかく口などから体内に放射性物質を取り込まないように全面マスクの装着には気を遣っていました。

白い防護服を着てテーピングをしたあと、顔全体を覆う全面マスクを被り、外から放射性物質が入ってこないようにします。マスクをあまりにきつく締めて装着すると息苦しくなり、激しい頭痛になります。それを恐れて緩めに着けると、今度は放射性物質を含む外気が入ってくるうえ、マスク前面が曇ってしまいます。

また作業中は全面マスクを外せないため、額から汗が落ちてきてもぬぐうことができません。だから作業員たちは、瞬きをして汗をはじき飛ばそうとします。ある作業員は「俺はまつげが短いから汗が目に入って染みて、ものすごく痛いんだ」と笑いながら話していました。さらに落ちてきた汗が顎周辺にたまり、それが口のなかに入ってきます。気持ち悪いし息苦しいので「本当はやっちゃいけないけど、顎の部分を開けて汗を流す」と話す作業員もいました。夏は熱中症との闘いで、一日数時間の作業で四キロやせた作業員もいました。

高線量下の「人海戦術」

高線量の建屋内では、現場の線量を下げるまで作業ができません。それなので作業員が並んで鉛板をバケツリレーのように運んだり、鉛板を背負った作業員が建屋内を走って運び、床に敷いたり、壁に掛けたりして、周辺の放射線量を下げる作業が行われていました。

一号機の原子炉建屋内の放射線量を下げるために鉛板を運んだ人は、リュックサックに一枚一〇キロの鉛板を二枚入れて、建屋内の細い階段を現場まで全速力で走って運びました。なぜ全速力で走るかというと、建屋全体が高線量のなかで、現場に行く途中も被ばくをするからです。この人は通常のビルでいうと六階ぐらいの高さまで、全面マスクを着けダッシュしました。息がどんどん苦しくなり、鳴りっぱなしの線量計の音と心臓の激しく打つ音が聞こえるなか、「早く終われ、早く終われ」と祈りながら最上階まで鉛板を運び、また全速力で戻ってきました。その人が帰ってくると、今度は次の人が全速力で鉛板を運びます。こんなふうにどんどん人が入れ替わりながら作業する「人海戦術」が行われていました。高線量の現場では、今でもこの人海戦術が行われています。

三号機の周りにコの字型の壁を作る際も、人海戦術で作業が行われました。三号機周辺は非常に放射線量が高かったため、放射線を遮蔽する金属が入ったタングステンベストという一五～一七キロのベストを着る必要がありました。それを着て全面マスクをして、壁を全速力で昇り降りをする。移動中も被ばくするので、所定の場所に上がって作業ができるのは五分前後。一つか二つボルトを締めて戻ってくるような作業が行われていました。

命を懸けた手作業

遠隔作業でもロボット調査でも必ず人の手が必要になります。たとえば、溶接をしていないフランジ型タンクの解体のための水抜きは機械でやる予定でしたが、底部の水がうまく吸い取れず、結局、人がなかに入って作業をすることになりました。タンク内には汚染水の放射性物質を低減した処理水が入っていたので、水に触れて被ばくしないように注意を払う必要があります。そのため防護服二枚、かっぱを二枚、さらにウエットスーツのようなゴムでできた全身スーツを着て、全面マスクを着けるという重装備になります。薄暗いタンクのなか、水かきやポンプを使って手作業で水を集めます。動くだけでも大変な重装備のため、作業は三〇分から一時間が限界だといいます。またロボットを使った調査でも、超高線量の原子炉格納容器の挿入口までロボットを持って行くのは作業員。一・二号機の排気筒切断の遠隔操作で不具合が起きたときも、排気筒の上まで人が上って作業をするしかありませんでした。どんな作業でも最後は必ず人の手が必要になります。

写真２　２号機トレンチの凍結止水対策で、大量の氷を手作業で投入する作業員ら。高線量のためタングステンベストを着用（2014年７月24日）

（出所）東京電力ホールディングス。

写真３　夜間、１、２号機の排気筒上部に上がり、切断作業をする作業員（写真中央）（2019年12月３日）

（出所）東京電力ホールディングス。

三 「事故収束宣言」の影響

事故収束宣言と労働環境の悪化

二〇一一年一二月一六日、当時の野田佳彦首相は「事故のそのものは収束に至った」と事故収束宣言をしました。この宣言を聞いたときの作業員の怒りは大変なものでした。「高線量で原子炉建屋のなかにもろくに入れず、デブリ（溶け落ちた核燃料）がどうなっているかもわからないのに」「今は毎日、大量の汚染水を生みながら、何とか燃料が冷やせているだけだ」「事故収束なんてあり得ない。どうやってデブリを取り出すのかもまったくわからない状態なのに」などと次々に電話がかかってきました。

しかし、この宣言で福島第一原発での作業は緊急作業ではなくなり、福島第一原発は「通常」の現場になりました。それに合わせて作業員の危険手当が出なくなったり日当が下がったり、労働環境が悪化し始めます。宿泊代が出なくなり、地元作業員は避難先や、事故後、原発周辺を迂回しなくてはならず遠くなった地元から乗り合いの車で通わなくてはならなくなりました。また、競争入札が進むなど、コスト削減が進みました。厚生労働省はこの宣言を機に、原発事故の緊急作業時の被ばく線量上限（原発事故直後に一〇〇ミリシーベルトから二五〇ミリシーベルトに引き上げ）から、一部例外を残して、大半の作業員の被ばく線量上限を通常時の「一年に五〇ミリシーベルト」「五年で一〇〇ミリシーベルト」に戻しました。

被ばく線量の上限による退域・解雇

原発作業員は国が定めた被ばく線量上限に達すると、原発や除染など被ばくする現場での仕事が一定期間できなくなります。原発事故後、作業員の被ばく線量は大きく上がりました。このままでは事故収束作業をする作業員がいなくなると危機感を持った東京電力の訴えを受け、国は事故直後に緊急作業時の被ばく線量上限を一〇〇ミリシーベルトから二五〇ミリシーベルトに引き上げました。けれども、元請けや下請け企業は、いつ通常に戻されるかわからないと作業員の被ばく線量を年間二〇〜三〇ミリシーベルト以内で管理しようとしましたが、事故後の作業員の被ばく線量は事故前と比べて格段に上がり、被ばく線量が高くなったベテランや技術者が次々現場を去って行きました。そんななかで働けなくなることを恐れた一部の作業員が、現場に線量計を持って行かなかったり、鉛板で線量計を覆い被ばく線量を低く見せたりする「被ばく隠し」が起こりました。従業員全員の被ばく線量が上がり、現場の仕事ができなくなることを恐れた会社幹部が指示した会社もありました。

「被ばく隠し」は法律違反です。でも、原発で働き続けられなくなるという作業員の危機感は切実でした。被ばく隠し発覚後、線量計の携帯チェックは厳しくなりましたが、作業員が安心して働き続けられるようにはなかなかなりませんでした。東京電力は地元企業に厚く仕事を発注することや、低線量の作業と高線量の作業を組み合わせて発注するとしましたが、高線量作業に携わる小さな企業などでは、いくつもの仕事を請け負えず、被ばく線量が上限に近づき、解雇される作業員が後を絶ちませんでした。

四　限界を迎える作業現場

限界を迎える仮設施設

二〇一三年に入って、原発事故後に突貫工事で造られた設備が次々悲鳴を上げ始めます。同年三月、外に置かれた仮設配電盤にネズミが入って感電死し、広範囲で停電が起き、使用済み核燃料プールの冷却システムが長時間停止しました。その後、地面を掘って造った簡易の地下貯水槽のビニールシートが破れて処理水が漏れていることが発覚、そこに入っていた大量の水を、ただでさえ逼迫していた地上タンクに中の処理水を移さなくてはならなくなりました。

八月には、溶接をせずボルト締めしただけのフランジ型タンクから三〇〇トンもの汚染水が漏れる事故が起こりました。敷地内のタンクは約一〇〇〇基になっており、ほかのタンクも点検したところ、別でも漏洩（ろうえい）が見付かりました。フランジ型タンクの鋼材と鋼材の間に入れたパッキンの耐用年数が五年ほどしかなく、順次溶接型に変えていく予定でしたが、地下貯水槽からの移送や漏洩タンクからの移送などがあり、フランジ型もしばらくの間は同時に造らざるを得ない状態になりました。

アンダーコントロール宣言の裏で長時間労働

こんな状態にもかかわらず、同年九月、安倍晋三首相（当時）は二〇二〇年の夏季五輪の招致で「（汚染水の影響は）アンダーコントロール（制御できている）」と世界に宣言。東京での開催が決まりました。あ

写真４　汚染水の処理水が漏えいしたフランジ型タンクの解体作業（2013年９月13日）

（出所）東京電力ホールディングス。

る作業員は、第二の事故収束宣言ともいえる出来事だったと表現しました。仮設配電盤のショートで核燃料の冷却は止まり、溶接していない「仮設タンク」であるフランジ型タンクから汚染水が三〇〇トンも漏れ、ほかでも漏洩が見つかるなか、世界に対して「制御できている」と宣言したのだから、次に原発で何か起きたとしても隠蔽(いんぺい)されてしまうのではないかと心配していました。

さらに、当時の東京電力の社長が汚染水の浄化処理をする期限を公表。現場ではとにかくタンクを造り、漏れた汚染水を回収するよう指示が飛びます。タンク群の周辺には高さ三〇センチほどの堰があり、雨が降ると、作業員はタンクから漏れた汚染した水なのか雨なのかわからないなかで作業をすることになりました。また大雨や台風が来るとすぐに堰内の水があふれるため、ポンプを作動し水を移送する班が夜通し待機するなど、昼夜なく作業が行われました。

作業が目白押しのなか、現場で一〇時間を超える作業がされているという話を耳にしました。原発など、被ばくの可能性がある場所での一〇時間以上の労働は法律で禁止されています。

その日から、一〇時間超えが起きている現場の作業員を必死で探しました。線量計は被ばく線量を管理するものですが、敷地にいた時間も管理します。その現場では、作業員は福島第一原発から出て線量計をいったん返し、新しい線量計を借りて再度敷地に入り直して残業をしていました。報道後すぐに労働基準監督署が調査に入り、七月から少なくとも三カ月間で延べ一〇〇人を超える作業員が一〇時間超の作業をしていたことが判明しました。

「人間扱いされていない」現場も

作業員は防護服と全面マスクの重装備なので、トイレに行く場合、休憩所まで徒歩か車で移動し、汚染検査を受け、防護服を脱いで休憩所のトイレに行き、現場に戻るときはまた装備を着けて移動するので、現場の場所にもよりますが往復で三〇分〜一時間ほどかかります。また班で作業をしているときは、一人がトイレに行くと作業が止まります。そのため忙しいときは、トイレに行きたいと言いにくい雰囲気になります。あるゼネコンの現場の作業員からは「トイレに行かせてもらえない」という訴えがありました。「その辺でするしかない。漏らしている人もいるよ」と聞いたときは、愕然としました。休憩所のトイレに行くまでに間に合わず、廊下に点々と漏らしたものが点在していたという話も。おむつをして現場に入る人もいるという話も聞きました。ある作業員は「人間扱いをされてない」と憤っていました。

疲弊した現場で多発する事故

多くのベテラン作業員が去った環境で長時間作業が続き、現場は疲弊して小さな事故が増えていきました。当初は道具で手や足を切ってしまった、転んだ、という程度だったのが、二〇一四年三月には原発事故後初めての作業中の死亡事故が発生します。

掘削作業中に土砂崩れが起き、下敷きになった作業員が助け出されたものの、搬送先の病院で死亡が確認されました。技術者に現場の写真を見てもらうと、通常であれば土砂崩れが起きないようにする対策が取られていませんでした。この頃、コスト削減のための競争入札が進み、作業に慣れた企業や専門技術がある企業に工事が発注されるべきところ、仕事を確保するために専門外の作業を請け負ったり、かなり低い予算で請け負ってしまったりする企業もありました。

このあとも事故が多発します。その年の秋には、タンク上部から約四〇〇キロの鋼材が落下し、三人が重軽傷を負いました。通常、建設現場では、落下事故の危険に備えて上下同時の作業はしません。しかし作業を急ぐ福島第一原発ではこの頃、上下作業もされていました。その後も二〇一五年一月にタンク上部から作業員が落下した死亡事故が起きるなどしたため、現場の安全点検のため大半の作業が二週間中断しました。

事故があれば生きて帰れない

原発の周辺の病院や消防署は事故後閉鎖しており、救急車を呼んでも病院に着くまでに一時間近くかかりました。ドクターヘリを要請しても、この頃はまだ福島第一原発には発着できなかったため、原発から二〇キロメートル近く離れた運動場などに救急車で運び、ドクターヘリに乗せるしかありませんでした。そのため作業員たちは「イチエフ（福島第一原発）で倒れたら助からない」と話していました。この環境はのちに改善され、福島第一原発内には医師が二四時間常駐するＥＲ（救急室）ができ、二〇一七年にへリポートもできました。

五　作業員たちの使命感と苦悩

どんな人が原発作業を担ったか

ここからは、作業員の思いを綴った連載「ふくしま作業員日誌」を見ながら、作業員の皆さんがどんな思いで働いていたかを話したいと思います。

福島第一原発で働く動機は様々でした。地元作業員は事故前、原発があったから地元に仕事があってよかったと感じている人が多かったです。事故後は「地元の俺らが働かないでどうする」「これまで原発で働いてきた責任がある」「一日も早く故郷に戻りたい」などと話してくれました。また地方から福島に来た作業員らは「自分の技術が役に立つなら」「原発事故直後、日本や福島が終わってしまうと思った。何か役に立てたら」という思いで来ていました。地元の人も地方から来た人も、原発の近くの寮やホテル、借り上げアパートに住み、家族と別々に暮らしながら原発で働いていました。

「『パパいらない』つらい」

原発事故後に他県から福島に来た作業員の話です。福島で働くようになってから長男が生まれましたが、月二回ほどしか家族のもとに帰れませんでした。その男性が週末に家に帰り、幼い長男を抱き上げたところ、小さな手で顔を押しやられ「パパいらない」と言われたそうです。この男性は二人目の子どもを授かったとき、自分の被ばく線量が非常に高かったため、この子が生まれるまで影響が出ないか心配していました。

作業員の多くは、被ばくによる自分の体の心配はあまり語りません。でも自分の子どもや若い従業員の子どものことになると、影響が出ることを心配していました。

「若手 次々辞めていく」

東京電力の社員の話です。福島第一原発にいた社員は事故後、原発を何とかしようと必死で働いて、ようやく取れた休みに家族のいる避難所に行くと「お前らのせいで事故が起こった」などと周辺の人から責められ、肩身の狭い思いをしていました。原発は安全だと信じていたのに事故が起き、「信じていたものが崩れていった」「事故を起こして申し訳ない」と話した社員もいました。事故後、二〇代など若い社員から東京電力を辞めていきました。そしてその後、辞めていく社員の年齢が上がっていきました。そんななか、この社員は事故直後の絶望的な状況下で、命懸けで作業をした同僚のことを思い出してこれまで働き続けることができたと語ってくれました。

「大地震の夢で跳び起きる」

この記事は短いですが、取材には五年間近くかかりました。この男性がつらい体験を話すことができるようになるには時間が必要でした。男性の心に負担をかけないよう、少しずつ話を聞きました。

この男性は事故後三年近く、大地震の夢を見て夜中に目を覚まし、慌てて玄関のドアを開け、テレビをつけて原発事故が起きていないことを確認する生活が続きました。事故から一〇年がたった今も、福島では地震が起きると被災者の方から「原発は大丈夫か！ とまず原発の心配をする」という話を聞きます。時間が経（た）っても震災当時の恐怖は多くの人の心から消えていません。

「廃炉まで働きたいけど……」

当時三一歳だった地元の男性の話です。この男性にとって原発は小さいときからあり、原発で働くことは当たり前のことでした。彼は原発から数キロメートル離れた家に住み、ずっとこの仕事をするはずでした。事故後「福島を一日も早く何とかしたい」という気持ちで、高線量の現場の作業にも志願しました。しかし被ばく線量が嵩み、半年後には会社からの求めで自主退職します。会社の経営が悪化するなか「一度退職して失業保険でつないでくれ。必ずまた雇う」と社長に言われましたが、なかなか声がかかりませんでした。除染など短期の仕事をして、また失業することを繰り返すうちに「自分は線量のための使い捨ての存在」と感じるようになり、鬱状態になってしまいます。それから一年以上働けない状態が続きました。

「廃炉作業　息子がやりたいと」

原発事故から一〇年目の二〇二一年三月一一日のことを書いた作業員日誌です。地元下請け企業の社長の高校生になった息子が、「お父さんの仕事を継ぎたい」と言ってくれたという話です。息子が父親の跡を継ぐのは本来嬉しいことです。でも、次の世代までが廃炉作業を背負わなければならないということに複雑な気持ちになりました。溶けた核燃料（デブリ）の取り出しは、最も進んでいる二号機でも、デブリの一部が動かせると確認できただけです。どう溶け落ちているのか、その全容はわかりません。しかも一〜三号機合計で、推計八八〇トンのデブリがあるとされています。一〇年たった今も、廃炉の見通しはまったく立ちません。

六　異なるチェルノブイリと福島の補償

「チェルノブイリ法」が制定されたロシアやウクライナ

原発作業員ががんなどの病気になっても、労災以外の補償はいまだに何もありません。また労災が認められなかった場合、東京電力や国を相手に裁判を起こしたとしても、原発での被ばくと病気の因果関係を作業員側が立証しなくてはならず、事故前も含めて作業員側が勝った事例はありません。

それに対して、旧ソ連のウクライナで起きたチェルノブイリ原発事故における補償はどうだったのでしょうか。私はこれを取材するため、事故から三〇年が経つ二〇一六年、自費でロシアに渡りました。ロシア南部の街には、爆発した四号機の直下に窒素を詰めるためのトンネルを掘った炭鉱労働者がいました。

私が訪れた時点で、事故直後に動員された約四五〇人全員が障害者になり、三分の一の人ががんや心臓病などの病気や自殺で亡くなったと説明を受けました。

彼らは、防護服も着けずマスクもしていない状態で作業をしていました。チェルノブイリ原発事故から一〇年後に夫が自殺した遺族の女性に話を聞くことができました。この女性の夫は、事故後に激しい頭痛やさまざまな病気で働けない状態になりました。大量被ばくしていたので、子どもも作らないように医師に言われたそうです。この女性の夫は激しい頭痛やどんどん悪化する体調に苦しみ、働くことができずに家族の負担になるしかない状態が続き、絶望していきました。そしてある日、女性はふと夜中に目を覚まし、夫が自分の首にひもをかけているのに気付き、一家心中するつもりだと悟りました。女性は息子たちのことを考え、とっさに夫を突き飛ばして家を飛び出しました。その後、女性が気持ちを落ち着けて戻ってきたら、夫は首を吊っていました。これが事故から一〇年。今の日本と同じ時点です。

チェルノブイリ原発事故後、大量被ばくをして働けなくなった収束作業員（リクビダートル）らが、各地でチェルノブイリ同盟という組織を作り、治療費や生活費などの補償を国に求め、大きな運動を起こしていきました。その結果、現在のロシアやウクライナ、ベラルーシにそれぞれ「チェルノブイリ法」が制定され、補償が支払われるようになりました。補償を受けるのには、労働者側が因果関係を立証する必要はなく、放射線量が高い危険な地域にいた、つまりリスクを背負ったということで、認定される仕組みになっていました。現在はどの国も財政が苦しいため、補償は微々たるものになってしまったということですが、治療費や生活費、保養代などが支給されていました。

日本の補償の仕組みは十分なのか？

福島第一原発事故が起きたにもかかわらず日本には、事故後、新たに整備された補償制度がありません。また日本でチェルノブイリ同盟のような労働者の組合や組織ができないのは、作業員が今なお原発の現場で働く現役であることに大きな要因があります。

一〇年がたちましたが、原発事故は終わっていません。日本はこの事故から何を学んだのか。一〇年たった今だからこそ、見直すべきことを考えなくてはならないと思っています。

❖講義を終えて　原発事故とは何か――作業員の人生を伝える

「福島第一原発で働く作業員のリアルを感じた」「衝撃の連続だった」「初めて知ることばかりだった」「作業員一人ひとりが抱える苦悩を知って言葉を失った」「取材の相手をいかに思いやって取材をするかを考えた」……。講義のあと、学生がくれた膨大な量の感想を読んで、こんなにたくさんのことを感じてくれたのかと胸が熱くなった。

伝えたかったことは大きく二つ。国や東京電力の記者会見では発表されない現場で起きた事実と、どんな思いで作業員たちが働いていたか。原発事故後の原発の状況や作業の進捗だけではなく、そこには人間がいて、その人には帰りを待つ家族や友人がいること、そしてそれぞれが苦悩や葛藤しながら生きていることなど、作業員一人ひとりの人生を感じてほしかった。原発事故が起きたときに、そこにいた人たちに何が起きたのかを想像し、原発とは何か、原発事故後この国は何を学んだのかを考えてほしかった。

原子炉建屋内などの高線量下の作業で、遠隔作業でもロボット作業でも、必ず人の手が必要になる。そして作業員は、国の定めた被ばく線量上限に達すれば現場を離れなければならず、なかなか安定して仕事ができない状況は一〇年経っても変わっていない。原発で働くために家族と離れて暮らす地元や他県から来た作業員の人生は事故後、大きく変わった。

講義を聴いてくれた学生は、事故発生当時は小学生。福島にいた学生は別として、あまり原発事故のことを覚えていないことと思う。未来を担う彼らにこそ、原発事故のことを知ってほしかった。今、日本は再稼働に向けて動き、たった一〇年前の原発事故が忘れ去られようとしている。原発事故はまだ続いている。事故から一〇年が経った今、もう一度事故を見直し、考えなければ、再び原発事故が起き、同じような過ちを繰り返すと危惧している。学生の「これまで知らないことばかりだった」「福島第一原発事故の印象が大きく変わった」という感想を読み、それぞれに伝わったことがあると感じて嬉しかった。

記者会見や発表されることが必ずしも正しいとはかぎらない。実際に現場を取材しないとわからないことがたくさんある。また事故を起こした東京電力という会社ではなく、現場で踏ん張る社員一人ひとりを見ると見えてくるものが変わってくる。講義を聴き、作業員一人ひとりの「顔」が見えてきたという感想は、作業員たちの人生を伝えたかった私にとって何よりも嬉しかった。

記者自身の取材姿勢や取材で記者にかかる心身の負担についての感想も多かった。記者も生身の人間。

被害者や被災者の話を聞き続けることは、受け止める側も知らないうちに心に傷を受けてしまうことがある。事故から三年を目前にして、私はまったく記事が書けなくなった。苦しくなったら逃げること。少し休むこと。長く続けるためにそれはとても大事だと思う。記者という仕事はどうしても記事という結果を求められる。結果ばかりを追い求めると、人を傷付け、ときには命まで奪う。取材先を守りながら取材をするやり方やその過程など、私が記者として大事にしていることも伝えたかった。今回の取材では、被ばくをしながら目の前の作業を必死でする作業員の仕事を奪うことだけは絶対にしまいと、最初に心に誓った。箝口令が敷かれている作業員が特定されないよう細心の注意を払った。時間も手間も何倍もかかるけれど、それが長く取材が続いている最大の理由だと思っている。

イージス・アショアずさん調査はなぜ地方紙に暴かれたのか

秋田魁新報 社会部長
松川敦志

一 イージス・アショア配備への布石

突然の報道

イージス・アショアについてごく簡単に説明しますと、これは弾道ミサイルを大気圏外で撃ち落とすための防衛兵器です。これまで日本には、弾道ミサイル防衛のための兵器としてイージス艦と地対空誘導弾パトリオット（ＰＡＣ３）という二つがあり、二段構えの態勢を取っていました。他国が日本に向けて弾道ミサイルを発射した場合、まずイージス艦が、ミサイルが大気圏外にいるところを撃ち落とそうと試みます。撃ち漏らした場合、ミサイルが大気圏内に入ってきた段階でＰＡＣ３が撃ち落とすという形です。

今回政府が打ち出したイージス・アショアの配備計画は、イージス艦に搭載されている迎撃システムを陸揚げして、秋田県と山口県に配備しようというものです。

秋田県民がこのイージス・アショア配備計画を突如突き付けられたのは、二〇一七年一一月一一日の読売新聞朝刊一面に掲載された「陸上イージス、秋田・山口に　政府調整、陸自が運用へ」というスクープ記事がきっかけでした。

私は最初、非常に驚きましたが、少し落ち着いて考えると「おやっ」と思うことがありました。読売新聞のスクープと同じ年の三月に、政府は秋田県男鹿市で、弾道ミサイルの落下を想定した日本初の避難訓練を行いました。私は現地へ取材に行きましたが、そこで目にしたのは非常に奇妙な光景でした。

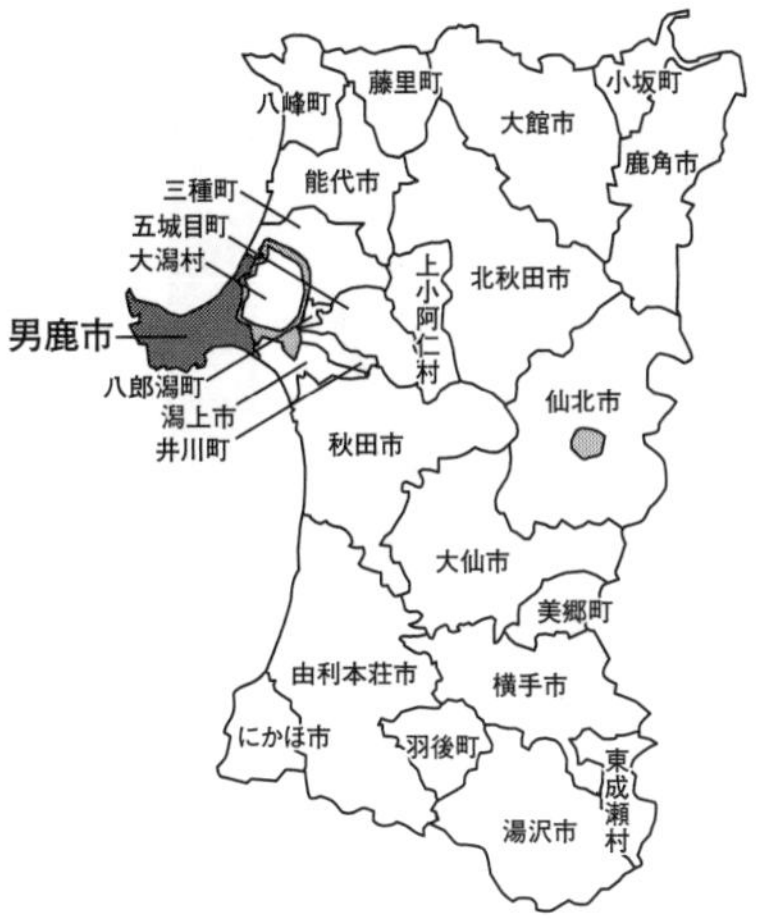

図1　秋田県男鹿市

その避難訓練にはあらかじめ詳細なシナリオがあって、参加する近隣住民はそれに沿った形でまずひと通りの練習をし、その後本番の避難訓練が行われたのです。

避難訓練というものは本来、突発的な出来事に対して、その場で臨機応変に対応するからこそ訓練になるわけです。弾道ミサイルの着弾を想定するという非常に珍しい訓練だったため、現場には日本の主要メディアはもちろん、CNNやニューヨーク・タイムズ、アル・ジャジーラといった海外メディアのクルーも集まっていました。カメラの放列の前で「演じられた」訓練に対し、私は何

図２　男鹿市におけるミサイル想定訓練の様子を報じた記事

男鹿 ミサイル想定訓練

シナリオ通り粛々と

弾道ミサイルの落下を想定した全国初の避難訓練が17日、男鹿市で行われた。実際に着弾した場合には甚大な被害が予想されるミサイルに対し、屋内への避難は有効なのか。訓練の狙いは何なのか。なぜ男鹿で行われたのか。識者らの見方で読み解く。（伊藤康仁、松川敦志）

落ち葉の入ったポリ袋を手に避難する参加者たち

「予行練習を実施いたします」。避難訓練が始まる30分前、男鹿市・北浦公民館前で県職員が呼び掛けると、神社の境内や路上に控えていた高齢者43人が落ち葉拾いを始めた。清掃活動中にミサイルが落下したというシナリオで市から依頼された避難役だ。「発射のもよう」「落下の可能性」。防災行政無線から断続的に情報が流れ、高齢者らは公民館に移動した。

「訓練のための訓練」を終えて再度配置につき、午前9時33分、不気味なサイレンが響いた。武力攻撃が迫ったことを告げるため国民保護法が定める特殊なサイレンで、2004年の法施行後、日本で初めて鳴らされたという。高齢者らは30分前に練習した通り、落ち葉の入ったポリ袋を手に、歩いて公民館へ避難した。

約300m離れた北陽小学校では、「屋内に避難してください」という防災行政無線を合図に、児童らが無言で体育館へと駆け出した。

訓練には報道約20社が集まり、海外メディアもCNNやニューヨークタイムズなど7社が参加。公民館に避難後、ロイター通信からカメラを向けられた新城谷恵美子さん(73)は「実際に飛んできたらこんなもんじゃないと思う。避難なんてできないですよ」と話した。

訓練終了後、合同取材で内閣官房の小谷敦参事官は「初めてということで大変心配していたが、地元の方々の理解の下で無事終了できた」と総括した。

今できる対応／現実的でない

なぜ男鹿で　識者に聞く

全国初の訓練が今、このような形で男鹿で行われた意味はどこにあるのだろうか。

北朝鮮は昨年、二十数発の弾道ミサイルを発射。今月6日には4発を発射した。政府内では、敵基地攻撃能力を自衛隊が保有することを検討課題とする案も浮上している。元陸上自衛隊北部方面総監で防衛評論家の志方俊之さんは「北朝鮮のミサイルに対して日本は手を打たずに来たが、敵基地攻撃能力の付与は現実的に不可能。今できる対応として避難訓練をということなのだろう」と話す。

駐日韓国大使館によると、韓国では1972年から毎年、戦争状態を想定した大規模な訓練「民防衛」が行われており、今年も8回を予定。街中に警報が鳴り、通行人が屋内退避する訓練だが、形骸化しているという指摘もある。男鹿の訓練でも、シナリオ通りに進む手法に、参加者から「実践的ではない」との声も上がった。

朝鮮問題に詳しい「コリア・レポート」の辺真一編集長は「韓国の訓練では、ソウルが壊滅状態になるとしたら屋内避難しても意味がないという意識が広がっている。男鹿の訓練も、本当に被害を防ぐなら地下に避難すべきで、現実的な訓練とは捉えにくい」と指摘。一方、防災に詳しい静岡大防災総合センターの牛山素行教授（災害防災学）は「対応上の課題を確認するなど、何らかの意味はあるだろう。現実に取れる対応が相当制約されたものになることを実感するのも、得られる教訓の一つではないか」と評価する。訓練後の合同取材で、内閣官房の小谷敦参事官は「爆風や破片から身を守るためには屋内退避は重要だ」と強調した。

男鹿で行われた意味は、どう理解すればいいのか。

小谷参事官は「いろいろな事情があって秋田に決めた。決して男鹿市が危ないという意味ではない」と述べるにとどめた。昨年8月には排他的経済水域への初めての落下が男鹿沖であり、危機管理に詳しい日大危機管理学部の福田充教授は「現実感があると国民が感じそうな想定の下で訓練を行いたかったのだろう。同じような訓練を全国に広げていきたい意図も感じられる」と指摘。志方さんは「北朝鮮が秋田を狙うわけではなく、太平洋に向けてミサイルを発射すれば地理的に上空を通過する割合が高いということ。だが発射が成功するとは限らず、万一の落下は考えなければならない」と警告する。

由利本荘市出身で北朝鮮問題に詳しい元山梨学院大教授の宮塚利雄さんは「北朝鮮が実験発射する地域は、残念ながら今後も秋田沖周辺となる場合が多いだろう。発射がこれからも続くのは確実であり、今回の訓練のような試行錯誤を続けることは大事だろう」と話す。

県内の自衛隊施設

24時間監視基地も

男鹿市には、弾道ミサイルなどを探知するレーダーが配備された航空自衛隊加茂分屯基地がある。空自によると、基地では監視小隊が24時間態勢で日本海を警戒し、不審な航空機やミサイルを早期発見する任務を担っている。

県内にはこのほか、航空救難活動を担う秋田分屯基地（秋田市雄和）、陸上自衛隊関連では隊員約1200人が所属する秋田駐屯地（同市寺内）と新屋演習場（同市新屋町）がある。自衛官募集を主な業務とする自衛隊秋田地方協力本部（同市山王）と県内6市の地域事務所もある。

長距離弾道ミサイルが本県上空を通過した2009年4月には、新屋演習場に地対空誘導弾パトリオット（PAC3）部隊が配備された。実際には迎撃対象となる落下物はなく迎撃しなかった。

（出所）『秋田魁新報』2017年3月18日。

表1　イージス・アショアを巡る2017年の動き

日付	イージス・アショアを巡る動き
1月13日	稲田防衛相（当時）がグアム米空軍基地の最新鋭ミサイル迎撃システムを視察。「イージス・アショアも候補」
3月17日	秋田県男鹿市で全国初の弾道ミサイル避難訓練
3月30日	自民党安全保障調査会が弾道ミサイル防衛に関し提言。イージス・アショアなどの導入加速を要請
4月29日	政府がイージス・アショア導入の方針を固めたと共同通信が特報
9月24日	朝日新聞が「陸上イージス候補地、男鹿・佐渡など政府検討」と特報
11月11日	秋田と山口に配備方針と読売新聞が特報

かを意図したデモンストレーションを取材させられているような違和感がしてなりませんでした。現場での奇妙な状況を次の日の記事にまとめましたが（図2）、それから八カ月が過ぎたとき、先ほど言った読売新聞のスクープが出るわけです。

イージス・アショア配備計画の「伏流水」

ここで改めて、この間イージス・アショアを巡ってどのような動きがあったのか調べてみました。すると、表1のような流れが浮かんできました。

読売報道の一カ月後、政府は閣議決定を行い、当時の安倍内閣がイージス・アショアの導入を正式に決めました。

こうした新しい政策を実施するとき、特に今回はミサイル基地を新たに造るという話ですから、当然地元からの反発が予想されます。そこで政府とすれば、少しずつ段階を踏んで情報を出して地元の反応を見極めつつ、一方では北朝鮮の弾道ミサイルへの危機意識を高めるため避難訓練を行った、という軌跡がうかがえます。イージス・アショアの配備へ向けて少しずつ政府が足場を固めていったのがこの二〇一七年だったと、私は理解しています。

二〇一七年一二月一九日、政府はイージス・アショア導入の閣議決定を行いましたが、配備先は明らかにしませんでした。東京に拠点を置くさまざまな報道機関は配備先を秋田・山口と盛んに報じましたが、政府はその後半年の間、ダンマリを決め込みました。

二　なぜ新屋(あらや)演習場が選ばれたのか

新屋演習場とは

そのような状況のなかで、最初のヤマ場が訪れました。読売新聞のスクープから七カ月後、二〇一八年六月一日に防衛政務官が秋田県に来て、県知事や秋田市長と会談し、「秋田市内にある陸上自衛隊の新屋演習場を最適候補地として考えているので、夏以降にイージス・アショア配備のための事前調査を行いたい」と伝達しました。沈黙を続けていた政府がようやく、配備候補地を公表したわけです。

前年一一月に計画が表面化したときからわれわれが抱いていた疑問は、「なぜ新屋演習場なのか」ということです。

新屋演習場は、日本海に面した海辺にある、少し広い原野といった場所です。戦後の一九五四年に国が自衛隊の演習用地として買い上げました。しかし、その後の経済成長期に演習場周辺は開発が進み、近隣に小・中・高等学校が建っていきました。演習場所として活用される機会はさほど多くなく、住民にしてみれば危険性を感じる要素がほぼない場所だったため、演習場のすぐ近くまで市街地が広がっていったのです。

図3　配備候補地の「4条件」

北朝鮮の弾道ミサイルの能力向上を受けて、防衛省ではこれまで調査研究を実施してきました。

— 調査研究やイージス・アショアを保有する米国との調整等により、イージス・アショアを配備するためには、以下の点を全て満たす必要があることが判明しています。

防護範囲の観点	レーザー遮蔽の観点	地形の観点	インフラの観点
我が国全域を防護する観点から、北と西に2基をバランス良く日本海側に設置する必要	弾道ミサイルの探知に支障が出るため、なるべく山など遮蔽がない場所に設置する必要	レーダーと発射台を適切に設置するため、広くて平坦な敷地をなるべく確保できる場所に設置する必要	レーダー等の運用のため、電気・水道等の安定的な供給が見込める場所に設置する必要

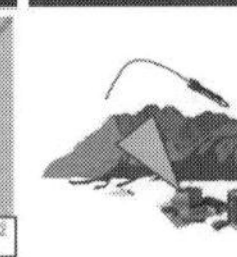

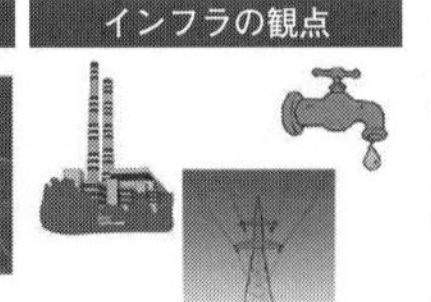

- ✓ 北朝鮮の核・ミサイルの現状を踏まえれば、イージス・アショアは速やかに配備する必要があります。
- ✓ そのため、全国の自衛隊の施設等を対象として上記の条件等を満たすことができる場所を調べました。

結果、秋田県の陸自新屋演習場と山口県の陸自むつみ演習場を候補地としました。

（出所）防衛省資料。

こうした場所に、弾道ミサイルを撃ち落とすための迎撃ミサイル基地を築き、そこが防衛上の重要拠点となったとき、他国から攻撃されるリスクはないのか、迎撃ミサイルの発射に伴う危険はないのか、はたして地域住民の安全は保たれるのか——。そういう根本的な疑問を持たざるを得ないような配備計画だったのです。

配備候補地「四条件」

二〇一八年六月一日の防衛政務官の説明は、そうした疑問に答える合理的なものになるだろうと、私たちは期待を持っていました。しかし、そこで挙げられた配備候補地の四条件は、図3のようなものでした。

この説明を受けたとき、「この程度の理由であれば、ほかにも配備候補地になり得る場所はいくらでもあるのではないか。なぜ、よりによってこんな場所に配備しようとするのか」と疑念が膨らみました。

政務官の来県後、私たちの報道は、配備計画の背景をさまざまな角度から、批判的に検証するものになっていきました。代表的なものを紹介します。

連載「ルポ　東欧の地上イージス」（二〇一八年九月二六日付から一〇月七日まで計一二回）では、世界で唯一実際に運用されているルーマニアのイージス・アショアについて、記者を派遣してレポートしました。

また、連載「盾は何を守るのか」（二〇一九年一月八日付から第一〇部まで計三一回、継続中）は、日本とアメリカの安全保障関係のなかでイージス・アショア配備計画が持つ意味を検証するものです。イージス・アショアは政府が言うように、本当に北朝鮮の弾道ミサイルから日本の国土と国民を守るためのものであるのか調べようというのが、この連載の着想でした。

配備計画を巡るアメリカの反応

インターネットでアメリカ連邦議会の議事録を調べてみると、いろいろな事実がわかりました。たとえば、日本でイージス・アショア配備計画が出てくる二年近くも前に、すでにある議員が「日本がイージス・アショアを導入すれば、アジア・太平洋で展開している米軍のイージス艦の任務を軽減できるのではないか」という発言をしていました。それを受けて太平洋軍司令官は、「確かにそうだ」と答えていました。

また、Ｇｏｏｇｌｅで「Aegis Ashore」「Aegis Ashore Japan」「Aegis Ashore Akita」などのキーワード検索を繰り返し、ヒットした資料を調べていくと、さまざまな事実がわかりました。たとえばアメリカを代表するシンクタンク「戦略国際問題研究所（ＣＳＩＳ）」が二〇一八年五月に発表した「Shield of the

Pacific: Japan as a Giant Aegis Destroyer（太平洋の盾――巨大なイージス艦としての日本）」という論文は、「太平洋の盾として、日本列島そのものが巨大なイージス艦になる」「それはアメリカにとって多くの利益がある」と分析していました。

こういったアメリカ側の事情を見ていったとき、日本政府の言う「北朝鮮から日本を守るため」という配備目的は、本質のほんの一部に過ぎないのではないかという疑問がわいてきました。

アメリカの言う「太平洋の盾になってもらうために配備する」という理由では、配備先住民の納得を得ることは非常に難しくなります。政府が「一部の地域が多少リスクを背負うとしても、それは日本国民全体を守るためなのです」というロジックを用いて説明したのは、そのほうが配備先住民から受け入れられやすいと判断したためだと思われます。しかし地元のわれわれにしてみれば、本当のところを説明し、住民からの納得を前提に進めてもらいたいということになります。

先ほど、連載「ルポ 東欧の地上イージス」について紹介しましたが、ルーマニアでイージス・アショアが運用されているのは、半径五キロメートル以内にはほとんど人の住んでいないルーマニア軍のデベセル基地です。このなかに米軍基地が置かれていて、さらにそのなかにイージス・アショアの運用拠点があります。現地取材を通じ、こうした厳重な三重構造の警備のもとで、イージス・アショアが運用されていることがわかりました。この基地の司令官は取材に対し、基地がテロなどによる攻撃の標的になる危険性に関して「軍地である以上、標的になり得るのは当然だ」と述べました。また、迎撃ミサイルの発射時にブースターという部品が落下する危険に触れ、「最も確実な安全策は、基地の周りに住宅を造らないことだ」とも語りました。しかし、今日本で配備しようとしている秋田のイージス・アショア候補地はルーマニアのケースとは正反対で、市街地のすぐ隣にあるのです。
こうした報道を続けているなかで、第二のヤマ場が訪れました。

三　報告書に書かれた「嘘」を検証する

適地調査の報告書を読み込む

防衛省は二〇一九年五月二七日、前年一〇月から半年あまりにわたって行った「適地調査」の結果を、秋田県知事、秋田市長、そしてメディアに公表しました。これは一〇一ページにわたる報告書で、インターネット上でも公開されました。当日、私はこれを再読、三読するなかで、「宝の山だ」と思い、隣の同僚にもそう告げました。それは結果として現実のものとなりました。

私が注目したのは、報告書のなかほどにある「他の国有地の検討」という見出しのもとに一七ページを割いた箇所です。防衛省・自衛隊所管外の国有地について、配備候補地となり得る場所があるかを検討し、その結果を報告しているのです。今回候補地とされた秋田の新屋演習場を含め、青森、秋田、山形の二〇カ所を比較検討した結果、新屋演習場以外の一九カ所にはいずれも何らかの不都合があるので配備地たり得ない。一方、新屋演習場には何の問題もない。だから新屋が唯一の適地なのだ——そういう論立てになっていました。

しかし、これまで述べてきたように、地元住民の感覚からすれば、「新屋が唯一」などということは容易にはのみ込めないことです。むしろこの報告書は、「新屋が唯一」という結果がまずあり、それを後付

図4　レーダー波を遮る山の図

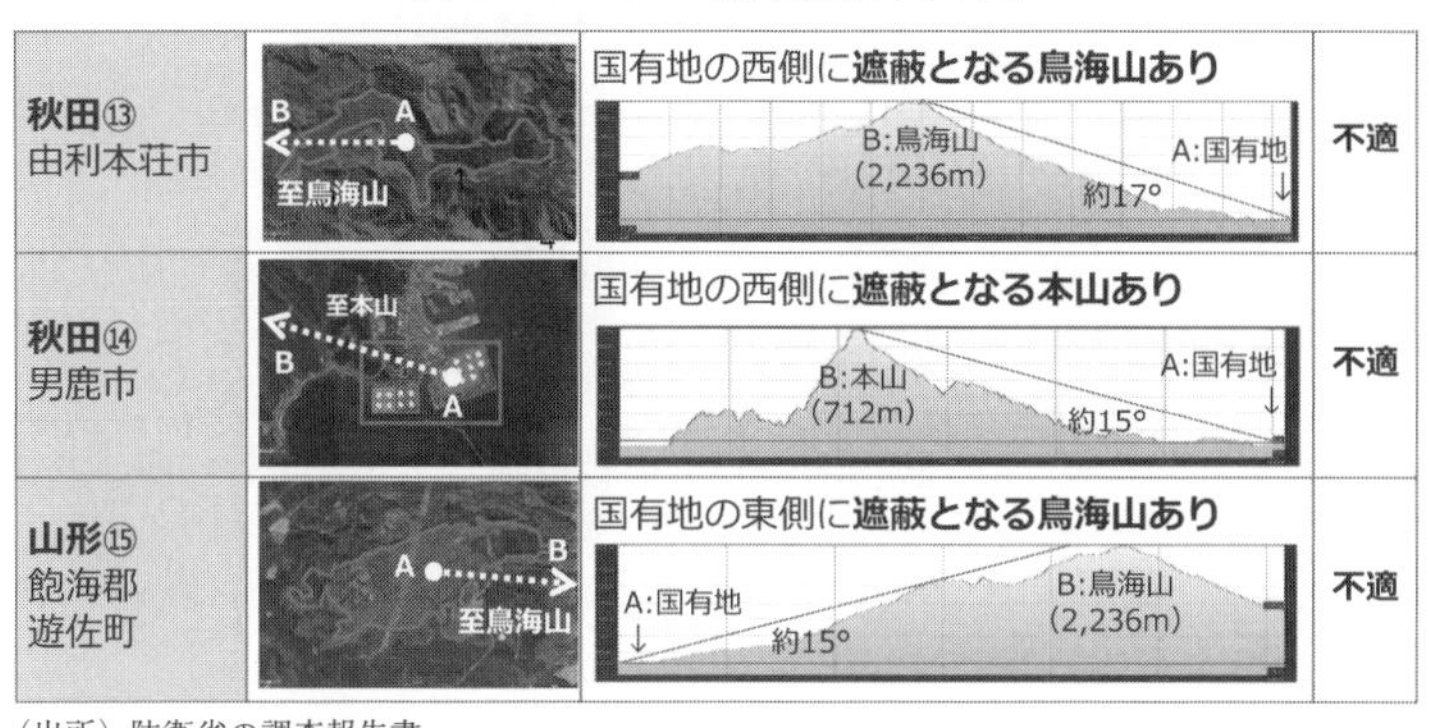

秋田⑬
由利本荘市
B
A
至鳥海山
国有地の西側に遮蔽となる鳥海山あり
B:鳥海山
(2,236m)
A:国有地
約17°
不適
秋田⑭
男鹿市
至本山
B
A
国有地の西側に遮蔽となる本山あり
B:本山
(712m)
A:国有地
約15°
不適
山形⑮
飽海郡
遊佐町
A
B
至鳥海山
国有地の東側に遮蔽となる鳥海山あり
A:国有地
約15°
B:鳥海山
(2,236m)
不適

（出所）防衛省の調査報告書。

けで証明するために用意したものに見える。そして、そのように無理を通そうとすると、おのずからどこかに綻びが生じるものなのです。

われわれは報告書を徹底的に読み込み、疑問点を拾い出し、「適地報告を読む」という連載を始めました。連載第一回目が、「配備ありきの「700メートル」」という記事です。報告書には、「住宅街から七〇〇メートル離したから大丈夫」と書いてありますが、「七〇〇メートル」という根拠のあいまいさを指摘した内容です。

このような形で連載を展開しながら、私は毎日時間さえあればこの報告書を読んでいたのですが、公表から一週間たった六月三日、あることに気付いたのです。

疑問、確認、検証、取材

報告書のなかに、二〇カ所のうち九カ所の候補地を挙げて、レーダー波を遮る山があることを理由に不適合としたページがありました（図4）。

このなかで、秋田県男鹿市の本山は標高七一二メートルで、他の候補地にある二〇〇〇メートル級の山に比べるとおよそ三分の一の高さしかありません。私も本山のことは知っていましたが、この絵のように急峻（きゅうしゅん）な断面を描く山ではありません。

その本山が、報告書の図上では二〇〇〇メートル級の山と同じ高さに描かれていることに違和感を持ちました。確かに、わかりやすく表現するためにデザイン上の工夫として高さをそろえて描くことはあるかもしれません。しかし問題は、候補地から山頂を見上げたときの角度、「仰角（ぎょうかく）」です。報告書に記された本山の仰角は「一五度」。すぐ下にある他の候補地の仰角も同じ一五度です。しかし、図上に示された角度は、どちらも同じように見える。本山は高さを三倍程度にデフォルメして描いているわけだから、図上に現れる角度は実際の仰角よりも三倍程度に大きくならないといけないはずなのに。

これはおかしいと思い、近くの文房具店で急きょ購入した分度器を当ててみると、図面上に現れている角度と防衛省の言う仰角は一致していることがわかりました。高さをデフォルメしているのに、図面上に描かれた角度が実際の仰角と一致しているのです。

一方、水平距離と標高をネットで調べて本山の仰角を三角関数で計算してみると、「四度」という数値が導き出されました。つまり、本山の仰角は、実際には四度しかないはずなのに、報告書では一五度と書いてあるわけです。四度ならレーダー波の邪魔にはならないはずです。

とはいえ、政府が公式に発表した調査報告書に事実と異なる記載があるというのも、にわかには信じがたい。そこで現地に行って検証することにしました。

夕日が示した報告書の嘘

現地に着くと夕方でした。山を見上げただけでは、仰角なんてわかりません。腕を空中に伸ばしてあれこれやってみましたが、さすがに目測で仰角を測るのは無理でした。そのとき、夕日が山に向かって落ちていっていることに気付き、「太陽高度が参考になるのではないか」と思いました。スマホでいろいろ検索してみると、ぴったりのサイトが見つかりました。緯度、経度、日時を入力すると、その時間の太陽高度がわかるというカシオ計算機のサイトです。

Ｇｏｏｇｌｅマップで本山の緯度と経度を調べて、サイトのフォームに入力してみると、一五度の太陽高度というのは、**写真1**のような、本山山頂よりはるかに上の高さになることがわかりました。同じサイトで仰角四度になる時間を調べてみると、およそ一時間後だったので、そのまま一時間待ちました。すると一時間後には、太陽高度と山の高さがぴったり重なりました（**写真2**）。

防衛省の報告書は嘘を書いていることがわかりました。会社に飛んで帰り、上司に報告して、「この事実を書きましょう」と言ったのですが、簡単にはＯＫが出ませんでした。「政府の報告書がそんな出鱈目（でたらめ）なことを書いているなんて考えられない」という理由でした。政府報告書に真っ向から疑義を投げかけようというのですから、慎重になって当然です。

翌日に追加取材をすることになりました。取材のポイントは二点です。一つ目は、私たちの仮説の裏付けを取るために、土木の専門家や大学教授に見解を尋ねること、そして二つ目は、測量業者に依頼して本山の仰角を現地で正確に測量することでした。どちらの取材も私たちの仮説を裏付けるものとなりました。

写真１　本山と太陽高度【高度15度】

写真２　【高度４度】

防衛省の回答

そこで、その日の一五時すぎに防衛省に質問状をＦＡＸで送り、「何時になってもいいから回答をください」と電話で依頼しました。すると、三時間半後の一八時四〇分頃、報道室から「本日中の回答はできません」という電話がありました。「なぜですか」と尋ねると、「担当が複数の課にまたがっていますので、明日以降、準備ができ次第回答したい」と言うのです。

私が「質問を送ってから、まだ三時間しか経っていないのに、今日答えられないというのはあり得ません。何時まででも待ちますから、事実関係の確認だけでもしてもらえませんか」と返すと、「本日中の回答はできないことになりましたので」と言うので、「われわれは、このことを明日の紙面で報じる予定です。ノーコメントという形だと、むしろそちらの印象が悪くなるように思いますよ」と言いました。「それでも結構です」ということだったので、翌日掲載したのが図５のスクープです。

四　スクープからイージス配備撤回へ

スクープ記事「適地調査　データずさん」「９カ所全て過大記載」

記事では、防衛省には最初から「新屋ありき」という姿勢があったのではないかという見方を報じました。配備問題の本質がこの点に表れていると考えたからです。

われわれが報じたその日、防衛省幹部は秋田県議会と秋田市議会で謝罪を行い、レーダー波を遮るために配備候補地たり得ないと説明していた九カ所すべてについて、データを過大に報告していたことを認め

図5　報告書のずさんなデータ記載の事実を報じた記事

秋田魁新報
発行所 秋田魁新報社
〒010-8601
秋田市山王臨海町1番1号
©秋田魁新報社 2019年

2019年（令和元年）
6月5日
（水曜日）

適地調査 データずさん

防衛省、代替地検討で

イージス・アショア（地上イージス）の配備候補地を巡り防衛省が先月公表した「適地調査」の報告書に、代替地の検討に関連して事実と異なるずさんなデータが記載されていることが4日、秋田魁新報社の調べで分かった。電波を遮る障害になるとするデータを過大に記し、配備に適さない理由にしていた。秋田市の陸上自衛隊新屋演習場以外に適地はないとする報告書の信頼性が損なわれた。

■地上イージス関連記事3面

地上イージス配備

防衛省は、県や秋田市の要請に応じる形で、新屋演習場のほかに配備候補地はないかを検討。青森、秋田、山形3県の国有地19カ所を対象に調べ、いずれも配備に適さないと結論づけた。うち9カ所は、弾道ミサイルを探知・追尾するための電波を遮る山が周囲にあるとして、配備に適さない理由にした。

しかし、これらについて秋田魁新報社がそれぞれの国有地と山を結んだ水平距離、山の高さを基に計算したところ、山を見上げた角度を示す「仰角」が、少なくとも2カ所で実際よりも過大に記されていることが分かった。

記載データと実際との差が最も大きかったのは、男鹿市の「秋田国家石油備蓄基地」。報告書は、備蓄基地から男鹿半島中央部の本山を見上げた仰角を「約15度」としているが、備蓄基地と本山の距離（約9600㍍）と本山の標高（715㍍、防衛省資料では712㍍）を基に計算すると「約4度」が正確な仰角となる。県内の業者に依頼して現地で測量した結果も同様だった。

報告書には、仰角が何度以上あれば障害となるかについての記載はないが、同じく配備候補地とされた山口県・むつみ演習場に関する調査報告書には、地上イージスは仰角5度以上で電波を照射するというイメージ図が記載された。これに倣えば、備蓄基地は「不適」とは言えないことになる。

他に仰角が過大に記されていたのは、にかほ市の国有林で、報告書に記載された仰角は「約15度」だったが、計算上は「約10度」だった。

防衛省報道室は4日、秋田魁新報社の取材に「本日中には回答できない。明日以降、準備ができ次第回答したい」と答えた。

（松川敦志、内田隆之）

秋田国家石油備蓄基地の近くから撮影した本山。太陽高度を算出する国立天文台のウェブサイトによると、この時点の太陽高度が、防衛省が本山の仰角として記載した約15度にほぼ一致する。実際の仰角（約4度）とは開きがある＝3日午後5時半すぎ、男鹿市船川港

男鹿市の国有地と本山の断面イメージ

国有地の西側に遮蔽となる本山あり ※防衛省の調査報告書より

B:本山
A:国有地
約4
約15°

秋田国家石油備蓄基地を「不適」とした調査報告書に正確な縮尺の断面図を重ねた（緑部分）。
防衛省の図は高さを誇張して描いた本山を基に、仰角を15度で描画している（調査報告書は防衛省のウェブサイトより）

「新屋ありき」歴然

【解説】 配備計画の根幹となる調査報告書に、事実ではないデータが記されていた。そこに見え隠れするのは、計画の根底にある「新屋ありき」の姿勢だ。

重要なエネルギー拠点である石油備蓄基地への地上イージス配備は、そもそも現実的ではない。問題の本質は、防衛省が実際と懸け離れたデータを示し、知事や秋田市長、県民を欺く形で配備に適さない場所と説明した点にある。

今回の「適地調査」で防衛省は、新屋演習場の代わりになり得る場所がないか国有地19カ所を検討した結果、配備に適する場所は一つもなかったとしている。だが、報告書には、代替地となり得る場所を排除することに重点を置いた傾向がうかがえる。

今回の検討範囲は青森、秋田、山形3県に限定されており、その理由については「これまでに実施したシミュレーション分析の結果、秋田県付近に配置することが必要だと分かっている」と説明するのみだ。肝心の「シミュレーション分析」がどのようなものかは明らかにしていない。

防衛省は、北朝鮮の弾道ミサイルに対処するため地上イージスを設置し、レーダーの電波は日本海側に照射すると説明している。しかし、代替地の検討では、レーダーの照射域に含まれないはずの「東」や「北」、「南」に位置する山を障害物に挙げているのが6カ所ある。

配備計画を巡っては、住宅地に近接し、数百㍍圏内に小学校や中学校、高校も立地する新屋演習場がなぜ配備地になり得るのかという根本的な疑問が地元に根強い。

防衛省がそうした思いを真摯（しんし）に受け止めて代替地の検討を進めたなら、このような報告書になっていただろうか。

（松川敦志）

日	月	火	水	木	金	土
						1
2	3	4	5	6	7	8
9	10	11	12	13	14	15
16	17	18	19	20	21	22
23	24	25	26	27	28	29
30						

ポイント予報

（出所）『秋田魁新報』2019年6月5日朝刊。

ました。

ここからメディア各社も、イージス・アショア配備計画を大きく報じるようになります。まず次の日に、毎日新聞が今回の問題を一面トップで報じました。NHKもその夜の『ニュースウォッチ9』で現地レポートを交えながら、詳細に報じました。さらにその次の日には、朝日新聞が社説でこの問題を取り上げました。いずれも、防衛省が自ら公表したわけではなく、秋田魁新報の報道をきっかけに問題が明らかになったのだということに言及してくれました。

私たちは、この計画が持ち上がった当初から、地方紙なりにやれることはなんでもやってやろうと考え、報道してきました。当初は、全国的な関心をまったく呼んでいませんでしたが、スクープを機に、一気に全国メディアが扱うようになりました。さらにこの数日後に行われた現地説明会では、あろうことか、防衛省の職員が説明会の壇上で居眠りをし、その様子がテレビカメラにしっかりおさめられて繰り返し報じられました。

翌七月に行われた参議院議員選挙はイージス・アショア配備計画の是非が争点となり、自民党の現職候補が野党の新人候補に敗れる事態になりました。こうしたなかでも、私たちは配備問題をずっと報じ続けました。

的外れな防衛相の発言

年明けには、ハワイにあるイージス・アショアの実験場を視察した河野太郎防衛大臣（当時）が、「ハワイのイージス・アショアの実験場は近くに保育施設もある」という発言をしました。「イージス・アショアは安全上何の問題もないからだ」というわけです。しかし、よく調べてみると、ハワイのイージス・アショア実験場は、市街地からはるかに離れた島の西端にあり、河野大臣が指摘した保育施設は、そこで働く軍人たちのための居住区域にある施設だったのです。そういう施設を引き合いに出して安全性を証明するというのは無理があります。これも「防衛省発言、的外れ?」というタイトルで記事にしました。

「フェイクニュース発言」の忖度

また、河野防衛相からは「フェイクニュース発言」もありました。

この年の五月に、読売新聞が、「イージス・アショア、秋田候補地断念」というスクープを打ち、NHKのほかメディア各社もこれに続きました。これに対して、河野大臣はフェイクニュースだと言い放ちました。河野大臣のこの発言が非常に乱暴なのは、報道内容のどの部分が虚偽なのかは指摘しないまま、「こいつらは信用ならん」という印象操作をするかのように、報道全体に対して「フェイクニュース」という言葉を浴びせかけたことです。当時の米トランプ大統領の姿が重なりました。

このフェイクニュース発言を巡る流れについて詳細に調べてみると、読売新聞の「新屋断念」という報道を受けて、佐竹敬久秋田県知事が、「政府から連絡がまったくきていない」「国防上の機密がベラベラ漏れている」と、ますます不信感を募らせ、「当事者のわれわれに何の情報もないから困るんだよ」と、怒りをかなり前面に出したコメントを出すに至ったようだという流れが見えてきました。つまり、この発言はおそらく知事を意識して行われたもので、今後の展開を考えたとき、知事を怒らせないでおくためのポーズとしてなされたものだろうと、私たちは読み解きました。そして、「この発言はどういう意味を持つのか」

という側面からの批判記事を書きました。

イージス配備の撤回

そして六月一五日、「イージス配備を撤回する」という河野防衛大臣の表明が突如ありました。それを報じたのが、図6の六月一六日付の記事です。私はここですぐに、「これまでの説明、何だった」という解説記事を書きました。あれだけ「イージス・アショアは日本に必要である」「イージス艦ではだめで、陸に置く必要がある」と主張し、秋田、山口両県民を何とか説得しようとしたあの説明は、いったい何だったのか、という疑問を投げかけたものです。

配備計画から一転、イージス艦二隻新造へ

次に政府が何を出してきたかというと、「二隻のイージス艦を新たに造る」という計画でした。政府はすでに、イージス・アショア計画を進めるなかで、アメリカとの間で最新鋭のレーダーを買う契約を結んでいました。アメリカにしてみれば、まずは日本にイージス・アショア・システムを買ってもらうことが重要で、これはレーダーに関しては目的を達成しているわけです。

そして、次に重要なのは、陸でも海でもかまわないので、日本が購入したイージス・アショア・システムをきちんと運用して、中国や北朝鮮への監視の目を行き届かせ、そこで得られるデータをアメリカ軍と共有することです。

日本としても、何百億円もかけて買ったレーダーを未使用のまま放置しておくわけにはいかないため、

図6　イージス配備の撤回を報じた記事

イージス配備撤回

秋田魁新報

2020年（令和2年）
6月16日
（火曜日）

防衛相表明、首相了解

秋田、山口知事に伝達

[illegible]

地上イージス 配備停止[illegible]
- 県議ら受け止めさまざま
- ずさん調査で計画失速
- ブースター技術に不備
- 住民、県民の心境複雑

記者団の取材に応じる河野防衛相。「イージス・アショア」の配備計画のプロセスを停止すると述べた＝15日午後、防衛省

佐竹知事「賢明な判断」

[illegible]

これまでの説明、何だった

[illegible]

（出所）『秋田魁新報』2020年6月16日朝刊。

何とか運用しなければなりません。陸での運用をすでに断念しているので、今度はイージス艦を造って海で使おうというわけです。当初、海での運用はそれを担う海上自衛隊員の負担が大きいということで、陸に置くことが考えられたのですが、陸での運用を諦めた結果、もう一度海に戻すというわけです。

政府のこのような対応に対して、私は「一体何をしているのだろう」と感じます。秋田への配備がなくなったことで、この問題は秋田と関係がなくなったように見えますが、私はそう思っていません。イージス・アショア配備計画が、日米両国の間でどのような経緯があって持ち上がり、混乱を経てどこにどう着地していくのかは、巨大な国策の遂行過程をつぶさに見るのに格好のテーマです。そして、国民の目から見れば不透明な部分がまだまだ多く残っています。

地方に基盤を置いているわれわれですので、取材はそんなに簡単ではありませんが、地方にいるからこそ見えてくる部分があります。しぶとく取材を続けていきたいと考えています。

五 ジャーナリストとしての姿勢と矜持

「気付き」の背景にあるもの

これらの報道を行ったあと、さまざまな賞をいただきました。さまざまな方から「調査報告書の嘘のデータによく気付いたね」と言われるのですが、報告書のあのページだけを取り出して「このなかに決定的な問題がある。どこでしょう」とクイズみたいに質問すれば、新聞記者なら全員気付くと思います。ただ今回は誰も気付かず、私たちだけが気付きました。それはなぜかと考えてみると、あの段階で報告書を読んでいたのは私たちしかいなかったことだろうと思います。そして、仮に読んでいた人がほかにいたとしても、疑いの目で見ていなければ、このことには気付けなかったはずです。

ではなぜ、私たちは疑いを持ってこの報告書に向き合えたのか。

まず一つ目の理由として、この配備計画には拭っても消えない違和感が終始付きまとっていました。弾道ミサイル避難訓練の茶番劇、政府が掲げる目的とアメリカ国内で言われていることの齟齬……。そうしたものを見るにつけ、「何か裏がある」という見立てが消えることはありませんでした。

二つ目の理由は、「地元紙としての意地」です。今回の配備計画の場所は、実はわれわれの職場がある秋田魁新報社四階の窓からすぐ見えるところでした。

将来、イージス・アショアが置かれるようなことになって、そして、仮に北朝鮮が日本を弾道ミサイル攻撃する判断をした場合、そのときには、彼らはまず自分たちの弾道ミサイルを無力化する防衛兵器であるイージス・アショアを破壊することを考えるのではないでしょうか。だとすれば、イージス・アショアの存在は、近隣住民にとっては深刻なリスクです。そうした不測の事態が将来起きて、住民に死者が出るようなことがあったとき、私が新聞記者をしていたら、「この配備計画が表面化したときにこうした事態は予測できたはずなのに、当時のジャーナリストたちは一体、何をしていたんだ」ということを徹底的に調べると思います。今の自分たちの行っている報道姿勢が、未来のジャーナリストから問われることになるわけです。

今の自分たちの務めを果たさないと、将来、子や孫、あるいは未来のジャーナリストたちに顔向けできないと思いました。それはこの地で報道の仕事をし続ける地元紙としての責任でもあります。

三つ目の理由は、こうした事情があるなかで、われわれがあの報告書を軽々しく扱わなかったことです。報告書は、インターネット上で公開されているので、あのずさんな内容は国民の前に曝け出されていました。どのメディアでも気付くことができたはずです。私たちは、報告書を安易にスルーしたら配備計画が進んでいってしまうと思っていたので、「この報告書には、何か無理が生じているはずだ」という仮説のもとに徹底的に調べました。それがあの結果に結び付いたのだと思います。

「蟷螂の斧」の闘い方

こう話すと何か、すべてことがうまく運んだかのように見えるかもしれませんが、決してそんなことはありません。取材中、私の脳裏にはずっと、「蟷螂の斧」という言葉が浮かんでいました。蟷螂の斧は中国由来の故事成語で、「自分の弱さを顧みず強敵に挑む」という、はかない抵抗のたとえです。そうした思いに囚われることがたくさんありました。

われわれは防衛省記者クラブに入っているわけではないため、防衛省に取材する場合は、東京に出張するか、FAXで質問を先方に送るといった形でしか取材ができません。それも数日棚ざらしにされ、たとえ返ってきても、われわれが求めるような回答ではないという具合でした。

ただ、私たちにも意地があります。「蟷螂の斧」というからには、われわれにも小なりといえど斧はあるのです。その斧をうまく使えば、彼らに何かを突き付けることができるかもしれない。そんな思いでこの問題に取り組んでいました。

結果的にわれわれはスクープを報じることができましたが、「私たちの斧は何だったのだろう」ということをよく考えます。その一つは、違和感とか直感というものではないでしょうか。

政府の政策は、一つの理想形です。ただ、その理想は多くの場合において、現場との間で齟齬を来すことがあります。そして、そうした齟齬を目の当たりにするチャンスに恵まれているのは、実は、地方の側です。ただ、齟齬は目に見えたり耳に聞こえたりするわけではありません。違和感や直感は、問題の所在を示すサインなのです。われわれジャーナリストは、そうした違和感や直感を大切にする必要があります。

また、物事を素直に信じないことも重要です。うがった見方をするからこそ、何かの答えにたどり着けるのだと思います。物わかりの悪さを恥じてはいけません。向こうが「なんて物わかりの悪い人なんだ」という顔をするときもありますが、それを恥じず、納得できるまで食らいついていく姿勢が必要です。

加えて、視野を広く持って取材することを心掛けなければなりません。特に地方にいると、その地方にいて手の届く範囲でしか物事を見なくなりがちですが、それではいけません。今回のケースで言えば、広い視野を持ってアメリカとの関係から見たことで、政府見解との違いがはっきりと見えてきたわけです。

あと、下からの視点にこだわる。今回の配備計画で言えば、防衛省に詰めている記者たちによる記事だと、「今後はこの配備計画が住民の理解を得られるかどうかが焦点だ」という上から目線の書き方になります。そうではなくて、「われわれを納得させられるものをあなたたちは提示できるのですか」という下からの目線にこだわって初めて、打ち砕けるものがあると思います。

「偏っている」と言われることを恐れない姿勢も大切です。今回の報道について、「さきがけさんは配備反対論なのですか」とよく言われました。そうではありません。私たちは、疑問に思うことについて、とことん検証しようとしただけなのです。

それが「偏っている」ということであるならば、私は偏ることを恐れません。それは、特定のイデオロギーや政党に偏しているわけではなく、いわば「ジャーナリズムという視点に偏る」という、記者にとって当然の態度に過ぎないからです。

❖講義を終えて　地方紙だからこそ

地方紙と全国紙の双方で働いた経験から、両者の違いを問われることがしばしばある。

思うに、全国メディアと地方メディアは、組織の規模や取材態勢に差があっても、報道機関としての基本的な使命が大きく異なるわけではない。政治や行政、企業といった大きな力に検証の目を向け続け、隠れた問題に光を当てる。人々の暮らしに資する情報を正確に、迅速に発信する。報道機関はどこにあっても報道機関だし、記者もまたしかりだ。

だが、こと「地方」と呼ばれる領域の報道においては、両者の特性には自ずから大きな違いが生じる。全国メディアにとって「地方」は、人事異動により一定期間を過ごす任地であり、旅人、そしてよそ者の視点から見つめる客観的な対象である。

では、地方メディアにとっての「地方」とは何か。一つの答えが、われわれのイージス・アショア報道にあったように思う。

配備候補地となった陸上自衛隊新屋演習場は秋田魁新報社から一キロメートルほど、私の自宅からも二キロメートル程度しか離れていない場所にある。そのような場所を恒久的ミサイル発射基地に変貌させる計画が浮上したとき、私が感じたのは、地元紙記者でありかつ地元住民の一人である自分としての「なぜこんな場所に」という思いだった。

配備計画が進むなか、その疑問は消えることなく横たわり続けた。将来、不測の事態が生じて住民に危害が及ぶようなことになった際にも、秋田魁新報は地元新聞社としてこの地にあり続ける。そこにおいては、一連の経過を当初から報じてきた立場として、報道の妥当性について未来のジャーナリストから厳しく検証されることにもなろう。そうした存在であるわれわれの報道が、傍観者的なものにとどまるわけにはいかない。

「地元メディアとしてやれることは何でもやってみよう」。そんな掛け声のもとに展開された一連の報道のなかで生じたスクープは、地元の問題にどこまでも自分ごととして関わり続けなければならない地方紙ならではのものだったと思う。講義名を「なぜ地方紙に暴かれたのか」としたゆえんである。

講義のあと、学生からは次のような感想が寄せられた。

「地方紙に対してあまり大きな意義を感じていなかったが、非常に重要な役割を果たしていることがわかった」。

「地方紙と聞くと全国紙に比べて重要度が低いものだという誤った先入観を抱いていた。話を聞くうちに、地方紙の必要性を痛感した」。

こうした思いを胸にわれわれと同じ道に進む若者がいるとしたら、こんなに嬉しいことはない。

Ⅱ 草の根からの民主主義

「冤罪」を〝解く〟報道とは

中日新聞名古屋本社 編集局編集委員
秦 融

一 なぜ冤罪は生まれるのか

滋賀・呼吸器事件

冤罪（えんざい）報道は、メディアにとって非常にハードルが高い報道です。最高裁で確定した判決に異を唱え、社会が客観的事実と見なしていることを否定することになるからです。報道の基本は客観報道です。判決と異なる内容を報じることは、すなわち、よって立つ公的な情報を失うことを意味します。客観性の根拠となる情報を当局に依存するかぎり、冤罪を解く報道はできません。メディアにとって永遠の課題です。

今回の講義では「滋賀・呼吸器事件」をもとに考えます。看護助手の西山美香さんは、殺人の罪を着せ

図1　西山美香さんの無罪判決を報じる紙面（夕刊1面）

西山さん再審無罪

「呼吸器事件」で大津地裁判決

「事件性の証拠ない」

逮捕から15年9ヵ月

長期化招いた証拠不開示

裁判長「裁判官の1人として責任重く」

「呼吸器事件」の経過

[illegible]

（出所）『中日新聞』2020年3月31日夕刊。

られ、裁判では再審を含めて七回有罪が認定されました。中日新聞は二〇一七年から私を含め複数の記者が顔写真を掲載し、筆者の視点を明示して問題を解き明かしていく「主観的調査報道」のスタイルで再審を訴えました。障害という視点を欠いた不当捜査が冤罪を作り出したプロセスや、検察、裁判所に潜む構造的な問題をどのように検証していったかをテーマに話します。

図1は、西山さんが無罪判決を得た日の夕刊一面です。西山さんは二〇二〇年三月三一日に再審無罪を言い渡され

るまで、一五年九カ月に渡り殺人犯の汚名を着せられました。

自然死か医療過誤か殺人事件か

事件は、二〇〇三年に湖東記念病院で発生しました。同年五月二三日の中日新聞朝刊は、「呼吸器外れ男性死亡　滋賀の病院　警報装置作動せず」という見出しです。病院からの通報をもとに、男性が死亡したことを警察が発表し、その内容を伝える記事です。

警察が介入する事態になったのは呼吸器のチューブが「外れていた」という証言があったからです。医療過誤の可能性があると捉えられたのです。警察は当初から殺人事件として捜査に乗り出したわけではなく、あくまで業務上過失致死事件を想定していました。それがなぜ、殺人事件になったのか。

きっかけは、患者の死亡に気が付いた看護師のSさんが「(呼吸器の)チューブが外れていた」と証言したことです。実は、呼吸器のチューブは外れておらず、Sさんは事実と異なる証言をしたことがのちにわかります。

患者は半年前に入院し、植物状態でした。そのため、夜間、当直の看護師は二時間ごとに痰を吸引することになっていました。しかし、Sさんはその日たまたま痰吸引をしていませんでした。なぜSさんは「外れていた」と証言したのか。考えられるのは、Sさんは患者が痰が詰まって死亡したと思い込んだのではないかということです。つまり、責任を回避するため、とっさに嘘を言ってしまったのではないか。これは西山さんの弁護団の主張で、詳細な裏付けもなされています。

私たちが取材で入手した入院時のカルテには、「近いうちに亡くなる可能性も十分にある」と書かれていました。そのような患者が、チューブがつながったままの状態で自然に亡くなるのはよくあることで、Sさんの「チューブが外れていた」という一言がなければ、自然死として終わっていたはずです。しかし、自然死の可能性には誰も気付きませんでした。

二　事件化するための取り調べ

自白の強要により生まれた嘘の供述

警察は看護師が居眠りをしてアラームを聞き逃したものとみて、業務上過失致死で立件しようとしました。そのため、「アラームが鳴った」という証言を必死で探しましたが、そのような証言はありませんでした。そこで、警察は患者の死亡確認時に病室にいた看護師のSさんと看護助手の西山さんから、「アラームが鳴った」という証言を取ろうと徹底的に追及しました。昔ながらのやり方で、「たたき割り捜査」と言います。「割る」というのは警察の隠語で自白に追い込むこと。それを「たたき出す」わけです。

手荒な捜査のやり方については、二人が勤務した病院が警察に対して抗議しています。抗議文には、「不当な威嚇と執拗(しつよう)な強要がなされた」「心的外傷後ストレス症候群（PTSD）」「Adjustment disorder（適応障害）」など、取り調べで精神的に追い込まれた二人の状況が記載され「前時代的な捜査手法は稚拙だ」と非難しています。これらの資料は、初期の段階では目にすることができませんでした。

事件から約一年経(た)ち、県警本部から乗り込んできた刑事に西山さんは「アラームが鳴った」と言わされました。西山さんの上申書には、「（死亡した男性の）写真を並べておいて、机に顔を近づけるような形に頭を押し付け（られ）ました。怖くてたまらなかった」と書いてあります。

西山さんが「アラームが鳴った」と証言した結果、警察は看護師のＳさんをさらに厳しく取り調べました。西山さんは自分の責任を強く感じてしまいます。西山さんはシングルマザーのＳさんと仲が良く、「家で子どもが待っているのにかわいそうだ」と感じていました。そこで、「本当は鳴っていない」と警察に何回も訴え出たのです。しかし、警察はその訴えを拒絶しました。あるときには夜中の二時に警察署に出かけ、証言を撤回したいと手紙を渡して訴えましたが、拒否されました。最終的に西山さんは「自分のせいにするしかない」「そうしなければＳさんを助けられない」と追い詰められ、「自分がチューブを外した」と言ってしまいました。そのため、殺人事件となってしまったのです。

苛烈な取り調べ

毎日警察に呼び出され、警察とＳさんとの板挟みになった末、西山さんは鬱状態になっていたことが取材で判明しました。「チューブを外した」と発言した日の午前中に精神科を受診し、不安神経症の診断を受けています。西山さんはのちに注意欠陥多動性障害（ＡＤＨＤ）という発達障害があることがわかりますが、ＡＤＨＤの人が不安神経症を発症すると鬱状態になることが医学的に指摘されています。

事件当初、報道機関には警察が発表する内容以上の捜査情報を知るすべがありません。本人が「殺した」と自白している、動機は「看護師との待遇差があり、病院にうらみをはらすため」と供述している、などと発表され、当時の記者たちは疑いもしませんでした。

再審開始決定前、私は出所したばかりの西山さんに真っ先に「どうして殺してないのに『殺した』と言ったのですか」と聞きました。西山さんは「チューブを外した、とは言ったけど、殺したとは言ってないんです。でも刑事に『外したのなら、殺したのと一緒やろ』と言われ、言い返すことができなかったんです」と話しました。取材を進めると、西山さんの供述のほとんどは誘導されたもので、なかには刑事が作文した調書まであることがわかりました。

三　新聞は「客観報道」しかできないのか

客観報道で実施したこと

図2は、当初中日新聞に掲載された紙面です。警察発表どおりの内容にまとめられています。独自に取材した内容は、左側の囲み部分にある「まじめな女性、なぜ……」という見出しの記事だけです。記者は西山さんの周囲の人に話を聞いてみたが、「彼女は殺人をするような人ではない」という話しか出てこなかった、ということでしょう。

逮捕翌年の二〇〇五年、西山さんは懲役一二年の判決を受けました。裁判で否認しましたが、殺害を自白した供述調書があるため、耳を傾けてもらえませんでした。

西山さんは控訴、上告を重ねて無罪を主張し、最高裁まで争いましたが、二〇〇七年に有罪判決が確定しました。

第一次再審請求をしたのは二〇一〇年です。このとき、西山さんの弁護団は供述心理鑑定書を裁判所に提出しました。中日新聞は「元看護助手、再審請求へ」「供述鑑定で『自白誘導強まる』」という記事を掲

図2　西山美香さん逮捕発表時の中日新聞社会面

呼吸器外し患者殺害
滋賀の病院
看護助手を逮捕
待遇差「不満晴らした」
まじめな女性 なぜ…
西山容疑者
凶行に驚き

（出所）『中日新聞』2004年7月7日。

載しています。自白は誘導されたものであるという弁護団の主張をそのまま掲載した形です。

当局の発表ではありませんが、弁護団の訴えを第三者的な立場で報道する構図の記事で、あくまで客観報道の体裁です。情報発信者の弁護団、鑑定人の心理学者が一定の信用を社会から得ている立場であることが、それを可能にしています。とはいえ、新聞社として冤罪の主張をしているわけではなく、この七年後に取材班が発信した「主観的調査報道」の手法とは異なるオーソドックスな客観報道と言えます。

このときの供述心理鑑定書によると、「供述調書は西山さんの体験に基づかず、捜査側の思い描いた構図に合うように誘導されたと判断するのが妥当」と結論付けられました。

しかし、供述心理鑑定は裁判所に「科学的根拠がない」と見なされ、再審請求は棄却されました。最新の学問に対し、その専門的な知識がない裁判官が「科学的根拠がない」と主張するのは、おかしな話です。

しかし、再審では供述心理鑑定が証拠採用されることが少ないのが現実です。拒絶する裁判官は判で押したように「自白の信用性は裁判所の自由な判断に委ねられる」と主張します。新しい知見が裁判官の自由心証の妨げになるかのような論理には首をかしげたくなります。鑑定に問題があれば論理的、合理的に指摘するべきです。受け入れたがらないのは、拒絶する裁判官の保守的で官僚的な思考によるものと考えるしかないでしょう。

客観報道の限界と次の一手

大津支局にいた角雄記記者は、西山さんの実家を訪ね、獄中から両親に無実を訴える手紙を出し続けていることを知りました。幼さを感じるつたない文面に「借りものの言葉ではない」と冤罪を直感した、と言います。

しかし、警察・検察の情報、裁判所の判決に基づく客観報道の原則に従うと、この手紙だけをもとに冤罪の可能性を報道することは困難です。二〇一五年九月、第二次再審請求が大津地裁で棄却されたため、角記者は事件を報道することをいったん断念しました。

二〇一六年秋、名古屋の本社で勤務する編集委員の私が大津支局で角記者からこの事件を聞かされることになります。別件の打ち合わせのときに、角記者が「実は、再審請求している事件があって……」と相談してきました。概要を説明し「再審請求が棄却された以上、記事にできませんよね」と尋ねてきたのです。

私も「難しい」とは思いましたが「新聞は裁判の結果を伝えるだけがすべてではないし『裁判は裁判、報道は報道』が原則だよね」と言ったうえで、こう話しました。「ハードルは高いが本当に冤罪なら、どこかに書ける端緒があるはず。記者の主観で書くコラム形式なら、その糸口も作りやすい。まずは事件の全体像を詳しく検証し直そう」。これが始まりでした。

事件背景とポイント

西山さんの手紙には「私は殺ろしていません」と書いてありました。送り仮名の「ろ」が一つ多いことが特徴でした。手紙には、幼い印象を受ける絵も描かれていました。新聞社の記者もデスクも文章のプロです。嘘や矛盾があれば気が付きます。手紙の文面から不自然な感じはしませんでした。三五〇通も矛盾なく嘘を書き続けることは不可能なことでしょう。裁判で検察が示したような、残忍な殺人犯には思えませんでした。

両親の手元には西山さんが記録した獄中の様子を、詳細に記したノートもありました。手紙やノートなどすべての資料に基づいて事件を検証すると、発表当初の新聞報道とはまったく違う事件の全体像が浮かんできました。

被疑者の不可解な行動

角記者は、「この事件はおかしな話がいっぱいあるんですよ」と言いました。

その一つが、西山さんが逮捕前に何度も警察署に出向き、刑事に会いに行っていたことです。「真犯人であれば自分から署に出向くことなんてあり得ないじゃないですか」と角記者は言いました。確かに考えにくい話です。取り調べ中に刑事の手の甲に触れたり、起訴後に拘置所に移る際、刑事に「離れたくない」と抱きついたりしたという話には、正直、耳を疑いました。刑事本人も裁判で認めていることがわかり、言葉を失いました。

西山さんは、取調官の刑事を好きになり、それが理由で嘘の自白をしたと裁判で主張していましたが、信じてもらえませんでした。しかし、事件を調べていくうちに取材班の誰もが「あり得ることだ」と思うようになりました。不自然なことが続々と出てきたからです。供述調書が三八通と異常に多い。アラームが鳴った／鳴らない、チューブが外れていた／外れていなかった、など、重要な話がころころ変わっている。正直に自白しているのであれば、そんなところで嘘をつく必要はないはずです。

極め付けが「検事さんへ」の手紙です。刑事は西山さんに、「もし罪状認否で否認してもそれは本当の私の気持ちではありません」という検事宛ての手紙を書かせていました。西山さんが裁判で否認した場合に備え、否認が弁護士にそそのかされたかのように装うための手紙でした。

弁護人がこの事実を知り、証拠申請して法廷内でこの手紙が明るみになりました。弁護人は「こんなことまでさせられるほど、刑事に操られていた」と訴えました。西山さんを取り調べた刑事が、起訴後に拘置所で一四回も面会していたことを問題にしました。警察は、逮捕二日後に送検手続きを行い、起訴となって拘置所に移った被疑者の本件に関する取り調べをしてはいけない原則になっているからです。

判明した被疑者の「障害」

手紙を書かされた西山さんは、弁護士と刑事のどちらを信じていいかわからなくなり、自殺未遂までしています。そのため、初公判では罪状認否をすることもできませんでした。なぜ、そこまで刑事の言いなりになったのでしょうか。家族に宛てた手紙のなかにそのヒントがありました。

西山さんの二人の兄は非常に優秀で、有名大学を卒業後、一流メーカーに就職しています。西山さんは幼い頃から二人の兄と比較され、とてもつらい思いをしたそうです。それに対し、西山さんを取り調べた刑事は「あなたはむしろ賢い子だよ、変わった子ではない」と伝え、これが彼女の心の琴線に触れたのです。刑事は最初から悪だくみをして伝えたのではないと思いますが、この言葉をきっかけに、西山さんは刑事に取り込まれていきます。

裁判資料を調べると、西山さんの行動履歴に目を引く内容がありました。幼稚園の運動会で注目を集めようと一人だけ反対方向に走ったり、児童相談所でカウンセリングを受けたりしたことがわかり、私たちは「発達障害があるのではないか」と感じました。

冤罪を解く報道は、西山さんの「障害」を立証することが鍵になりました。なぜなら、検察でさえ西山さんに「迎合しやすい」傾向があることを認めていながら、それを「障害」と認識していなかったからです。事件当時はまだ、発達障害に関する知識が広まっていませんでした。

しかし、西山さんが最初の判決を受けた二〇〇五年には発達障害者支援法が施行されています。二〇一六年には司法の配慮義務が明記されました。発達障害のために冤罪に巻き込まれる事件も実際に起きていました。「障害」の視点を欠いた当時の捜査、裁判を改めて問い直すべきだ、と訴える報道はあってしかるべきではないか、と考えました。この新たな視点が、官庁に依存する客観報道の枠を出て、新聞が独自の視点で考え、分析する報道への糸口になりました。

そのために、西山さんの障害を立証することが必要でした。とはいえ、本人は塀のなかです。簡単ではありません。記者たちに、西山さんを「支える会」を立ち上げていた中学時代の恩師に話を聞きに行ってもらいました。恩師たちからは「当時は教育現場でも発達障害の知識が十分ではなかったが今の視点で見れば、発達障害があると考えたと思う」「上から強く言われたら無実なのに認めてしまうことは、あの子ならあり得る」という答えが返ってきました。重要な証言でした。

専門家の分析を得る必要もありました。記者たちと何人もの専門家に当たりましたが、言動履歴と手紙だけでは明確な評価を得ることはできませんでした。途方に暮れていたとき、ふと思い出したのが、小出将則医師です。実は、私と同じ一九八四年に中日新聞に記者として入社した同期の間柄。七年の記者生活を経て信州大学医学部に入り、精神科医に転身して愛知県一宮市で心療内科のクリニックを開業していました。

電話で話したところ、彼は「その手紙を見せてほしい」と言いました。手紙を見た彼は、漢字の些細な間違いなどから、即座に言いました。「彼女には発達障害だけでなく、知的障害もある」。衝撃的な指摘でした。一緒に西山さんの両親のところに行き、生育歴に関わることをすべて詳細に調べました。

その後、獄中鑑定が実現し、西山さんには軽度の知的障害と発達障害があり、相手の意図を読み取るのが非常に苦手であることが判明したのです。取調官が殺人犯にする意図で言葉を引き出そうとしていることなど、彼女には想像できなかったのです。

主観報道によるメッセージ発信と事実の立証

報道で冤罪を立証するために、欠かすことのできない三本柱がありました。一本目は、三五〇通あまりの手紙です。手紙の訴えには真実味があり、事件当時のことも細かく具体的に書かれていました。二本目の柱は、獄中鑑定です。虚偽自白を医学的に立証する決め手になりました。三本目は、直接西山さんに取材したことです。獄中の西山さんとの文通による書面インタビューが実現し、取り調べの経緯を詳細に確認したり、疑問を解くことができました。さらに、中学時代の恩師など周辺取材の積み重ねで説得力を高めました。

二〇一七年五月、再審を訴える報道は「私は殺ろしていません」という見出しでスタートしました。初報では、西山さんが知的障害であることは書いていません。その事実を全面的に出す方法もあったのでしょうが、プロセスを踏んで全体のストーリーを描き出し、冤罪の可能性を立証していくほうが今回の調査報道には適しているのではないかと考えました。そのため、「西山さんが一〇年以上にわたって無実を訴えている手紙はただの紙切れですか?」という問いかけから始めました。最初の記事の執筆者は角記者です。取材班として取り組みましたが、最終的には一人の記者が顔写真付きの署名記事で前面に出る主観的調査報道という、これまでの調査報道では前例のない形式にしました。

二本目の記事で西山さんの自白の「任意性」(=「自発性」)がそもそも疑問である、強要された部分もあるという指摘をしました。そして、三本目の記事で初めて発達障害と知的障害があることを明らかにしました。獄中での精神鑑定から彼女が「無防備な少女」同然だったと伝え、再審をしないまま事件を終わらせることはできない、という強いメッセージを発信しました。

四　行き過ぎた警察の創作

筋書きどおりの供述・行動を強要

第二弾の報道では、違法性の強い捜査の問題に踏み込みました。筋書きを作り、それに合わせるような自白の取り方に問題があること、西山さんが話した愚痴を殺人の動機にすり替え、まるで極悪人であるかのように人物像を仕立て上げる捜査手法に異を唱えました。正義が悪を成敗する、という古典的な勧善懲悪型の構図が浮かび上がり、そのような古い捜査方法が行われていたことに驚き、ありのままを伝えました。

警察は再現ビデオも撮影していました。見ると、西山さんは犯人として完璧に演技しています。弁護人も「最初に見たときは『あっ』と思った」と絶句するほど、実際の犯行を再現しているように演技させられているのです。書面での獄中インタビューで、なぜこのような演技をしたのか聞くと、西山さんから「何度も予行演習していますし、このとき、検事が来ていたので、きちんとしないと重い刑になると言われて、言われるとおりにしてしまいました」という内容の返事が手紙で戻ってきました。

供述調書も不自然に変遷していました。最初の調書には、「以前から事故を起こそうと思っていたわけではない」と書かれています。衝動的な犯行を語った調書でした。ところが途中から計画的な犯行になっていきました。三件の殺人未遂事件を起こしたように自供書を書かされ、連続殺人犯の濡れ衣まで着せられていました。殺人犯にするためなら、どんな手も使う、という捜査側の意図が透けて見えました。

警察が犯行の手口や供述を創作

もっと驚く話があります。警察が犯行の手口を創作するプロセスを示す調書があったのです。それは、病院で呼吸器を管理していた技師の供述調書です。

「人工呼吸器を装着した、いわゆる植物人間を誰にも知られずに人工呼吸器を操作して殺害する方法はどんな方法があるのかとお尋ねがあり、お答えしますが……」。

警察官が犯行手口のアイデアを質問してきたことに驚きながら語っている言葉が、技師の供述調書に記録されていました。犯行手口を知りたければ、警察は自白した西山さんに聞くべきです。なぜ、技師に聞く必要があるのでしょうか。警察による創作の証拠でした。技師の説明は筋書きに使われ、西山さんの供述はそのとおりに誘導されていきました。

調書には誘導、作文が横行していました。たとえば、患者の死ぬ間際の様子は「穏やかな顔がゆがみ始め、眉間のしわは深くなり」と書かれていました。あまりに漫画チックな表現を不自然に感じました。ところが、裁判では逆に「迫真性がある」と、有罪の決め手でもあるかのように評価され、あぜんとしました。別の調書では西山さんが「こんなこと誰にも話せませんでした。刑事さん、私は本当に悪い女ですね」と、昭和の刑事ドラマに出てくるようなクサい台詞があり、思わず吹き出しました。

西山さんを取り調べた刑事は、ほかの事件で暴行や脅迫によって被疑者を自白させ、無実の人を誤認逮捕をして処分されていた経歴がありました。それも、西山さんの裁判が行われている最中のことです。この被害者からも話を聞き、冤罪の背景にある滋賀県警の土壌も含めて明らかにしていきました。

五　冤罪を構成する鑑定の誤りと虚偽自白

この冤罪は、患者の死亡を発見した看護師Sさんの「チューブが外れていた」という虚偽証言を見抜けなかったことがすべての始まりでした。司法解剖鑑定書には「管の外れに基づく酸素供給欠乏が一義的原因と判断される」と記載されています。「外れていた」という間違った事実に基づいて死因を結論付けたことがわかります。判決では西山さんが「チューブを元通りに接続した」と記載されており、鑑定書の内容と矛盾しています。鑑定と判決がまったく逆のことを書いている、あり得ない矛盾が見過ごされ続けていました。

憲法三八条三項には「何人も、自己に不利益な唯一の証拠が本人の自白である場合には、有罪とされ、又は刑罰を科せられない」という条文があります。しかし、自白だけで立件され、有罪になっているケースは少なからずあります。この事件もその典型でした。報道から七カ月後の二〇一七年一二月、大阪高裁は再審開始を決定しました。七回の裁判で有罪を宣告され続けた西山さんに、八回目の裁判でようやく再審への道が開かれました。

大阪高裁の裁判官たちは、なぜ冤罪を解くことができたのでしょうか。私たちの報道が功を奏したのか。最初はそうかとも考えました。しかし、調べていくと、それほど単純ではないことがわかってきました。決定を主導した後藤真理子裁判長の経歴に特筆すべき過去があったのです。

後藤裁判長には、冤罪を見逃し、無実の人の自由を奪った過去があったのです。それは、冤罪事件として有名な足利事件（一九九〇年）の上告審でのことです。当時、最高裁の判事をサポートする「調査官」という立場にあった後藤裁判官は、弁護人のＤＮＡ再鑑定の求めを「最高裁は事実調べをしない」と拒絶し、結果、その後九年も無実の菅家利和さんを投獄し続ける結果になったのです。

裁判官としての汚点となった一七年前の手痛い経験は、今回の冤罪を解く鍵にもなりました。足利事件ではＤＮＡ鑑定の誤りと虚偽自白が冤罪を作り出していましたが、鑑定の誤りと虚偽自白が冤罪を生む構図は呼吸器事件でも同じだったからです。

大阪高裁は、司法解剖鑑定書が示した死因の「窒息死」が間違っていることを明らかにするとともに、西山さんが誘導されて虚偽自白に追い込まれた経緯を解明しました。冤罪を作り出す構図は後藤裁判官にとって、まさに〝冤罪へのわな〟との再会だったのです。西山さんにとって、二五人目の裁判官との、まさに奇跡の出会いでした。同時に、偶然が重ならなければ冤罪が解かれない、というこの国の裁判の現実を示してもいます。

二〇二〇年三月の再審無罪判決で、大津地裁の大西直樹裁判長は「逮捕されてから今日までの西山さんの一五年を無駄にせず、刑事司法を変えていく原動力にしなければならない」との訓戒を残しました。警察、検察の謝罪がないままにときが過ぎました。取調官だった刑事は記者の取材に「組織でやったことですから」と悪びれる様子もなく答えました。西山さんは再審無罪の一年後、国家賠償訴訟を決意します。「冤罪で苦しんでいる人たちはほかにもいます。裁判はつらいですが、他の冤罪被害者が勇気付けられるのなら」。

西山さんの闘いは、個人の尊厳を守ろうとする一市民と、一人の人権が軽んじられようとも組織の論理が優先されるこの国の現実との闘い、とも言えます。

❖講義を終えて　問われる「個の自立」　メディアも同じ

二〇一七年から四年がかりで報道した「呼吸器事件」にはさまざまな視点がありました。

報道は「無実の西山美香さんを救う」ことを目的にスタートしました。それまで見過ごされてきた西山さんの「障害」という視点。次に、障害と冤罪との関連を立証することに視点が移りました。そこから警察の古い捜査手法の実態、そのチェックができない検察の機能不全、有罪視を前提とする裁判官たちのゆがんだ見方など、現在の司法が日本の民主社会に影を落とす危うい現実へと視点は移動していきました。

共通して浮かび上がってきたのは、個人を押しつぶして平然としている組織優先の権威主義が果てしなく広がるこの国の、荒涼とした司法の現実でした。

再審開始決定が出たあと、検察は最高裁に特別抗告しました。その申立書に、自らの主張に「齟齬（そご）がある」と書いていることにあぜんとしました。有罪立証に矛盾があることを認めながら、特別抗告申立書に署名した大阪高検の三浦守検事長はその後、最高裁の判事に転身し、冤罪被害者の人権より組織のメンツやわが身の行く末を優先して恥じないかのような検察官の思考をさらしました。

検察に限ったことでもありません。末端の職員を自殺に追い込んだ財務省の文書改竄（ざん）や、コロナ禍のしわ寄せを弱い立場の飲食店で働く人たちに押し付けることをいとわない施策に、共通の思考を感じます。警察発表に頼るしかすべのない初動の報道に潜む危うさ、その弊害に今なお対処できていないメディアも人ごとにはできません。

受講生から「ただ批判するのではなく、組織や社会のメカニズムとその問題点を解き明かし、どう正常化するかを考え、提起していくことがメディアの役割だということが理解できた」という趣旨の意見がありました。

勧善懲悪型の昭和的な報道から脱皮できないままのメディアは、令和になった今も埋もれる冤罪被害を助長している可能性は十分あります。犯罪者と市民、敵と味方、正義と悪に色分けするのではなく、問題の根源や由来、構造、改善が進まない背景を解き明かす報道スタイルへとアップデートしていく必要に、メディアも迫られています。否認事件の検証報道のあり方を、それぞれが問われていると思います。

今回の報道の形式について、私は「主観的調査報道」という言い方をしています。新聞は客観報道に徹している、などときれいごとのように語る言葉がいまだに聞かれますが、その実態は「当局情報に依存した責任逃れの報道」とも言えます。事件報道では特にそれが顕著です。ネットなど媒体の変化に応じて文章表現も変化していくでしょうが、重要なのは形式ではなく中身であることは言うまでもありません。

弊害を乗り越えられないメディアには衰退の道しかありません。新聞やテレビがその道をたどるなら、進化できないものの末路と歴史に記録されるだけのことでしょう。

今、広く問われているのは、個人の人権や尊厳がきちんと守られる道筋であり、それができる組織かどうかということです。また、メディアは個人の尊厳が守られる社会になるように報道を通じて貢献できるかどうか、だと思います。同時にメディアという組織のなかにいる一人ひとりもジャーナリストとしての自立を問われています。今、私たちが生きているのはそんな時代だと言えるのではないでしょうか。

「沖縄戦」で次の戦争を止める

映画監督／ジャーナリスト／フリーアナウンサー
三上智恵

一　沖縄と私

沖縄に住むことになるまで

私は今、沖縄の読谷村に住んでいます。沖縄県民になって二七年目になりますが、二〇二〇年に出版し石橋湛山記念早稲田ジャーナリズム大賞もいただいている私の著書『証言　沖縄スパイ戦史』（集英社）は、沖縄戦から七六年経（た）った今も語られない、沖縄社会の深い傷に触れるような内容を含みます。そこに分け入るまでには相当の年月が必要でした。今日は、なぜ私がそんな沖縄戦の本を書くことになったのかをお話していきたいと思います。

私は、沖縄民俗学が盛んだった成城大学を選んで通いました。民俗学者になりたかったからです。でも卒業後は大学院に進まず、放送局に就職しました。なぜなら、大学院で博士課程までの期間、調査地に通うためには資金が必要。先輩に「放送局に入って荒稼ぎしてきたら?」とアドバイスされました。「そんなに高給なら」という単純な理由で大阪の毎日放送に入社しました。

大阪では主に報道畑で、関西の局なのに、必死に沖縄のネタにも取り組んでいましたが、一九九五年、沖縄に琉球朝日放送という新しい放送局ができるから来ないかと誘われました。そのときちょうど両親が仕事の都合で沖縄に住んでいたので渡りに船で、当時一歳だった息子を連れて移住。勤務しながら、沖縄国際大学大学院に入り、民俗学の研究も続けることができました。

ドキュメンタリー制作への道

一九九五年は、沖縄にとっても日米両政府にとっても、大きな節目の年でした。現在も沖縄を苦しめている辺野古の基地建設問題。その端緒は一九九五年九月に起きた、米兵による少女暴行事件です。繰り返される人権蹂躙に対して、沖縄県民は怒り「基地は出て行ってほしい」と立ち上がり、保守も革新も関係なく、八万六〇〇〇もの人々が県民大会に参加。当時沖縄県知事だった大田昌秀さんは「もう基地の契約(代理署名)をしない」と宣言しました。

この事件と同時に走り出した新しいテレビ局のキャスターとして、私は基地問題を連日報道しました。でも普天間基地のことで、大きな汚点を残すことになります。「少女の暴行事件で沖縄県民が怒ったため、日米両政府が普天間基地を返還するよう頑張った」かのような政府のストーリーを、そのまま報道してしまったのです。これは滑走路のそばに軍港と弾薬庫も備えた、念願の統合型基地を手に入れたい米軍の茶番劇の始まりだったのに、各社含めて、そこまですぐには見抜けませんでした。

オスプレイという事故の多い輸送機を沖縄に配備するにあたり、普天間基地では狭すぎて危険だという議論が米軍内にあるなかで、少女の暴行事件が起きました。そこでアメリカ政府は日本政府とともにそれを利用したのです。沖縄の事件を日本国民の税金で普天間基地の「代わり」の施設を造るチャンスに変えました。それを調査報道であぶり出し、報道していきました。

しかし、こういう基地問題の検証企画は、なかなか全国ネットに採用されません。基地問題は沖縄の問題ではなく、国防の問題。沖縄県内だけで放送しても意味がありません。沖縄の記者たちは常に「全国の人に知ってもらうためにどうしたらいいのか」と必死に工夫します。なかでもドキュメンタリー制作は有効な手段でした。深夜ではあってもドキュメンタリー枠に企画を通しさえすれば、沖縄発で北海道まで全国に電波がいきます。こうして私は次々にドキュメンタリー番組を制作していくことになります。

二　「伝わる基地問題」を模索して

伝える側として

沖縄発のドキュメンタリーやニュースは、往々にして「無神経な本土の人たち」と「被害者である沖縄の人たち」のような二項対立で描かれている印象を持たれます。でも私は、その構図が新たな壁を生んでいることを早い時期から痛感していたので、パターンに陥らないように細心の注意を払ってきたつもりです。「私たちは被害者だ」ということが言いたいのではなく、「この問題は、日本の民主主義や安全に関わる問題であり、一緒に考えていかなければこの国が壊れていくから見てほしい」という立場で伝えてきたつもりです。

沖縄戦で言えば「沖縄は大変だった」と被害ばかり伝えても、「でも広島も大変だったよ」「うちのおじいちゃんも大変だったよね」のような話に回収されてしまいます。六月二三日の慰霊の日が近づくと、沖縄のテレビ、ラジオ、新聞は沖縄戦の番組や特集を企画します。内容は、つい悲惨な話や秘話などに偏りがちになり、お涙頂戴で小さくまとめてきたという自己反省があります。そうではなくて、なぜ兵隊より多くの住民が死んだのか。なぜ勝てないとわかっていて地上戦を止められなかったのか。なぜ軍隊は住民を守らなかったのか。今の国防を考えるうえで大事な教訓がたくさん眠っているのに、それを学ぶ努力を怠ってきたから、また沖縄の島々が戦場になりかねないキナ臭い今の状況があるわけです。ですから、基地問題なら「伝わる基地問題」、沖縄戦なら「次の戦争を止められる報道」でなければ意味がないと思っています。

映画『標的の村』『戦場ぬ止み』『標的の島　風かたか』——見えにくい不条理に光を当てる

私は放送局時代に一本、フリーになってから三本、合計四本の映画を作っています。辺野古の基地問題に関する映画は『戦場ぬ止み』と『標的の島　風かたか』です。

普天間基地の移設先として辺野古が固定されたのが一九九七年です。でも政府はすべて煙に巻くように、二〇〇〇年に沖縄サミットを投下してきました。するとメディアの報道はサミット一色になり、県内の辺野古報道も激減しました。二〇〇四年、二〇〇五年は海上基地を阻止する大きな闘いがありましたが、これ以降はまたニュースから消えました。その後、民主党が「最低でも県外」と政権を取るまでは、辺野古の報道はかなり低調だったのです。

でもその間も辺野古の取材を続けてきた私の放送局では、辺野古に一〇〇機のオスプレイが配備されたらその訓練先となる高江のヘリパッド建設問題を懸命に報道しました。一番近いところでは民家から四〇〇メートルの距離に、米軍ヘリコプター離着陸帯であるヘリパッドを六つ造り、村や山や川を標的に見立てた訓練をする計画だったからです。まさに「『標的の村』だ!」と思いました。さらに、ベトナム戦争当時、高江にはベトナムの村が再現され、村民が訓練に使われていた事実も掘り起こしました。それが『標的の村』という番組や映画につながりました。

この高江についても、当時那覇の報道各社はあまり取り上げませんでした。本土が沖縄を無視しているだけではなく、沖縄においても、那覇が北部を、沖縄本島が離島を軽視しているという面が残念ながらあります。でも私たちの仕事は、こういう見えにくい不条理に光を当て、白日のもとに晒す。そして、その不条理に異議を唱える民衆の力で、その状況を変えるための道筋を作ること。それがジャーナリストの使命です。やがて高江の問題は辺野古と同様に世に知られるようになりましたが、次に私が向かったのは宮古島、石垣島など「先島」と呼ばれる離島群です。米軍ではなく、自衛隊がミサイルを持って大挙してやってくるという「南西諸島の要塞化」が企図されていたからです。

ミサイル基地建設と自衛隊配備が持つ意味とは

二〇一五年、自衛隊のミサイル基地が、新たに宮古島、石垣島、奄美大島に配備されると発表されました。でも意外だったのは、那覇のメディアがこの自衛隊配備についてそこまで危機感を表明しなかったことです。沖縄のメディアと自衛隊との関わりには複雑な歴史があります。ご存知のように、沖縄は一九七二年に祖国に復帰するときには、圧政を敷いた米軍も格段に減って、先祖の土地も取り戻し、本土並みに戦争と無縁の島に生まれ変われると夢見たわけですが、まったく逆になってしまった。米軍基地は本土から次々に移設されて負担は大きく増えてしまったうえに、日本の軍隊まで入ってくることになった。沖縄戦で日本の軍隊からひどい目にあった沖縄県民にとって、自衛隊は日本軍の再来でした。だから自衛隊を島に入れるな、という闘いも構築され、その延長線上に、沖縄のマスメディアは自衛隊の便宜供与は一切受けないということを確認し合いました。戦争のときの反省で、軍事組織の広報の垂れ流しは絶対にしないということを強く申し合わせた経緯があります。なので、良くも悪くも、自衛隊のニュースは取り上げるのが難しい側面があります。であれば、私のようなフリーランスの人間が率先してやるしかないと思いました。

『標的の島　風かたか』は、攻撃能力を持った自衛隊が、南西諸島に再配備されるというのはどういうことなのかに迫る映画です。「そういうものを持ってこられたら困る」と考えている島の人たちと、「自衛隊が来たほうが安心なのでは」と思う人たちで島が二分されていく地域の状況を伝えながら、この配備の意味、実はこれが辺野古、高江と一体の話である内実を映画にまとめていきました。

防波堤としての第一列島線

アメリカの対中国戦略で、エア・シー・バトル構想というのがあります。「エア」は空、「シー」は海です。空と海から中国が太平洋に進出してくるのを阻止しようという構想です。第一列島線というのは、日本列島から南西諸島、フィリピンのほうまでつなぐ線で、アメリカはこの線の上にミサイル網などを構築して中国の進出を阻むという計画を持っています。しかし、直接ミサイルを中国本土に撃ち込むと、核兵器が飛び出してくる懸念があるので、米軍は「オフショア・コントロール」というフォーメーションに移行しました。中国の海軍能力はまだ低いので、南西諸島に引き付けて戦えば、陸上戦よりも有利だという理論です。つまり、「第一列島線の海に引き付けて戦う」。なかでもアメリカ軍はいないが自衛隊がいる石垣島、宮古島に誘導し、まずは米中戦争を回避して「制限戦争」で被害を最小限に食い止めるという戦略です。それで最近は、盛んに自衛隊の水陸機動団がアメリカ海兵隊とともに離島奪還訓練を繰り返しているのですが、戦場に想定されているのは私たち沖縄県民の日常の暮らしがある島々。とんでもない話です。しかも、自衛隊のミサイル基地があれば、そこを最初に攻撃するのは戦争のセオリーです。また弾薬庫の配備によって、島民は敵の攻撃や暴発の問題も抱え込まされることとなりました。

日本が戦争に巻き込まれる

『標的の島　風かたか』は、「宮古、石垣の問題は、米軍と自衛隊の一体化と島々の軍事要塞化という意味で辺野古、高江の問題と一体であり、日本の運命を変える可能性がある」ことを示すために、あえて辺野古・高江の動きと自衛隊問題を同時に追って提示しました。「風かたか」というのは、沖縄の言葉で「風を防ぐ」という意味です。つまり、防風林や防波堤を指す言葉です。沖縄戦では、アメリカ軍が本土に上陸するまでの時間稼ぎのために、防波堤のようにこの島が使われましたが、今また同じことが起きているのです。でも日本本土の人が、南西諸島だけが防波堤に使われると安心しているとしたらそれは大間違いです。

現在、中国のミサイルの飛距離が格段に伸びたため、この南西諸島の米軍基地は瞬時に破壊されてしまう危険性があります。そこで米軍は、主力部隊とその家族をハワイやグアムに移し、基地の管理も運営も自衛隊にやらせる方向です。二〇一〇年以降アメリカは、中国が日本の基地を攻撃した場合、即座に沖縄からグアム・ハワイのラインまで撤退し、その後、アメリカ議会の賛同を得たうえで、オーストラリア軍と一緒に奪回しに来るという考えですが、奪回作戦開始までにどれくらいの時間がかかるのかはわかりません。その間誰が戦うのかといえば、韓国軍、フィリピン軍、そして自衛隊という想定です。しかしフィリピン大統領のロドリゴ・ドゥテルテ氏はアメリカと距離を置いているので、米軍の目論見どおりに作戦が進むかは定かではありませんが、日本と韓国は自国の兵士を犠牲にすることになるでしょう。

『標的の島　風かたか』は、タイトルからは沖縄が標的の島であるかのようですが、映画を見終わるときには、実は、日本列島全体が防波堤にされて、敵にとっての標的であるとわかる構造の映画です。アメリカのシンクタンクのシミュレーションでは、中国が南西諸島を攻撃した場合、二週間ももたないと、以後は関西から九州にかけての地域がバトルゾーンになると予測しています。

アメリカの防波堤としての日本列島

結局私たちの住む日本列島はアメリカの防波堤として利用されていて、私たちの命も土地も、このままではアメリカの対中軍事戦略のために使われることになる。それを伝えるドキュメンタリーなのに、見に来てくれた人たちの一部からは「沖縄は大変ね。時間があったら行って手伝いたいけどね」のような従来の感想が出てきます。私は「沖縄だけでなく皆さんの服にももう火がついていますよ」と伝えているのに、「私たちの住んでいるところはまだ大丈夫」と思いたい鈍感の壁のようなものが立ちはだかる。私は公開後すぐに、このジレンマから脱出すべく次の作品に取り掛かりました。

「次の映画は沖縄戦しかない」。そう思いました。今の日本人はあまりにも国防のことを考えなくなり、そのくせ北朝鮮や尖閣での中国公船の動きが報道されると「アメリカ軍、もっと頑張って」「自衛隊ももっと強くなって」となってしまう。憲法九条が、「軍事力で紛争を解決しない」と謳っているにもかかわらず、強い軍隊に守られたいという人があまりにも増えてしまいました。私は、「基地問題を伝えるだけでは何も止められない」と焦りました。

沖縄戦の教訓は、「軍隊は住民を守らない」ということです。軍隊はなぜ住民を守らないのか。ほとんどの人は、「軍隊は住民を守ってくれる」と思いたいし、そう信じています。しかし、沖縄戦のことを調べると、軍隊が住民を守らなかったという教訓は、どの島からも出てきます。なぜそうなるのかを明らかにしたのが四作目の『沖縄スパイ戦史』（早稲田大学出身の大矢英代さんと共同監督）なのです。

三 『沖縄スパイ戦史』から考える今の社会

日本軍に殺された沖縄の人々

沖縄戦では、非戦闘員の住民も含めて一二万人の沖縄県民が亡くなりました。そのなかで、日本軍の仕業によって死んだ人、つまり敵の攻撃とは無関係に、日本軍によって直接的・間接的に殺された人が数千人もいます。その殺され方は三つに分類できます。一つ目は、手榴弾を渡されて自決を強いられた「集団自決」。二つ目は「この地域に行ったらマラリアに罹患して死ぬ」ことが明白であるにもかかわらず、移住させられて死んでいった「戦争マラリア」です。そして三つ目は「住民虐殺」「スパイ虐殺」です。なぜ友軍である日本軍に殺されてしまうのか。特にスパイ虐殺については、よく「沖縄県民が方言を使ったからスパイだと勘違いされ殺された」と説明されます。しかし、文化的な差別の問題だけでこの現象を理解するのは間違いです。日本軍は一九四四年夏に沖縄に来て、沖縄の民家に寝泊まりし、ともに陣地構築などを進めてきたので、彼らがどの程度方言を喋り、どの年代が標準語を話せるのかはわかっていた。だから、方言を聞いただけでスパイだと勘違いして殺す事例が数百人にも及ぶのは不自然です。私は何十年も沖縄戦にこだわってきたのですが、最後までわからなかったのがこの住民虐殺です。「追い詰められてパニックになった日本軍が住民を殺してしまった」というだけでは説明がつかない死者数です。

沖縄戦については長い間、防衛省や厚生省主導の、軍隊の立場に立った公的な記録しかありませんでした。沖縄が戦後、アメリカ軍に占領・監視されているなかで、自分たちで沖縄戦の証言を集めること自体、至難の業でした。しかし、「沖縄県民が、実は日本軍にこんなにひどい目に遭っていた」という戦争の実態を記録しようとする動きが復帰前後から大きくなり、その延長線上に私たちの報道もあるわけです。住民の視点で沖縄戦を振り返ることが許されなかった年月が、住民の側から戦争を語り直していく太い流れを作りました。

「戦う側の論理」を暴く

しかし、こうしたアプローチ一色になって戦う側の記録を軽視すると、今度は戦争を進める側の論理がわからなくなってしまいます。そんななかで一二年くらい前に、少年兵によるゲリラ部隊の「護郷隊」の存在と出会いました。一〇代の子どもたちが戦場に行ったといえば、「鉄血勤皇隊」や「ひめゆり学徒隊」などが有名ですが、北部の山々に一〇〇〇人もいた一五、六歳の護郷隊の存在や役割がなぜ、こんなに知られていないのでしょうか。それは、語りにくい内容がたくさん含まれているからです。

護郷隊を指導したのは、スパイ学校で知られる「陸軍中野学校」の卒業生たちです。彼らの任務は遊撃戦やスパイ活動などの情報戦をするだけではなく、「住民の始末」も含まれています。「始末」というのは、単に「殺す」という意味ではなく、「始末の悪い住民を作戦の邪魔にならないように始末のつく状態に維持する」という意味です。

映画のなかでも取り上げていますが、陸軍中野学校出身の山下虎雄という偽名を持った当時二五歳だった人物が、青年学校教官に身分を偽装し波照間島に着任しました。そして島民全員をマラリアの蔓延する西表島に移動させた結果、三人に一人という多大な犠牲者を出しました。もちろん彼は、島民に恨まれたくはなかったと思いますが、たった一人で、命じられたとおりに全島民を始末のつく状態に置き、米軍に渡さず、軍の機密も守ったわけですから、中野学校の教官からすれば一〇〇点満点だったのです。

情報戦のプロに少年兵がどう鍛えられ、どんな役割を果たしていったのか。「日本は勝つ」「自分たちの島は自分たちで守る」と信じ込まされて、どのように戦い、また戦後も癒えない傷を抱えてしまったか。『証言　沖縄スパイ戦史』では、二一人の少年兵と虐殺に関する住民の証言を集め、「戦う側の論理」を理解すると住民がどう見えるかを検証しました。

スパイリストに掲載され殺された島民

軍隊にとって、住民たちの協力は当たり前。住民の協力なしに戦争はできません。沖縄は離島なので、制空権も制海権も奪われた場合、本土から武器や兵隊、食料の補充を受けることはできません。したがって、島にあるものを全部使う。日本軍は、食い扶持を減らすために、島の子どもたちを疎開させはしましたが、しかし働ける島民たちには、食料の生産はもちろんのこと、飛行場の建設といった軍隊のための労働に従事させました。ただそうなると、島民は皆、軍の機密を知ってしまうことになります。日本軍の理屈からすると、アメリカ軍が上陸して島民が捕虜になれば敵に情報が渡る。つまり誰もがスパイ予備軍に見えるわけです。だから「英語が話せる」「戦争を嫌がっている」などの情報をもとに要注意人物を調べ上げ、スパイリストを作成しました。そして、日本軍は住民が寝返らないように、これらの人たちを順番に殺していったのです。虐殺の根底にあるのは機密保持です。

スパイを恐れたのは軍人だけではありません。山奥で息を殺して隠れていた住民も「自分たちの隠れ家を密告される」と疑い、米軍と通じていると決めつけた人物をスパイ呼ばわりしてみんなで袋叩きにするような事件も起きました。

現代に続く「同じ構図」

こうした構図は現代も同じです。実際、軍隊という組織は作戦を遂行するうえで障害となる不逞の分子が近くにいないか警戒するものですから、当然情報組織が暗躍します。つまり自衛隊の配備に誰が反対しているかを知ろうとします。たとえば、賛成派がやっているスーパーと反対派のスーパーを仕分けし、どの住民がどちらに買い物に行ったかをチェックしているという情報もありました。

宮古島や石垣島の場合も、情報保全隊という自衛隊のなかの情報組織が真っ先に島に入り、反対派やその親類関係、支持政党などを調査したそうです。七六年前は陸軍中野学校の人たちが島にやってきて情報活動をしましたが、今は情報保全隊がその役割を果たしています。加えて保全隊にはあえて島の出身者を配属しているという情報もあり、これはもう、地域住民に地域の人々の動向を密告させるスパイリストの再来だと、背筋の凍る思いでした。

しかし、那覇で記者の仲間にこの話をしてもあまり反応がありません。ある程度沖縄戦のことに詳しい人でも、南部の激戦地の動きは頭に入っていても、沖縄本島北部で起きたスパイ虐殺や護郷隊の秘密戦、中野学校の活動のことは知られていないのです。

敵軍が攻めて来て戦場になった場合、自国の軍隊は住民をどう扱うのか。沖縄戦の悲劇は単に、「パニックになった日本軍が住民を殺した」という次元の話ではありません。当初から現地の住民、つまり沖縄県民の犠牲を前提とした「国内遊撃戦の参考」など秘密戦を遂行するマニュアルが用意されていました。そして今の自衛隊も、敵の上陸を想定した教範を持っています。そのなかには明らかに、太平洋戦争で使われていたマニュアルから受け継がれている項目があります。このように、今の自衛隊組織は、旧日本軍との間に一定の連続性を持っていると認められる。とすれば、自衛隊は七六年前とは違って住民を守ってくれる、とどうして言えるでしょうか。

自衛隊が完全に生まれ変わった、住民を保護するための作戦を持った軍隊として再編されたというのであれば、私たちはその事実を吟味してそれを前提に島の防衛を考えることができますが、少なくとも今はそうした段階にあるとはとても思えません。何が同じで、同じだと何がいけないのか。それをきちんと比較するために書籍『証言　沖縄スパイ戦史』の巻末にはたくさんの資料を載せています。

四　次の戦争を止めるために

コロナ禍における集団心理の顕在化

今私たちの国では、コロナ禍のなかで危うい集団心理が顕在化してきました。自粛警察なるものが出現し、私が書いたこの『証言　沖縄スパイ戦史』にあるような住民同士の監視・密告が具現したり、緊急事態なのだからと政府に強い規制を求める声が高まったりしています。人権を制限してでも罰則のある規制を求めるのは、人権よりも国防、つまり軍隊の論理を優先する戦前と同じ心理で、国の危機が叫ばれると人は簡単に人権を手放すのだなとため息が出ます。

「集団は出口のない不安にさらされ続けると、攻撃対象を求める」と言われています。脳科学者の中野信子さんの説明によれば、集団で一つのターゲットを攻撃するとき、脳内に出るドーパミンが作用し、一瞬不安からの解放を味わう。けれど不安の根源は何も解決していないので、またターゲットを探してしまう。

たとえば「隣の家の長男が、こんなときに東京から帰省している。コロナを持ち込んだらどうするんだ！」と近所の人が騒げば、まだ誰も感染していなくてもまるで犯人のように扱われる。仮に感染者が出たら、たとえルートは別でも「やっぱりあの人だ！」といわれのない攻撃を受たりするわけです。沖縄戦でも、アメリカが上陸する前から「あのように行動している人はスパイに違いない」と疑われ、いったん憎悪の目が向けられると、もはや本人が「スパイではない」と証明するのはほぼ不可能でした。戦争と関係ないところで、不安を抱えた集団が自家中毒の形で個人を殺していくということがあるのです。

「スパイト行動」に侵される日本社会

「日本人はスパイト行動を非常に好む」と、中野さんは指摘していました。スパイト行動とは、「誰かが得をしているから、自分たちが不幸になる」という理屈で、ターゲットの足を引っ張ったり責めたりする行動のことです。たとえば「あの人は上司から可愛がられているから出世した。あの人がいるから私たちは出世できないんだ」などと飲んだ席で愚痴として聞くことはあっても、しらふの勤務時間中にみんなでその人を攻撃するなら、それは異常としか言いようがありません。しかも日本人は、自分の評価が下がってしまっても、このスパイト行動をやめられない傾向が強いそうです。「在日外国人が特権を持っているせいで俺たちが不幸なんだ」と言ってヘイトスピーチをする心理もこれなのでしょう。そういう愚かな集団心理に陥りがちな国民なんだという冷めた目線も、こんな世の中だからこそ必要かもしれません。

❖講義を終えて　日常で皆さんにお願いしたいこと

私はこの一〇年、日本社会が次の戦争に向かって加速度的に進んでいると思っています。したがって、「次の戦争を止める」という言い方をするのですが、戦争というのは、何もあくどい一部の政治家が始めるものではありません。大衆が戦争を嫌い、協力しない姿勢を維持すれば戦争には進めません。しかし、質の悪い為政者が戦争に向かって平和憲法を変質させながら、敵かどうかわからない国を「敵だ」と言って国民をそそのかし、不安に陥れ、「軍隊を持ったほうがいい」「この国と組んだほうがいい」と扇動すると、集団の一人ひとりの心のなかに、戦争の種が勝手に芽を吹いて育ってしまう。そうした状況が、今後必ず起きてくると思います。日本社会がそうならないために、今のうちに皆さんに、寝る前に考えてほしい三つのことをお伝えしたいと思います。

一つ目は、「今日、私は人を攻撃しなかったか」「人を責めなかったか」ということを考えてください。

二つ目は、「その正義は大丈夫ですか」と自分の正義を疑ってみてください。人を責めるというのは相当にひどい行為です。でもきっと自分のなかの正義に照らしたときに、そうせざるを得なかった何かがあったのかもしれません。しかしその、あなたにとっての正義が、実は他の人にとっての正義にならない可能性もあるわけです。

そして三つ目は、今日もし人を責めたり悪口を言ったとしたら、その行動は、今の社会のマイナスエネルギーの影響を受けて行われたことかどうかを考えてほしいのです。コロナが蔓延している今の世の中は、マイナスエネルギーや不安にあふれています。仮に、コロナの恐怖もなく、普通の生活を送り、普通に行動して、好きなものを見て、友達と話し、実際に会える範囲の友人と愚痴も話せていたら、SNSで人を攻撃せずにすんだかもしれない。しかし、なぜか人を攻撃してしまった。自分なりの正義でやったのだとしても、もう一度「社会からマイナスエネルギーを受けて、自分らしくないことをやってしまったのでは?」と疑ってみてください。そして、もしそうなら、「それは良くなかったな」と思ってください。

私は、内なる戦争の種は一人ひとりの心のなかにもともとあると思っています。好戦的な人間を排除しているだけでは、次に来る戦争を止めることはできません。社会から悪い影響を受けてSNSで人を攻撃すること、いじめや不正義を仕方がないと許容してしまうこと、集団で誰かの意見を潰すようなこと。そうしたもの全部が戦争を引き寄せる行動につながります。次の戦争を止めるためには、せめて自分のなかにある戦争の種を日々潰して、社会がこれ以上悪化しないように、大事な人がその影響を受けないように、寝る前に小さな確認から始めてほしいなと願っています。

武漢封鎖のドキュメンタリーをつくる
――伝えるべきは「国」か「人間」か

テムジン ディレクター
房 満満

一 『封鎖都市・武漢～76日間 市民の記録～』の制作を巡って

「人間」を感じることができない「武漢」報道への違和感

私は中国出身で、テレビ番組の企画・制作会社のテムジンでディレクターをしています。世界で最初にコロナによるロックダウンが行われた、武漢の人々の現実を描いたテレビ番組NHK BS1スペシャル『封鎖都市・武漢～76日間・市民の記録～』を企画・制作しました。ロックダウンが二〇二〇年二月に行われてすぐに企画・制作し、五月上旬に番組が放送されました。コロナが武漢で発生して封鎖され、日本でもたくさんの報道がありましたが、日本での感染例はまだなく、違う国での話というようにしか伝えられていませんでした。しかし、自分が中国人だということも大きいと思いますが、「武漢で生きている人たちは今、何を感じてどのように生きているんだろう」と考えました。ニュース番組だけではわからない部分があるように感じ、この違和感を持ちながら、コロナ禍にある武漢の人たちの姿やその喜怒哀楽を知りたいと思い、この番組を企画しました。

『武漢封城日記』と「故事FM」との出会い

しかし、二〇二〇年二月以降、日本国内でも中国でもまったくロケができない日々が続き、「自分に何ができるんだろう」と非常に無力感を感じていました。そうしたなかで出会ったのが『武漢封城日記』と「故事FM」というネットラジオです。

まず、『武漢封城日記』は、ネットで発信された日記で、のちに台湾で単行本として発刊されました。その本は一五〇ページほどあります。最初にこの日記を読んだとき、衝撃を受けました。この日記を書いたのは、二九歳の女性です。政府を批判している部分もありますが、ただそれよりも、突然のパンデミックになって一人の人間が何を感じてどのように行動したのかが非常に繊細な文章で綴られていて、私はそこに魅力を感じました。今でも覚えている内容があります。「明日から封鎖します」ということになり、多くの市民がスーパーに行き必要物資を買い占めた結果、品薄状態になりました。この女性は残っていた肉を全部買いましたが、一日で多く食べてしまうと、次の日は食べられなくなるので、小さく切って一週間しのいだ、とあり、非常にリアルな文章で、パンデミックとは何かということが、自分に伝わってきました。

そして、もう一つが「故事FM」です。武漢の市民から生の声を集めていました。国営メディアが報じない医療現場で働く医者であったり、実際に感染した人の話であったりします。私にとってとても衝撃だったのが、コロナによって医療崩壊が起きてしまい、重病患者やがん患者が病院へ行けなくなったという二次被害の事実です。コロナに感染して亡くなったのではなく、もともと病院に行けていた人が、行けなくなることで命を落としたという話も、このネットラジオから聞き、非常にリアリティを感じました。ロケに行けない状況のなかで、こういった日記の文字と「故事FM」の声から番組を構成できないかと、NHKに提案しました。

ドキュメンタリーの力

制作が決まったものの、取材先と面会できないことに強いむなしさも感じました。相手の顔を見ながら話すことはできないし、何より信頼関係を作ることが非常に難しい。中国では、発信活動の自由が制限されていますので、政府批判をしたり、ネガティブなことを発信してしまうと、当局にマークされてしまいます。この日記の著者とネットラジオの担当者が、外国のメディアの取材を受けることのリスクは、私もよくわかっていました。本来なら、実際にお会いして信頼関係を作ることができるのですが、今回は直接会えず、手紙や電話、ビデオチャットなどを利用して、何とか取材許可をいただき、Ｚｏｏｍでの取材にこぎつけました。

正直に言うと、この番組を作る前までは、それほど反響があるとは思っていませんでした。これといった映像もなく、どちらかというと文字と音で構成したような番組なので、「これで視聴者に伝わるのか」

と非常に心配しました。しかし、番組の放映後、『武漢封城日記』の日本語版『武漢封城日記』（郭晶著、稲畑耕一郎訳、潮出版、二〇二〇年）が刊行されました。私の制作したドキュメンタリーが、『武漢封城日記』という本の存在を出版社に知っていただくきっかけになったので、この本を書店で発見したとき、私はとても嬉しく思いました。

番組放送後に、視聴者からたくさんの手紙をいただきました。なかでも、「悲しみや苦しみ、喜びなど、人間の情緒に触れる部分は、ドキュメンタリーでないと伝わらない」という感想は、私の心の励みとなりました。

二　なぜドキュメンタリー制作を目指したのか

早稲田大学への留学

私は、一九八九年に中国で生まれ、早稲田大学大学院政治学研究科ジャーナリズムコースで学びました。まず、なぜ私が早稲田大学に行こうと思ったのかについて、お話ししたいと思います。

私は中国伝媒大学日本語学科を卒業しています。その三年のときに、交換留学生として初めて来日しました。そのとき日本で暮らしてみて、日本に対するイメージが大きく変わりました。私のなかで形成されてきた日本のイメージは、中国のメディアによって大きく影響されていたことに気付き、メディアの恐ろしさを痛感しました。そこで、メディアのことを真剣に学びたいと思い、早稲田大学のジャーナリズムコースを志望したわけです。

ジャーナリズムコースに入学してから、もちろん学術的なこともたくさん学びましたが、自分にとって大事だったのが、実地研修でした。現場に行き、そこでいろいろな人と出会い、彼ら／彼女らからさまざまな話を聞いたことが、自分のなかで大きな経験となりました。今も教鞭をとっておられる野中章弘先生が私の恩師で、海外では中国や韓国、国内では大阪・西成区や沖縄など、さまざまなところに連れていっていただきました。そして、「自分は中国人であるにもかかわらず、中国のことは何も知らなかった」ということに気付きました。

ジャーナリズムコースで学んだこと

野中先生は、私たちを中国のとある学校に連れていってくださいました。中国には現在、農村から都会に出て建築の現場などで働いている出稼ぎ労働者が三億人ぐらいいますが、その学校は、この出稼ぎ労働者の子どもたちが通う学校でした。私はそれまで、こうした学校の存在や都市部と農村部の教育格差というものも知りませんでした。自分が中国出身なのに、祖国の一面を何も知らなかったことをとても恥じました。そしてそのときから、「祖国中国のことを知って、それを伝えていきたい」と思うようになりました。

野中先生と一緒にいろいろな人に取材しました。そこで「他人の痛みを自分の痛みのように感じることはできない。しかし、他人の痛みを理解しようという努力は絶対にやめてはいけない」という取材姿勢を私に教えてくださいました。その言葉はいつも私の頭のなかにあり、番組制作をするうえでの私のベースとなっています。

三　これまでの作品について

私は二〇一四年に、早稲田大学大学院政治学研究科ジャーナリズムコースを修了後、テレビ番組の企画・制作会社であるテムジンに入社し、数多くの番組を作ってきました。私はディレクターの仕事を始めて七年になり、その多くはＮＨＫの番組です。私が制作した作品を五つ紹介したいと思います。

『攻防 市民vs汚染企業～中国・新たに始まった環境裁判～』（二〇一六年）

当時、北京のＰＭ２・５がひどくなり環境汚染が深刻化し、健康被害が拡大していました。本番組は、中国における環境改善の取り組みを行っている環境保護団体を追ったものです。中国では、二〇一五年に環境裁判制度が導入され、環境保護活動に五年以上取り組むＮＧＯが、汚染行為をする企業を訴えることが可能となりました。それを契機に、環境ＮＧＯが企業を訴える訴訟が相次いで始まっています。しかしそこには、企業と行政の癒着など、多くの壁が立ちはだかっているのが現状です。本番組では、市民と企業の攻防に密着しました。

『激動の家族史を記録する　中国・新たな歴史教育の現場』（二〇一七年）

この番組は、中国における歴史教育の現状を追ったドキュメンタリーです。今、中国の教育現場では、静かな革命が起きつつあります。全国各地の中高生が参加する「青少年歴史記録大会」。これは子どもたちが、文化大革命や改革開放などについて、それを経験してきた両親や祖父母に聞き取りを行い、作文にまとめるという取り組みです。これまで多くを語ることをタブー視されてきた中国現代史ですが、そうした状況に違和感を持つ先生たちが、「本当の近代史を子どもたちに知ってもらう必要がある」と考え、「青少年歴史記録大会」という取り組みを開始したわけです。番組では、大会に参加した広州の中学生たちの活動に密着しました。私自身も、いわゆる「愛国教育」を受けて育ってきたので、大きな問題意識を持って番組を制作しました。

『新日本風土記　横浜中華街』（二〇一八年）

これは少しテイストが違うもので、横浜の中華街を描いた番組です。日本最大のチャイナタウン、横浜中華街は華僑によって支えられてきました。彼らは中国から渡ってきて、異邦人として苦難の時代を切り開いてきたのです。横浜中華街は日本でも屈指の観光スポットであり、そこで生きている人たちがどのような背景を持ち、どのような人生を歩んできたかを伝える番組です。

『黒人中国夢　ブラックチャイナドリーム』（二〇二〇年）

二〇二〇年にコロナが流行したとき、横浜中華街にはたくさん嫌がらせのメールや手紙が届きました。「もう出ていけ」「お前らがウイルスを持ってきた」などの流言飛語や風評被害を受けました。実は、それとまったく同じ構図が中国の広州でもありました。中国の広州には、アフリカから来た人が多く住んでいます。その人々に対して、広州の人々が「お前らがウイルスを持ってきたんだ」と嫌がらせをしたのです。

この番組では、パンデミック下のこのような民族間の摩擦を追いながら、その状況下でそれぞれの人々がどのような思いで生きてきたのかをレポートしました。具体的には、ナイジェリアから成功を夢見てやってきた貿易商や留学生、あるいは母国の娘を呼び寄せて中国に永住したいと望んでいるジンバブエ人など、チャイナドリームを追い続ける人々の姿を取り上げました。

『出櫃（カミングアウト）――中国 LGBTの叫び』（二〇二一年）
最後は、NHKで放送したあとに、再編集して映画化したものです。中国には、七〇〇〇万人と推定される性的マイノリティの人々が存在します。この作品は、自分のありのままを受け入れてもらいたいと考え、親と向き合う中国のゲイとレズビアンの若者に密着したドキュメンタリーです。実際には、それぞれ親にカミングアウトするプロセスを描きました。

四　制作上の留意点

私はこうした作品を制作する際に、どのようなことに留意して取り組んできたのかをお話しします。
多くの日本人は、おそらく、中国に対していいイメージを持っていないと思われます。今の中国の政治状況を考えた場合、そういったイメージを持たれてしまうのは当然のことだと思います。しかし私としては、いつも次の三点、すなわち、①「問題提起」だけで終わらない、②「ウケ」を狙わない、③複雑なことは単純化しない、について留意しながら番組を作っています。この三点についてご説明したいと思います。

「問題提起」だけで終わらない

最初の「『問題提起』だけで終わらない」ですが、先ほどご紹介した『攻防 市民vs汚染企業——中国・新たに始まった環境裁判』を例にしてご説明します。当時、PM2・5の問題が、日本で大きく報じられていましたが、その多くは、「こんなにも汚染企業がたくさんある」「中国の環境対策はひどい」というものでした。ニュースであればそれでもいいのですが、私としては、こうした問題と直面し、実際に少しでも改善していきたいと思っている人々の姿を皆さんに知っていただきたいと思いました。つまり、「環境汚染がある」という問題提起だけではなく、そうした問題を乗り越えようと奮闘している人々の姿に、私はたいへん魅かれますし、その部分をドキュメンタリーとしてフォーカスしていきたいと考えました。

ただ、中国のメディアがこうした問題を取り上げ、環境NGOや環境裁判に取り組む弁護士などに焦点を当てることはなかなか難しいので、彼らができないようなことを、私が外国メディアとしてアプローチできたらと思っています。

「ウケ」を狙わない

二つ目の「ウケというのを狙いたくない」とはどういうことか。「ウケ」というのは、テレビの、それも民放で特に使われている言葉です。テレビ文化のなかでは、番組の評価は往々にしてその視聴率で判断されてしまう傾向があります。したがって多くのテレビ制作者の場合、「キャッチーであること」「ウケがよさそうなもの」を狙って作っている人が多いと思われます。特にワイドショーなどは、テロップを大きく出して、それで視聴率を伸ばすというのはよく聞く話です。

ただ私としては、「ウケ」ばかり狙っていると、煽ってしまったり、感情的な部分ばかりが前面に出てしまうような気がしてなりません。したがって、「ウケがいい」というのは、テレビが目指すべき本来の姿ではないと考えています。

複雑なことは単純化しない

私が番組制作上留意している三点のなかで、この「複雑なことは単純化しない」というのは、一番難しいことだと思います。特にNHKの場合、よく「中学生でもわかるような番組にしてください」と言われます。これは、「なるべくわかりやすく、シンプルで簡単なストーリーにしたほうが、多くの人に見てもらえるだろう」ということを前提にした発言です。ただ、世の中はそんなに単純ではありません。

たとえば、先ほどご紹介した『出櫃（カミングアウト）――中国 LGBTの叫び』ですが、どうしても「自分らしく生きたい若い世代と、その邪魔をする親」という構図になりがちです。年齢が近いこともあり、私も若い世代に共感し、彼らを応援したいという気持ちでこの番組を作り始めました。ただ親のほうも、子どものことを思っているからこそ、反対したり、きつい言葉を投げてしまうわけなのです。しかし、その複雑な構造を、番組のなかで展開するのは非常に難しいことです。

活字のメディアでは、文字で説明することができるので、複雑な構造を展開するのが比較的容易だと言えますが、番組となると、四〇～五〇分の尺のなかでやるのはとても難しい。一方で私は、単純化してしまうことのリスクを非常に危惧しているので、そうした安易な作り方はしたくないと常々思っています。

五　中国をテーマにすることの難しさ

ポジティブなテーマは出しづらい？

次に中国に関することを、テーマとして取り上げることの難しさについてお話したいと思います。

私は、ＮＨＫで中国を取り上げることの難しさが日に日に強くなっていると実感しています。以前は、中国の歴史や文化、あるいは自然などを取り上げた番組が数多くありましたが、最近では、そうしたポジティブな中国を取り上げる企画が通りづらくなっています。その半面で、中国のネガティブな側面をテーマにした企画は通りやすくなっています。

そもそも、なぜＮＨＫでネガティブな中国をテーマにした企画しか通らなくなっているのか。それはやはり、対中感情がどんどん悪化しているからだと思います。そうした社会情勢に引きずられて、メディアもネガティブなほうに寄っていってしまうわけです。

これは、中国メディアにおける日本の報道についても、まったく同じ構図があると言えます。したがって私としては、たとえネガティブなテーマであったとしても、その問題提起だけでは終わらせずに、暗闇のなかで必死に光を見付けようと歩んでいる人たちの姿を撮りたいのです。そして、それがポジティブなのかネガティブなのかについては、視聴者の方々に判断していただけたらと思っています。

取材先との交渉がなぜ困難なのか

取材先との交渉の難しさという問題もあります。先ほどご紹介した、環境裁判に取り組む環境ＮＧＯの方々や、新たな歴史教育を行っている教員の方々は、とても大きなリスクを背負ったうえで取材を受けていただいているわけです。信頼関係の構築や交渉の難しさというのは非常に際立ちます。たとえば、『激動の家族史を記録する　中国・新たな歴史教育の現場』における「青少年歴史記録大会」というのは、要は教科書に載っていること以外の歴史を学校で教えるということです。中国の教科書には、文化大革命など負の歴史に関することがあまり詳しく書かれていません。番組に登場する教員の方々は、そうした「負の歴史」を子どもが知らないまま育ってしまうことに危機感を覚えて動き出した人たちなのです。ただ、このような教員の方々は、なかなか取材を受けてくれませんでした。

実は、最初に取材を予定していた教員は、番組に登場する人とは違う方でした。私はカメラマンと一緒に中国に渡り、「これからロケをするぞ」というときに、その教員の方から連絡が入り、「すみません。いろいろ考えてやはり取材はお断りします」と告げられ、取材が暗礁に乗り上げてしまいました。こうしたことは、中国ではたびたびあることなのですが、まだ駆け出しだった私はたいへん驚いて、絶望的な気持ちになってしまいました。

それでもう一回、ゼロから取材者を探し出して、何とか番組に登場してくださった教員の方にたどり着きました。この方も、相当のリスクを背負って取材を受けてくれたと思いますし、本当に彼らの勇気には頭が上がりません。私もその分、日本で取り上げることの責任感というものを非常に重く受け止めています。

六　人々の営みを見つめて

偏見を乗り越えて人間としての共通部分を探る

最後に、「国が違っても人間として共通する部分がある」ということについて、お話します。ただ、これはなかなか難しいことです。どうしても日本の視聴者は、中国人というだけで、なかなか自分と同じ人間であると認識してくれません。「その壁をどうしたら越えられるんだろう」と、毎回悩んでいます。

先にご紹介したＬＧＢＴを取り上げたドキュメンタリーでは、本当は日本でも同じような状況があるはずなのに、「中国だからやばい」とバイアスを持って見られてしまいます。私としては、中国におけるテーマを取り上げてはいるものの、「日本でも同じことがあるのではないか」ということに留意しながら番組を制作していますし、視聴者にもそのように訴えていきたいと思っています。

たとえば、先ほどの歴史教育の問題についても、実は日本でも同じことが起こっています。教科書のなかには、日中戦争に関することは、あまり詳しくは書かれていません。実際に番組放映後に、視聴者から届いた感想文にも、「教科書以外の歴史を教えることは日本でも大事なことではないか」という意見を伝えてくださった方もいらっしゃいました。人間の深いところの共通性や、日本と中国における共通性などを、ドキュメンタリーで伝えていければと考えています。そして、それこそが、ニュースにはない、ドキュメンタリーの独自の強みになるはずです。

私は、二〇〇八年に放映された『ＮＨＫスペシャル　激流中国』というシリーズ番組を見たことがきっかけで、ドキュメンタリーの制作を目指すようになりました。そしてこのシリーズの『チベット　聖地に富を求めて』を見たときに、そこに登場するチベットの青年に対して、「自分とはまったく関係のない人間だ」と、心のどこかで思っていました。ただ番組では、このチベットの青年のがんばりや葛藤がとても生き生きと表現されていて、私は知らないながらも、チベット人という人たちに対して初めて関心を持ちました。

往々にして私たちは、ステレオタイプな像に押し込んで人間を判断しがちです。しかし、そうした判断が実は違うのだということを、人間の喜怒哀楽を映し出すドキュメンタリーという手法を使って視聴者に伝え、「日本人にも中国人にも共通したものがある」ということを読み取っていただければと思います。

「中国共産党建党百周年」報道と深圳のホームレス問題

本日、二〇二一年七月一日は中国共産党の建党百周年という日で、さまざまなメディアで中国の建党百周年記念式典の様子を報じています。

私が今日この授業に来る前に何をしていたのかというと、深圳のホームレス問題を取り上げる番組の編集作業を行っていました。深圳には今、三万人ものホームレスがいます。なぜ彼らがホームレスになってしまったのか。そして、そうしたホームレスへの支援活動を行っている人たちの人生についても、番組ではフォーカスしています。

日本と中国メディアの多くは、大々的に中国共産党の結党百周年のニュースを報じています。しかし私は、こうした国家的行事を報じるよりは、ドキュメンタリーを通じて、一四億人の中国人一人ひとりの生活や人生に焦点を当て、その姿を視聴者に伝えていきたいと思っています。どちらが正解というわけではないのですが、私としては、今後も、庶民の思いに寄り添っていきたいのです。

最後に、私の個人的な話をしたいと思います。祖父は現在九二歳で、共産党に入党してから七〇年ぐらいが経ちました。その間に祖父は勲章を授与され、たいへん喜んだそうです。祖父は、文化大革命の際には非常に苦しい思いをさせられたにもかかわらず、共産党や国家に対する感謝の気持ちはずっと持ち続けています。私と祖父との価値観には若干のずれはあると思います。ただ、共産党そのものを見た場合と、共産党員の一人ひとりを見た場合とでは、その世界が全然違うものに見えてくることを改めて強く思いました。

私の話で、少しでも、ドキュメンタリーを作ることの面白さや難しさを感じていただけたら幸いです。

❖講義を終えて　丁寧で誠実なドキュメンタリーを目指して

講義はオンラインだったため、画面越しで学生の皆さんの反応がわからず「つまらなかったかな」「どこまで伝わったかな」と不安でしたが、皆さんの感想文を拝読して、皆さんがとても真剣に受け止めてくださっていたことに深く感心しました。

授業で特に伝えたかったのは、多くのテレビ番組は「ウケ」を重視し、複雑なことを単純化して、キャッチーな表現で伝えているうちに、本質的なことが埋もれてしまっている、という点でした。皆さんがその点についてきちんと反応してくださったのが特に嬉しかったです。もし皆さんが将来番組を作る立場になったら、その点について意識や反省できるかどうかによってだいぶ違う作品になると思います。ただ、一つ強調しておきたいのは、複雑なことを複雑に、深く、面白く伝えるのにはとても丁寧な取材が必要で簡単にできることでは決してありません。

そして、皆さんの感想文から一つ発見がありました。中国人留学生が多く在籍する早稲田大学の学生でさえ、「今まで人間単位で中国を見ることはなかった」や「中国と聞くといいイメージが湧かない」などと思ってしまっているという事実です。それは皆さんのせいでは決してありませんが、メディアの影響はどれほど恐ろしいものかと気付かされるばかりです。メディアが伝える「中国像」に知らず知らずのうちに縛られ、「人間」を見ようともしなくなっているのではと感じました。

今回の授業で少しでもドキュメンタリーに興味を持っていただけたらとても嬉しいです。

以下、授業後にいただいたご質問をいくつかピックアップして、お答えしたいと思います。

Q：中国に興味がある人しかドキュメンタリーを見ないと思う。無関心な人にどう届けるかを考えたい。

A：とても鋭いご指摘に感謝です。中国のことだけでなく、あらゆる社会問題を扱うドキュメンタリーに共通して言えることだと思います。ネットの発達によって「見たい情報しか見ない」が日常化し、見たくもない、興味がない世界に触れるチャンスがどんどん少なくなる一方だと思います。私にできるのは、たまたまテレビをつけた人が、「お？　なんか面白そう」と思ってもらえるような番組を作ることです。あと、ＳＮＳなども発信するようにしています。

Q：中国の実情を伝えることで中国の体制を変えたい思いはあるか。

A：体制を変えたいと思っていません。ジャーナリズムには体制を変えられるほどの力はないと個人的に思っています。ドキュメンタリーの役割は、声なき声を伝えることで、「これでいいのか」と考える材料を与えることに過ぎないと思っています。中国に限った話で言うと、授業でも触れましたが、中国を少しでも良い国にしていくために奮闘する人々の姿を伝えたい、という思いが一番強いです。

Q：祖母が「これだから中国人は～」と言ってるのが悲しくなった。家族の嫌中感情に対してどうしたらいいか。

A：家族だとなおさら本音の議論が難しいですね。「悲しくなったよ」と素直におばあさんに伝えてみてはどうでしょうか。悲しくなった理由をちゃんと語ることでおばあさんも理解してくれるのではと思います。あと、たとえば、中国のメディアで日本のネトウヨを取り上げていて、中国人の視聴者が「これだから日本人は～」と言ったら日本人として悲しくなりませんか、など想像してみてもいいかなと思います。

取材は愛
――報道の自由、取材される人への思い

記者 相澤冬樹

私は一九八七年にＮＨＫに記者として入局し、三一年間、報道の現場で仕事をしてきました。その後、大阪日日新聞を経て、今も記者を続けています。今回は、森友事件をはじめとした取材経験をもとに、報道の現場にいる人間、特に、記者がどのようなことを考えて仕事をしているのかお伝えしたいと思います。

一 森友文書改竄事件

事件の概要

森友事件の発端は、森友学園に国有地を約八億円も値引きして売ったことでした。土地評価額九億五六〇〇万円の土地を八億円値引きしたのですから、ただ同然です。当然、なぜこのような大幅な値引きがな

されたのか、問題になりました。

森友学園がその土地に建てようとしていた小学校の名誉校長に、安倍晋三首相（当時）の妻である安倍昭恵さんが就任していました。これが問題になりました。首相の妻が名誉校長をしているから、学園に忖度して安値で土地を売ったのではないか、と疑いが持たれたのです。これが国会で追及されました。二〇一七年二月一七日の衆議院予算委員会での答弁で安倍首相は、「私や妻がこの取引に関与していたら、私は首相も国会議員も辞める」と言い切りました。答弁が「私が関与していたら辞める」であれば、これほど問題になることもなかったでしょう。なぜ、妻は関与していないと、この段階で断言できたのか。

実は、国有地の取引を巡る公文書のなかに、「安倍昭恵」の名前が何度も出てきているのです。安倍首相が国会で答弁したあと、財務省で確認したところ昭恵さんの名前がたくさん出ている。これはまずい、ないことにしてしまおうと、改竄が始まりました。公文書にある安倍昭恵さんの名前が全部消されました。最初からなかったことになったのです。

実際にこの改竄をさせられたのが、財務省近畿財務局にいた赤木俊夫さんです。赤木さんは「このようなことをすべきではない」と反対しましたが、結局上司にやらされ、「私は犯罪者だ」と悩み、「自分一人のせいにされそうだ、職場から見放された」と苦しんで、自ら命を絶ちました。それが二〇一八年三月七日のことです。

赤木さんの自殺と残された手記

この手書きの文章は、赤木さんが命を絶つ直前に手書きで書き残したメモです。「最後は下部がしっぽを切られる。なんて世の中だ」とあります。自分は反対したのに上司に言われ、無理やりやらされた、最後は自分のせいにされると嘆きながら、命を絶ったことがわかります。

メモには具体的な情報はほとんど入っていませんが、赤木俊夫さんはこのメモ以外に、公文書改竄の実態を告発する手記をパソコンに残していました。

写真1　赤木俊夫さんが書き残したメモ

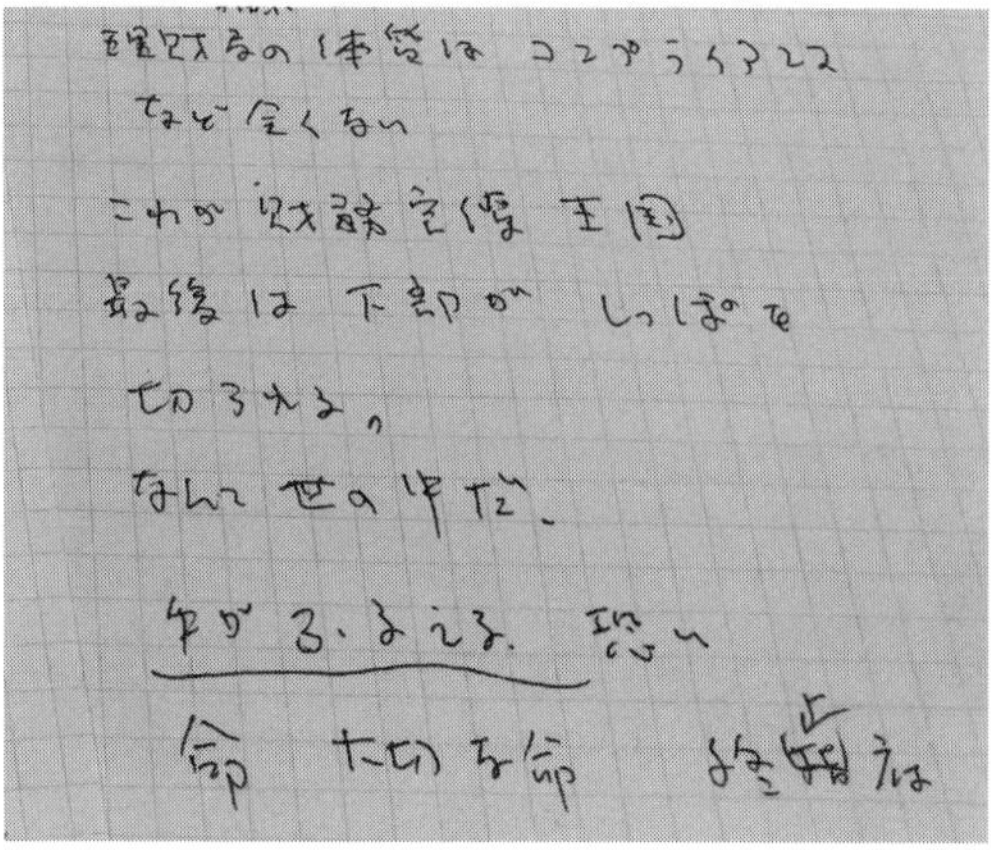

手記はA4サイズで七枚あります。誰がどう言ったということも含めて、改竄がどのように行われたか書かれています。手記のなかで赤木さんは、「本当は、自分でこれを明らかにしなければならない。公的な場所でしっかり説明しなければならない。しかし、うつ病が重くなって説明することができない。だから、この方法をとるしかなかった」という趣旨を書いています。また、「55才の春を迎えることができない儚さと怖さ」という一文もあります。赤木俊夫さんは三月二八日に五五歳になるはずでしたが、三月七日に亡くなっています。五五の春を迎えることはできなかったのです。

手記には「元は、すべて、佐川理財局長の指示です」とありました。財務省の佐川宣寿（のぶひさ）理財局長のことです。本省の指示で現場の私がやらされた、と告発しているのです。

赤木さんは、世の人たちにこのことを知ってほしかった。ところが、財務省としてはこの手記を公にされては困るから、赤木さんが亡くなった翌日、赤木さんの上司が妻の雅子さんのところにやってきて、「遺書がありますか」「絶対マスコミには出さないように」「マスコミに出すと大変なことになります」と、口止めして帰っていくわけです。これを聞いた雅子さんは、「夫はこの手記を公にしてほしいと思って書いたに違いない。でも、職場の人はマスコミに出さないでと言っている。出したらどのようなことになるかわからない。怖い」と、とりあえず手記は出さないことに決めました。

のちに雅子さんは事件のあった部屋で私の取材に応じ、俊夫さんが亡くなった時の様子を詳しく話してくれました。雅子さんはそんなつらい出来事があった場所に、今も一人で暮らしているのです。

妻・雅子さんの決断

ＮＨＫを退職して三カ月経ったころ、突然、雅子さんからメールが届きました。「ちょっとお会いしてお話ししたいことがある」という内容でした。それまで雅子さんは、マスコミの取材に応じていませんでした。私も会ったこともないし、取材しようとアプローチしたこともありませんでした。そういうなかで連絡があったことは非常に驚きでした。あとでご本人に聞いたところ、ＮＨＫを辞めるいきさつをネットの記事で見て、「ここにも森友のことで被害を受けた人がいる」と、俊夫さんに重ね合わせたそうです。それで俊夫さんの残した手記を私に託して、自分は死んでしまおうと考えていたそうです。もちろん私にはそういういきさつはわかりませんが、とにかくすぐに会わなくては、と思い、その日のうちに会いに行きました。

初対面で突っ込んだ話はできないと思っていましたが、お会いするといきなり雅子さんから「これ、見たいですよね」と、バッグのなかからＡ４判の紙を七枚取り出されました。それが、先ほど言った俊夫さんの手記でした。

「やっぱりこんなものがあったんだ」と驚きました。われわれ報道機関の人間の間では、俊夫さんが遺書のようなものを残して亡くなったらしい、という話はありました。その遺書のなかで改竄について何か書かれているらしい、という話もありました。しかし実際には誰も見ていないし、どういうことが書かれているのか、誰も知りませんでした。そのような状況のなかで現物を見せていただいたわけなので、大変興奮しました。

七枚の書面を見て、雅子さんに「コピーを取っていいですか」と尋ねたところ、「だめです」と言われました。「メモを取っていいですか」という要望にも、「だめです。見て覚えてください」と。でも、見るだけでは覚えられませんよね。そこで、ある程度重要なところを読み上げました。実は念のため、記録用に録音をとっていたのです。そこに録音されるように、わざと読み上げました。

別れ際に雅子さんは、「このことは記事にしないでください。裏切られたら私は死にます」とおっしゃいました。私は「これは本気だな」と思いましたので、雅子さんから了解が得られるまで待つしかないと思いました。

これも後ほどご本人に聞いたところ、雅子さんは当初は私に手記を託すつもりでしたが、私が手記を読み上げた姿に不審を抱き、託すのをやめたそうです。その帰りの電車のなかで、「あれはきっと録音していたに違いない」と気付きました。だから「記事にされるかもしれない」と思ったそうですが、実際には私はそのとき記事にはしませんでした。

　それから一年四カ月の間、私は赤木雅子さんと何かしていたかというと、何もしていません。手記を公にしたほうがいいという説得や、お願いめいたこともしていません。むしろ、こちらから連絡しないように遠慮していました。雅子さんから、相談や悩みがあると連絡があったときに、話をしに行っていました。「夫の上司が弔問に来て話した内容を聞いてくれませんか」と言われて聞きに行ったこともありました。聞き終えて、「夫の上司は別に悪くないということ、わかりますよね」と言われて、「いや、私が聞いたら結局、悪いことをしていますよ」と、雅子さんの考えと合わないやりとりもありました。「どうして相澤さんはそんなにわからずやなんですか」と言われて一時疎遠になったこともありましたが、本音の会話を重ねるなかで徐々に率直な思いが聞けるようになったと思います。ある日、雅子さんから「弁護士に会いに行くたびに泣いて帰るんですよ」と聞かされたことがありました。私が紹介したほかの弁護士に会った雅子さんは、その弁護士に「あんた、一人でつらかったやろうなあ」と言ってもらったことに感激してその日のうちに弁護士を代えると決断。こうして提訴、そして手記公開へと事態が進むことは確実になりました。

　この段階で、私は初めて手記の記事化を考え始めました。裁判になれば手記は当然証拠として提出される。その前に以前から関係のある週刊文春で記事にしたかったのですが、雅子さんは俊夫さんの死後の報道で、文春を嫌っていることも知っていました。そこで私は雅子さんに「新聞やテレビで出すのもいいですけど、週刊誌もいいですよ。電車の中吊り広告でみんなが見てくれますから」と遠回しに切り出しました。すると勘のいい雅子さんはすぐに「週刊文春のことでしょ」と気付きました。そのときの顔が笑顔だったので、私は「これは大丈夫だ」と感じました。こうして雅子さんと私の間で「手記の記事はまず週刊文春に載せる」という合意のようなものができあがったのです。自分から言い出さず、あくまで相手がその気になってもらうまで待つ、そういう姿勢でした。

手記の公表

この手記は、二〇二〇年三月一八日発売の週刊文春に掲載され、公のものになりました。グラビアに「魂の叫び」として、俊夫さんの手書きのメモを載せています。そして、トップ記事として手記が掲載されています。手記は瞬く間に評判を呼び、発売翌日、出版元の文藝春秋が完売のニュースリリースを出しました。週刊誌がなかなか売れないなか、五三万部売れました。それだけ皆さんがこの記事に関心を持って読んでくれたということです。文春が完売したのは三年ぶりのことだそうです。

赤木さんの手記が公表されたあと何が起きたか、少しお話しましょう。

一つは、財務省の秘書課長だった伊藤さんという方がいます。この改竄の内部調査をし、報告書をまとめた方ですが、その内部調査の報告に雅子さんが納得いかないということで、私が伊藤さんに会いに行き、取材をしました。伊藤さんが雅子さんに説明した際、改竄は安倍総理のあのときの答弁（本書一九四頁参照。詳しくは赤木雅子・相澤冬樹『私は真実が知りたい――夫が遺書で告発「森友」改ざんはなぜ?』文藝春秋、二〇二〇年、一八二頁参照）がきっかけになったと認めている部分があるのです。改竄に関わった誰かがそのように話したはずです。こうしたことは財務省の調査報告書では明確になっていませんでした。

ある夜、伊藤さんが自宅の最寄り駅から歩いて帰るところで声をかけました。このように面識のない相手に、アポなしでいきなり話を聞こうとすることを「直撃取材」と言います。アポを取ろうとしても応じないだろう相手、質問にまともに答えないだろうと思われる相手に対して、それでもぜひ話をしたい場合に取る手法です。

途中立ち止まって、激しいやりとりになりました。このとき、非常に険悪な雰囲気になり、伊藤さんが「警察を呼ぶ」と言い出しました。私は「警察を呼ぶんですか。いいですよ。どうぞ、どうぞ」と言いましたが、結局呼ばずに、伊藤さんは家に帰っていったということがありました。夜の零時すぎのことです。

翌朝、伊藤さんが出勤のため自宅を出たところを、また待ち構えました。前日の険悪な雰囲気で終わったままにしないほうがいいと思い、もう一度会いに行ったのです。駅の階段を一緒に上がり、一緒に電車に乗って、話をしました。これは取材というより関係修復のためのもので、和やかなやり取りに終始しました。

このように直撃取材して聞いた話を生かして、「安部答弁と改竄は関係あり、財務省幹部音声入手」という見出しで、再び週刊誌の記事にしました。

二　記者の仕事

記者の仕事

記者の仕事は、人の不幸を取材することがよくあります。私も事件・事故・災害のたびに、被害者やご遺族を取材してきました。

たとえば、一九九五年の阪神・淡路大震災です。私はそのときちょうど神戸にいましたので、壊滅した神戸の街のなかで取材したことをよく覚えています。

二〇〇四年、奈良女児誘拐殺害事件という出来事がありました。奈良市で小学一年生の女の子が誘拐され、その日の深夜に遺体となって道路の側溝で発見されたという事件です。被害者の女の子は携帯電話を持っていたのですが、犯人が女の子の携帯電話を使って、その子のお母さんに、次は妹を狙うという犯行予告のメールを送り付けたのです。当然のことながら、ご遺族は大変ショックを受けましたし、地域社会に戦慄が走りました。犯行からひと月半経って犯人は逮捕されましたが、この事件でもご遺族の周辺を取材しました。

二〇〇五年にはＪＲ福知山線脱線事故がありました。福知山線で、快速電車がスピードを出しすぎてカーブを曲がり切れずに脱線したという事故でした。脱線した先にマンションがあり、そこに激突して車両がぺちゃんこになって、一〇七名の方が亡くなりました。終着駅には同志社大学がある路線だったので、たくさんの学生が犠牲になりました。

こういうことがあるたびに、いわゆるご遺族取材をするわけですが、嘆き悲しんでいる人に対して取材することに、どのような意味があるのかとよく批判されます。

私なりに思っていることは、記者の仕事は事実を伝えることです。亡くなった人にはその人の人生があり、周りには家族や友人がいて、亡くなった人がどのようなことを思っていたのか、どのような生き方をしていたのか、ということを伝えていかなければならないと思っています。亡くなった人を大切に思う気持ちがあるならば余計に、です。ただマイクを向けるだけではありません。ご遺族の方々と人間関係を作り、そのうえで本当の気持ちを聞く作業をします。

赤木さんの手記に関する取材についても、同じことが言えます。この事件は、妻の雅子さんにとって不幸以外の何ものでもありません。なぜ何の落ち度もない赤木さんご夫妻が不幸な目に遭わなければならなかったのか、なぜこのようなことになったのか、ということをしっかり伝えていかなければならない。そこに報道の意味があると思っています。

実名報道、匿名報道

実名報道、匿名報道の問題もあります。実名は不要という意見の方もいますが、私は実名主義です。しかし、最初からそうだったわけではありません。学生の頃は匿名でもいいのではないか、と思っていたこともあります。

ではなぜ、今は実名主義なのか。

そもそも名前のない人はいません。名前は、その人の象徴、その人そのものです。その人の尊厳を大事にするという考えであれば、その人が確かにそこにいた事実を表すものとしての「名前」だと思うわけです。

もちろん、一律実名というわけではありません。たとえば赤木雅子さんも、最初は仮名でした。ご本人としてはいきなり実名を出すことにためらいがあるということで、仮名にしました。途中から雅子さんが決断されて、実名になりました。このように、どうしても匿名でないと無理ということもあるので、何ごとも実名でなければならないと言うつもりはありません。しかし、実名を出そうとする理由は、先ほど言ったようなことだと私は考えています。

報道の自由とは、報道する側が好き勝手にやっていいということではありません。しかしそれを勘違いしている報道人がいるかもしれません。報道の自由というのは、あくまでも権力に対して、報道はひるむことなく事実を伝えることだと思うのです。

私は記者一年目の頃、警察の取材をしているときに、先輩から権力に都合の悪いことを調べ出せと言われました。不祥事のスクープを取って初めて一人前のサツ回りだと。警察にかぎりません。政治家でも役所でも国でも、とにかく権力というのは強い力を持っている一方で、見えないところで何か悪いことをしているかもしれない。それを見付け出すのが私たち記者の仕事だ、と教えられました。

マスコミ報道の使命を語るとき、「権力の監視」とよく言われますが、私は「監視する」という言葉は、上からものを言っているようであまり好きではないのです。権力を監視するのは本来国民一人ひとりであって、報道は国民が権力を監視できるように事実を伝える。つまり「事実をもって権力に対峙する」のが報道の使命で、権力にひるまずにきちんと報じることが大切です。それが本当の意味での「報道の自由」だと思っています。

NHKが、聖火リレーの中継でオリンピック批判の音声を消してしまったことがあります。オリンピック全体に腰がひけた報道には、間違いなくスポンサーの影響があると思うのですが、結局、権力に対して自由を自ら放棄して、その一方で、取材現場で被害者に対して好き勝手にふるまっているように見えるから、「報道の自由なんて、そんなものあるのか？　必要ない」という人が出てくるのだろうと思います。本来あるべき報道の自由が逆転してしまっていて、報道が市民から信頼されなくなる危険があります。

取材と恋愛

私は、取材は恋愛に似ていると思っています。取材は、相手が「よく来てくれました。これが資料です。どうぞ書いてください」というようなものではありません。相手が知られたくない、言いたくないことを聞き出して伝える作業です。ではなぜ、取材のとき、相手がそうした話をしてくれるのかというと、信頼関係を作ることができたからです。「この人だったら言ってもいいかな」「この人にやってほしい」、そういうふうに思ってもらえたからなのです。そういう関係を構築するということだと思います。

このように相手に好かれて信頼を得るところは、恋愛と似ていると思います。ポイントは、相手のことを第一に考えているかです。現実には、なかなか相手のことを第一には考えられないし、自分ファーストになりがちですが、自分のことも大事にして、相手のことも大事するという行動原理、ここが恋愛に非常に似ていると感じています。

ただ、愛の押し付けはよくありません。「私はあなたが好きだ、好きだ、好きだ！」とずっとつきまとったら、それはストーカーです。ストーカーではだめです。ストーカーを好きになる人はいません。取材も似ています。「私は知りたい」「私はこれが聞きたい」と押すのですが、それだけだと取材相手はどんどん引いていきます。記者がストーカーになってはいけません。ストーカーにならないためには、結局、相手のことを考えるということになります。私はあの人のことが好きです。あの人は私のことをどう思っているのだろう。たぶん好きじゃない。では、どうやったら好きになってくれるか。あの人は何が好きなんだろう、何に関心があるんだろう、どんなことだったら会話がはずむんだろう――。このように、相手のことを考え、調べ、相手の関心を引く言動をして、自分に関心を持ってもらおうとすることは、取材でも同じです。この人はどういう人で、何に関心があって、何が好きで、何が嫌いで、どういう話だったら食いつくのか。

たとえば、ある人のところに取材に行ったとします。「記者さん、何も言うことはないよ」と言われても、「いいんです、いいんです。そんな話聞きませんから」と、まったく別の話をします。前もって調べた、そのほうが関心を持っていそうな話題を振るのです。そうすると、相手は「ん？」と。その話だったら好きな話題だと、のってきます。そして会話が成立すると、人間は何となく心のハードルが下がります。そうするうちに、ふっと、こちらが知りたい話をしてくれるのです。

取材は楽しい

そのようなことで、取材は楽しいことなのです。人に好かれるために努力する仕事だからです。

しかし、またここで矛盾することを言います。私が初めてニュースデスクになったとき、一年生の若い記者が「そんなことをしたら、相手の人に嫌われます」と言ってきました。私は、「記者というのは嫌われ者の商売だ。嫌われることが怖くて仕事ができるか」と言いました。矛盾しているようですが、本質的には相手が知られたくない、聞かれたくないことを、調べよう、聞きに行こうとする仕事ですから、嫌がられるのは当たり前です。

しかし一方で、嫌われっぱなしでは何も聞けないですから、好かれる必要もあります。そのために、夜討ち朝駆けをします。夜討ち朝駆けは無駄、いらないと言われますが、そうでしょうか。確かに無駄なことも多かったと思いますが、無駄なことのなかにこそ真実がある、ということもあるのではないでしょうか。

私は、夜討ち朝駆けは記者のヒンズースクワットだと言っています。格闘家が身体を鍛えるためにヒンズースクワットをしますよね。一回や二回ではもちろん全然鍛えられない。しかし一〇〇回、一〇〇〇回とすると、徐々に鍛えられていきます。夜討ち朝駆けも、一回や二回まわっても何の成果もありません。一〇〇回まわっても成果がないかもしれません。しかし、一〇〇回、一〇〇〇回とまわると何かが見えてくるのです。

私は一〇〇〇回以上、さんざん夜討ち朝駆けをしましたが、間違いなく今の取材に生きています。なるほど努力は人を裏切らないなと、つくづく思います。あのときはこんなことは無駄じゃないかと感じたこともありましたが、今は無駄ではなかったと思っています。

❖講義を終えて　自分なりの「努力」がいつか実を結ぶ

記者の仕事は三K職場だとよく言われます。自分の時間がない、しんどい、何のためにそんな取材が必要なのかわからない。そんな声を聞きます。それももっともだと思います。マスコミ界は古い因習を引きずっていて、長時間勤務とパワハラ、男社会の独善が横行している部分があります。でも、こういう課題は少しずつですが変わりつつあります。私がこの世界に入った三〇年前に比べれば大きく変わっています。それに、記者の仕事には何にも代えがたい魅力があります。それは「ヒーロー」になれるということです。ヒーローと書きましたが男女同じです（ヒロインというと日本では意味合いが変わってきます）。

家入レオに『ヒーロー』という曲があって、かっこ悪くてヒーローとはとても言えないけどヒーローになりたいと歌っています。その点、記者もかっこ悪いことが多々ありますが、困っている人のためになるニュースや記事を出せたら、それはその人にとってのヒーローになれたことになります。そういう記事はきっと出せます。あるいは読者、視聴者にとってのヒーローにもなれるでしょう。人に喜んでもらえる仕事ができるって素敵なことです。

「それでも夜討ち朝駆けで自分の時間を犠牲にして努力しなきゃダメなんでしょ?」と思うかもしれませんが、そうではないんです。「常に自分を犠牲にしてでも努力せよ」と言いたいわけではありません。社会の姿も取材手法も世につれ変わっていきます。自分の生活を大切にしながら、真実に迫る方法はあるはずです。

でも、まったく努力なしで得られるものはありません。人と同じことをしていては人と同じ成果しか上げられないからです。自分に合った「努力」を皆さんそれぞれが見付けてください。そうすればきっと「努力は人を裏切らない」はずです。

【編者付記】

講義をもとに作成した原稿には、赤木俊夫さんの自死に関連する写真と、自死の様子を述べた記載がありました。しかし校閲作業の過程で、当該写真と文章が「自殺に関する責任ある報道」に関するWHO（世界保健機関）のガイドラインに抵触する可能性があることがわかりました。WHOのガイドラインは「自殺に用いた手段について明確に表現しないこと」「自殺が発生した現場や場所の詳細を伝えないこと」などを推奨しています。

そのガイドラインについては、既に筆者である相澤冬樹さんご自身は認識されており、赤木雅子さんとの共著『私は真実が知りたい』に、自死に関連する写真や記述を初めて掲載した経緯も伺いました。その際、相澤さんからは以下のお考えが示されました。「WHOガイドラインは自殺をセンセーショナルに伝える報道を意識したもので、一律禁止という趣旨ではないと考えています。実際、（共著への）あの写真掲載で自殺を誘発したとは聞いたことがありませんし、早稲田大学での講義後にも聞いたことがありません。今回の早稲田大学での講義にあたっては上記を踏まえて写真を紹介し、実際に講義で紹介した事実を踏まえて、本書にも掲載すべきと考えました」。

確かに、発生直後のメディアの報道と今回の出版物とでは性格が異なります。私どもの危惧は杞憂に終わるかも知れません。けれども、本書は大学出版部が刊行するものであり、授業の指定図書として多様な大学生が目を通す可能性があります。それを思えば、慎重な上にも慎重を期さざるを得ません。そこで、相澤さんと協議のうえ、教育的配慮に鑑みて当該写真を削除し、文章を修正させていただくこととしました。相澤さんにはその旨、ご理解いただき、ご協力いただいたことに心から感謝しています。

（瀬川至朗）

〈注〉ＷＨＯ『自殺対策を推進するために　メディア関係者に知ってもらいたい基礎知識　２０１７年最新版』ＵＲＬ：https://www.mhlw.go.jp/content/000526937.pdf

相談窓口などの支援情報サイト「まもろうよ、こころ」ＵＲＬ：https://www.mhlw.go.jp/mamorouyokokoro/

Ⅲ 文化に貢献する

資本主義と闘った男
——宇沢弘文と経済学の世界

ジャーナリスト
佐々木　実

一　新自由主義の隆盛と世界危機の到来

資本主義の見方

二〇一九年に『資本主義と闘った男——宇沢弘文と経済学の世界』（講談社）という本を出版しました。国際的に活躍した経済学者で、ノーベル経済学賞候補にも名が挙がった宇沢弘文（一九二八〜二〇一四年）の評伝です。アメリカの経済学界で大活躍していたにもかかわらず、不惑を迎える年に突然帰国し、その後、みずからも貢献した主流派経済学を批判、彼独自の経済理論を築いていきました。経済学の世界で彼ほど影響力を持った日本人はかつていませんでした。同時に、彼ほど謎の多い経済学者も珍しい。

私は晩年の宇沢が主宰していた研究会に参加して教えを受けましたが、評伝を著したのはもちろんそれだけが理由ではありません。今、格差の問題、貧困の問題、外国人労働者問題など、多くの問題の根源にグローバル化した資本主義があります。ジャーナリストを「虫の目」にたとえる言い方があります。「鳥の目」が全体を俯瞰的に見る視点だとすれば、「虫の目」は局地的に起きている出来事を捉えようとする視点。経済ジャーナリストも企業や官庁などに取材し、具体的な出来事を追いかけるのは得意です。けれども、資本主義の分析やそれが社会に及ぼす影響を俯瞰的に捉える視点は弱い。そこは経済学者、エコノミストの領域となっています。

ところが現在、ジャーナリストも「資本主義とは何か」という問題から目をそむけることができなくなりました。さまざまな問題を引き起こす原因となっているからです。宇沢弘文を取り上げた理由の一つもそこにありました。彼の生涯を追うことで、経済学の変遷を捉え、資本主義がどう解釈され、実際の政治や経済を動かしてきたのかを俯瞰できるのではないか。裏を返せば、経済学という学問において宇沢弘文がそれほどの影響力を持つ存在だったということです。

宇沢の話を始める前に、コロナ・パンデミックのなかで今、人々は資本主義をどう捉えているのか、「資本主義の見方」について確認しておきたい。ポイントは、経済思想の背後にはその思想を支える経済学の学派があるということです。

図1は『週刊東洋経済』(二〇二一年四月一〇日号)の「特集　マルクスvs.ケインズ」という経済思想の特集に掲載されたもので、現在の主要な経済思想が整理されています。右列の「新自由主義」は、一九八〇年代から少なくとも二〇〇八年のリーマンショックまで、世界を導く経済思想でした。一九八〇年代に

図1　3つの経済思想

	新マルクス主義（脱資本主義）	ケインズ主義（混合経済）	新自由主義（徹底した市場原理主義）
	ケインズ政策の限界もあり、格差や環境問題、コロナ禍を背景に**昨今急速に支持を獲得**	リーマンショック後に復権し、コロナ禍において**世界的に完全復活**を遂げた	1980年代から世界を席巻したが、**リーマンショックを受けて下火になり、最近は急速に後退**
特徴	際限なく利潤を追い求め、経済成長へと社会を駆り立てる**資本主義では環境問題や格差を解決できない**と考え、「**脱成長**」「**生産手段の市民的な共同管理**」を説く	資本主義の原理である**自由にある程度の制限を加えることで資本主義体制の存続を図る**。自由市場と政府介入の混合。新自由主義と同様、経済成長を目指す	アダム・スミスの「神の見えざる手」を極端に推し進め、自由市場は長期的には失業を生じさせず、経済的厚生を最大化させるとして、**国家の介入を全面的に否定**
経済政策	国家の力を借りながら、私的所有や国有とは異なる**生産手段の市民的な共同管理**を行う領域を拡大	**財政政策と金融政策を両輪**とし、政府は介入に積極的	**財政政策を否定**。政府がなすべきは金融政策のみとし、資本移動自由化などでのグローバル化を推進
格差や労働に対する姿勢	市民的所有を通じて、**エッセンシャルワークの重視、労働時間の短縮、画一的な分業の廃止**を説く	政府の介入により行われる、**完全雇用、社会保障、所得再分配**の政策に積極的	市場原理を歪めるため、**福祉や社会保障政策、税金（累進税制など）に批判的**
気候変動問題に対する姿勢	平等で持続可能な**脱成長型経済への移行による解決**を説く。資本主義の枠内で解決を目指す**ESGやSDGsに批判的**	政府による**規制やカーボンプライシング導入に積極的**。加えて景気テコ入れの財政政策として「**グリーンニューディール**」**を推進**	環境問題など市場の外側にある事象について、**市場は問題を解決できない**。他方、一般にこうした問題での**政府介入にも消極的**
経済学派	**晩期マルクス**	**ポストケインジアン、MMT**／**新古典派総合**／**ニューケインジアン**	**新しい古典派、シカゴ学派、公共選択学派**

（出所）『週刊東洋経済』2021年 4 月 10 日号。

アメリカとイギリスが新自由主義的な改革に舵を切った後、日本を含め他国も巻き込まれるように追随していきました。「市場原理に任せれば、非常に効率的な社会が出現して豊かになる」という新自由主義の考えは今なお根強い影響力を持っています。

ところで、新自由主義が主流となる以前はどうだったか。第二次世界大戦後、アメリカやイギリスで新自由主義が台頭するまでの間、世界を導いたのはケインズ主義でした。図1によると、「資本主義の原理である自由にある程度の制限を加えることで資本主義体制の存続を図る」という考え方です。「政府はできるだけ経済に介入しないほうがいい」とする新自由主義に対して、ケインズ主義は、「政府は経済が安定化するよう適切に介入すべき」と考える。ケインズ主義が世界に広く受け入れられるようになった背景には、世界恐慌とそれに続く第二次世界大戦がありました。

コロナ・パンデミックに襲われて以降、各国の政府は財政出動や金融緩和で経済危機に対処しており、事実上、ケインズ主義が復権しています。ただ、応急措置としての側面が強く、「ポスト・コロナ」を牽引する経済思想として生き残るかどうかはわかりません。グローバル化が進展する世界にかつてのケインズ主義がそのままの形でよみがえるとは考えにくく、「ポスト・コロナ」に向けて新たな経済思想が求められているのが現状と言えるでしょう。

格差問題を生んだ新自由主義

アメリカは世界に先駆けて新自由主義的な改革に取り組み、新自由主義を世界に普及させる役割を担いました。そのアメリカでは現在、社会の分断や格差の問題が叫ばれ、しばしばニュースでも報じられてい

図2　アメリカが高所得者に90%以上の税率を課していた時代

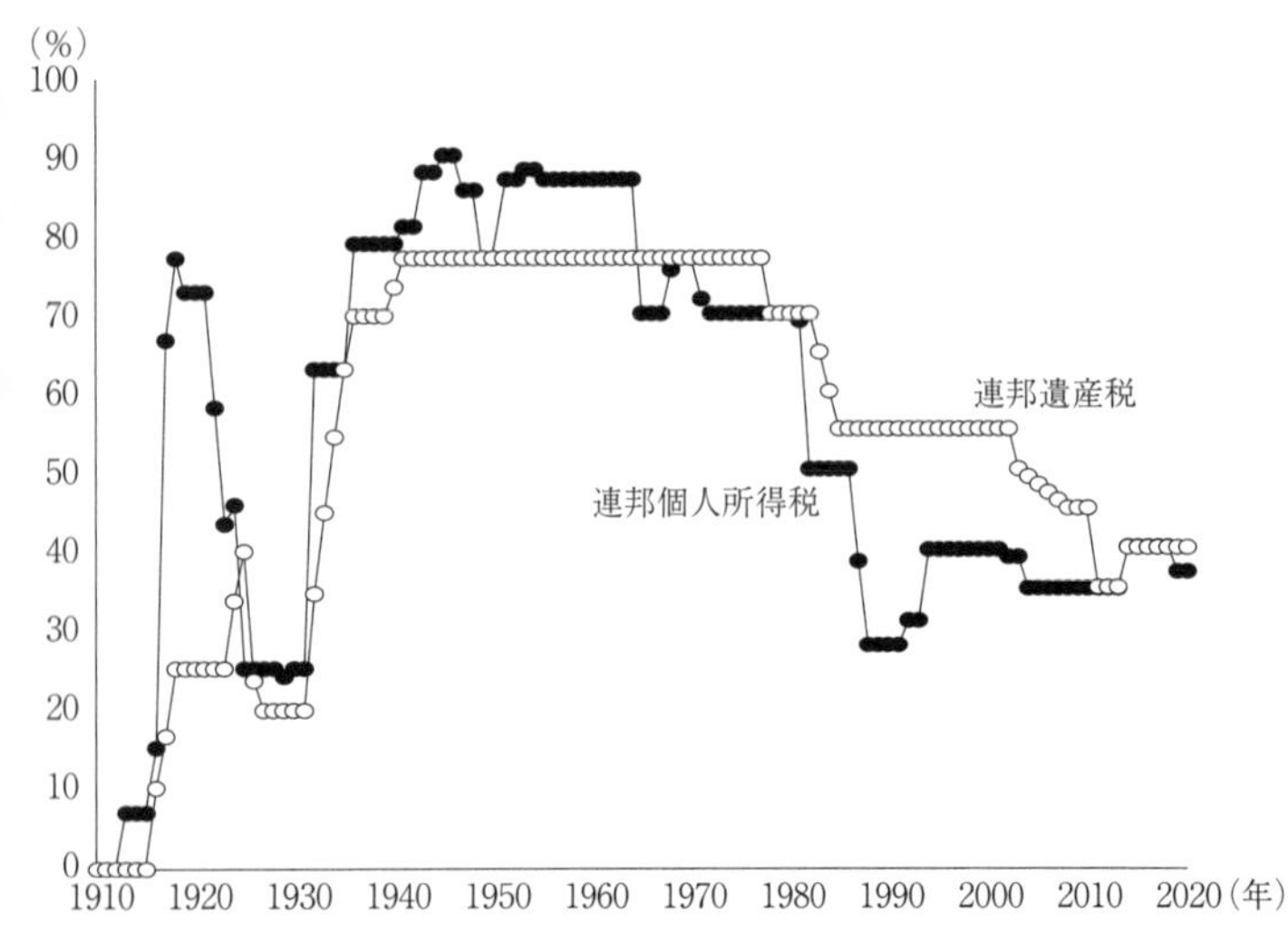

(注) このグラフは、連邦個人所得税と連邦遺産税の最高限界税率の推移を示している(1913年以降)。1930年代から1970年代まで、アメリカの所得税や遺産税の最高限界税率は70%を超えていた。西側諸国のなかではもっとも高い値である(ただしイギリスはアメリカに近い)。データの詳細については taxjusticenow.org を参照。
(出所)『つくられた格差』(光文社、2020年)

ます。エマニュエル・サエズとガブリエル・ズックマンが著した『つくられた格差——不公平税制が生んだ所得の不平等』(山田美明訳、光文社、二〇二〇年)は、新自由主義がアメリカをどう変えたのかを簡単なグラフで示しています。

図2を見ると、かつてのアメリカが非常に累進性の高い税制を持っていたことがわかります。所得の高い人からはたくさん税金を取り、それを所得の低い人に再分配して、富の均等化を図っていました。一九三〇年代から七〇年代まで、連邦レベルの所得税、遺産税の最高限界税率は七〇%を超えていた。ところが一九八〇年代以降、新自由主義的な税制改革によって、連邦個人所得税、連邦遺産税は大きく引き下げられていきます。その結果、何が起こったかを示すのが**図3**です。アメリカにおける保有

図3　アメリカの富の不平等の拡大

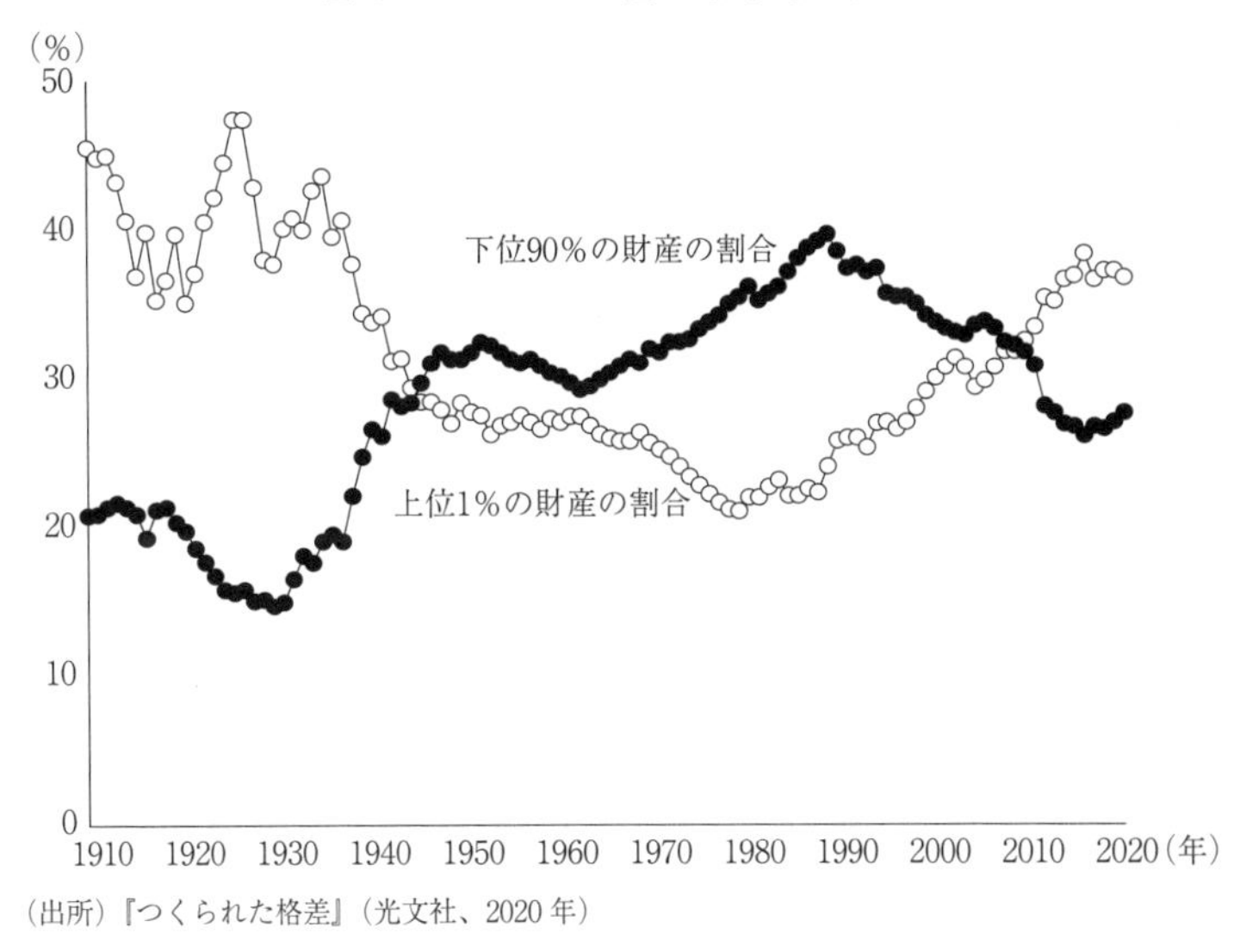

（出所）『つくられた格差』（光文社、2020年）

財産のうち上位一％、下位九〇％がそれぞれ所有している財産のシェアの推移です。

世界恐慌は一九二九年一〇月のニューヨーク株式市場大暴落が契機でしたが、世界恐慌以前のアメリカは極端な自由放任主義、今で言う新自由主義の全盛期でした。しかし、大恐慌、第二次世界大戦を経て、格差を抑制するための社会制度の改革が行われ、その一環で税制も変わりました。税の再分配機能が強化された結果、下位九〇％の人々の財産シェアが増え、上位一％の超富裕層の財産シェアは減少しました。大格差時代は終焉に向かったわけです。

しかし、一九八一年にロナルド・レーガンが大統領に就任すると状況は一変します。新自由主義的な改革が打ち出され、税制改革によって税の再分配機能も著しく弱まりました。その結果、全体の二〇％程度に抑えられていた上位一％の財産シェアは四〇％まで増え、逆に、下位九〇％の財産シェアはピーク時の四〇%から二五%まで減少しました。再び大格差時代に入ったのが現在のアメリカです。

この二つのグラフからわかるのは、格差問題は自然に発生するわけではないということ。制度の改革、つまり、人為的に引き起こされる現象だということです。国により事情は異なるものの、基本的に、新自由主義に基づく改革が格差拡大の主要な要因であるという点は、日本を含め多くの国に共通しています。

新自由主義の潮流を変えたのは、アメリカが火元となった世界的な経済危機でした。二〇〇八年にリーマンショックが起き、世界が金融恐慌の瀬戸際に立たされたことを契機に、激しい新自由主義批判が沸き起こったのです。**図1**の左列に「新マルクス主義」とあります。日本でこの経済思想を代表するのは『人新世の「資本論」』（集英社、二〇二〇年）がベストセラーとなっている斎藤幸平氏でしょう。新自由主義批判の高まりが、マルクス経済学の再評価にもつながったのです。

新自由主義批判の元祖として

前置きが長くなりましたが、宇沢弘文は新自由主義を支持する経済学がまだ潜伏期にあった一九六〇年代から、新自由主義の考え方を明確に否定していました。弱冠三五歳で宇沢はシカゴ大学の教授に就任しましたが、当時のシカゴ大学経済学部の顔が新自由主義の教祖的存在であるミルトン・フリードマン。ひとまわりほど年上のフリードマンと宇沢はしばしば激しく意見を戦わせました。最終的には、アメリカの経済学界と決別するように帰国し、独自の経済学を構築していくことになります。のちに述べるように、社会的共通資本の経済理論を打ち立てるのです。

コロナ禍の現在、宇沢の経済思想は再び注目を集めています。その理由の一つは、最も早く新自由主義を否定し、それに代わる経済理論、経済思想を提示したことにあると思います。ある意味で、現在の世界が直面している難題を先取りして対処の方法を考えていたわけで、いわば「新自由主義批判の元祖」として注目されている側面があるのです。

二 「変身」を重ねた宇沢弘文

戦時下の青春

宇沢弘文は一九二八（昭和三）年に鳥取県の米子市に生まれました。三歳のときに家族は東京に転居します。子どもの頃から学業優秀だった宇沢は東京府立第一中学校、第一高等学校、東京大学と進み、大学では数学を専攻しました。数学科で最優秀の成績をおさめ、特別研究生として大学院に進学し、数学者への道を歩み始めます。

将来を嘱望されていたにもかかわらず、数学科の大学院を退学して経済学者を目指すようになるのですが、この突然の進路変更には戦時下で青春を送った体験が関わっています。日本が敗戦を迎えたとき、宇沢は一七歳でした。

宇沢の一中時代の同級生に速水融（一九二九～二〇一九年）という著名な経済学者がいます。速水氏を取材した際、いろいろなエピソードをうかがいました。宇沢は中学生の頃から数学が飛びぬけてでき、数学の教師は授業中、「宇沢君、これで間違ってないか？」と確認したほどだったといいます。ただ、宇沢はガリ勉タイプではなく、学校近くの生垣にいる蛇を手づかみで捕らえてふり回したりする野性的な面もあったそうです。特に印象深かったのは、速水氏が中学生時代の宇沢について、「反戦闘士だった」と語ったことです。戦時中は厳しい言論統制が敷かれていたのですが、宇沢は電車のなかでも大声で軍を批判したりしていたそうです。速水氏は周囲の反応が気になってビクビクしたと話していました。

一九四五（昭和二〇）年八月一五日、宇沢は郷里鳥取の山里にある永福寺というお寺で托鉢をしているとき、玉音放送（昭和天皇による終戦の詔勅）を聞きました。当時は一高に入学したばかりの頃ですが、なぜかお布施を求めて山里の家々をたずね歩いていた。「このまま戦争が続いたら、兵隊になって戦地に赴かなければならない。そうなるくらいなら仏門に入りたい」と思いつめていたそうです。

河上肇と出会い、経済学へ転向

戦後、宇沢は東大数学科で学び、数学者への道が約束されている特別研究生に選ばれて大学院に進みます。ところが、敗戦直後の混乱した社会状況のなか、ひとり難解な数学に取り組むことが貴族的な趣味のように思え、進路に疑問を抱くようになります。そんなとき、たまたま休みで訪れていた永福寺で河上肇の『貧乏物語』と出会う。医者が人の病を治すのなら、自分は社会の病を癒すべく経済学者になろう。そう決意して、猛反対する教授を振り切って大学院を退学してしまうのです。

突然の転身には興味深いエピソードがあります。東大の一学年下の理学部物理学科に上田建二郎という学生がいました。のちに不破哲三の名で日本共産党の指導者となる人物です。宇沢は大学院生時代、上田が主宰するマルクス主義勉強会に参加していて、あるとき、「宇沢さん程度のマルクス主義経済学の理解ではとても共産党の入党試験には受からない」と上田に指摘されました。その言葉にショックを受け、「マルクス主義経済学の勉強に全面的にコミットしなければ」と思いつめるようになったというのです。

マルクス経済学から近代経済学へ

宇沢は独学でマルクス経済学を学ぶようになるのですが、大学の経済学部に籍があるわけでもなく、実際には宙ぶらりんの状態でした。窮地を救ったのが一高ラグビー部の先輩で経済学者の稲田献一氏でした。宇沢を近代経済学者の研究会に引っ張り込んだのです。宇沢はすでに二〇代も半ばでしたが、当時の近代経済学の課題が数学を導入することにあったことから、驚くべき短期間で最先端研究に追いついていきました。

世界の数理経済学を主導していたスタンフォード大学のケネス・アロー(のちに史上最年少でノーベル経済学賞を受賞)に論文を送ったところ、アローは見知らぬ無名の日本人が著した論文の秀逸さに驚愕し、ただちに宇沢をスタンフォード大学に呼び寄せます。二八歳で渡米した宇沢はアメリカで瞬く間に頭角を現し、文字どおりアメリカン・ドリームの体現者となります。日本では経済学者としての実績がないままアメリカに渡り、渡米してまもなくするとアメリカ経済学界にその名を知られるようになったわけですから、「アメリカの経済学者」としてスタートを切ったとも言えます。

三　「アメリカ経済学」の光と影

世界大恐慌の経験からケインズ主義へ

はじめに経済思想について話した際、経済思想にはそれを支える経済学の学派があると言いました。宇沢が渡米した当時、アメリカはケインズ主義の隆盛期でした。ケインズ経済学の元祖はもちろん、イギリスの経済学者ジョン・メイナード・ケインズです。ケインズの『雇用・利子および貨幣の一般理論』（以下『一般理論』）は世界恐慌の時期に出版されました。アメリカではひどいときには四人に一人が失業状態だったのですが、『一般理論』が登場するまで、経済学者は自由放任をよしとする新自由主義の考えに立脚していました。大恐慌で大量の失業者が生まれても、政府は放っておけばよい。失業者が多ければ安い賃金でも働きたい人がたくさん出てくるから、いずれ雇われて失業者は減っていくという理屈です。

しかし現実はまったく違いました。大量の失業者は減ることがなかった。そして、こうした現実問題を解決するための処方箋が、ケインズの一般理論だったのです。ケインズは労働市場が長期にわたり不均衡となる状態を理論的に分析し、恐慌を鎮めるためには政府が大胆に経済に介入して需要を創出しなければならないと主張しました。新自由主義的な自由放任の経済学を否定したわけです。

アメリカのルーズベルト大統領がニューディール政策に取り組み始めたのは『一般理論』刊行よりも早かったのですが、ケインズはルーズベルト大統領とも会っており、ニューディール政策はケインズの経済思想に基づく新たな潮流と言うことができます。大恐慌を契機に、アメリカ経済学界では「ケインズ革命」

が起き、ケインズ経済学が受け入れられるようになりました。実際の政治においても第二次世界大戦後、アメリカや西ヨーロッパ諸国では混合経済体制、福祉国家の確立を目指す「大きな政府」路線が主流となります。ケインズ主義の時代がやってきたわけです。

アメリカでの活躍と突然の決別

第二次世界大戦後、アメリカは覇権国家としてヨーロッパや日本などに経済支援を行い、資本主義国のリーダーになりました。国際政治に対応して、経済学の本拠地もイギリスからアメリカに移ります。宇沢が渡米した一九五六年にはアメリカ経済学界が世界の経済学をリードするようになっていて、アメリカ経済学界ではケインズ経済学が新たな主流派となっていました。

アローに招待されてスタンフォード大学で研究生活を始めた宇沢は、アメリカ経済学界を牽引していたポール・サミュエルソン、ロバート・ソロー、ジェームズ・トービン（いずれもノーベル経済学賞受賞者）などに認められ親交を深めました。宇沢自身も全米トップクラスの若手理論家として注目さるようになります。宇沢より一世代下で国際的に活躍した経済学者の青木昌彦氏はアメリカでの宇沢の評価について次のように語っていました。

「数理経済学の最先端で活躍して、あそこまで尊敬された経済学者は日本人ではあとにもさきにも宇沢さん以外にはいない」。

アメリカ経済学界で日本人としてかつてないほどの高い評価を得た宇沢は、しかし、絶頂にあった一九六八年、唐突にアメリカを去ります。アメリカとの決別には、ベトナム戦争が影響していました。シカゴ大学教授だった宇沢はベトナム反戦運動にも関わっていました。

経済学批判と「社会的共通資本」

ケインズ経済学が凋落するきっかけもベトナム戦争でした。アメリカ・ケインジアンが隆盛を極めていた一九六〇年代、著名な経済学者たちがケネディ大統領、ジョンソン大統領の経済ブレインとなっていました。ロバート・ソローなど、宇沢が日頃から親しくしていた経済学者もいました。ベトナム戦争に強く憤っていた宇沢は、アメリカ経済学に対しても一歩引き、いくぶん醒めた目で見るようになっていったのではないかと思います。

アメリカがベトナム戦争に深入りすると、戦争のアメリカ経済への影響も大きくなり、アメリカ・ケインジアンの分析に狂いが生じ始めます。その間隙を縫うように、フリードマン率いる「シカゴ学派」と呼ばれた新自由主義を支持する経済学が存在感を高めていきました。一九七〇年代はケインズ主義と新自由主義の覇権争いでしたが、最終的にはフリードマンら新自由主義側に軍配が上がる。政治の舞台でアメリカを新自由主義に導くのはレーガン大統領ですが、レーガンの最強の経済ブレインとなったのがミルトン・フリードマンでした。

レーガン大統領、サッチャー首相が率いるアメリカ、イギリスで新自由主義の嵐が吹き荒れた一九八〇年代、シカゴ学派を筆頭とする新自由主義支持の「反ケインズ」諸学派が新自由主義的改革の正当性を擁護する役割を担いました。すでに日本に帰国していた宇沢は「反ケインズ」諸学派を厳しく批判しましたが、同時に、アメリカ・ケインジアンをも批判しました。たとえば、次のような調子です。

「ケインズ派の若い人々はベトナム戦争に対して積極的に反戦運動を展開していったが、すでにエスタブリッシュされたアメリカ・ケインジアンたちの多くは、あるいはケネディ＝ジョンソン政権のなかに入って、ベトナム戦争遂行に協力するか、あるいは、反戦運動に対して否定的ないし非協力的な姿勢を取ることによって間接的な形でベトナム戦争を容認していった」（『エコノミスト』一九七九年九月四日号）。

宇沢の新自由主義批判は、ベトナム戦争への批判と相まって、新自由主義の経済学を生んだアメリカ経済学界そのものに及びました。主流派経済学（新古典派経済学）を批判するようになったのはそのためです。

「アメリカの経済学者は、市場機構について一種の信念に近いような考え方をもっているともいえる。（中略）この現象はとくにいわゆるシカゴ学派に属する人々について顕著にみられるが、これは必ずしもシカゴ学派に限定されるものではなく、広くアメリカの経済学者一般に共通であるともいえよう」（『自動車の社会的費用』岩波新書、一九七四年）。

かつて主流派経済学の指導者だった宇沢は主流派経済学の欠陥を指摘し、新たな理論の必要を訴えるようになりました。当時、最大の社会問題だった公害問題に向き合い、「社会的共通資本（Social Common Capital）」という概念を創造し、その経済理論を構築していきます。環境の問題を真正面から捉えようとする経済分析は、深刻な公害問題を「外部不経済」のレッテルを貼っただけで棚上げする主流派経済学へのアンチテーゼでもあったわけです。

四　SDGsの先駆けだった「社会的共通資本」

ジョセフ・スティグリッツの言葉

ノーベル経済学賞受賞者のジョセフ・スティグリッツ氏は、宇沢の教え子であり、彼を非常に尊敬しています。コロンビア大学でインタビューした際、スティグリッツは宇沢を次のように評しました。

「経済学における問題の一つは、〝きまぐれ（faddishness）〟だということですよ。同じ問題、同じ方法でも、ある時期には〝流行おくれ〟とされ、別の時期になると〝流行〟したりするんです。アメリカの経済学に関して言えば、一九七五年から二〇〇八年までのおよそ三〇年間は〝酷い時代（Bad Period）〟だったと言っていいかもしれない。この時期、経済学界ではヒロ（宇沢の愛称）がつねに強い関心を寄せていた〝不平等〟や〝不均衡〟や〝市場の外部性〟の問題はあまり注目されることがありませんでした。経済学の主流派はみんな〝市場万能論（perfect market）〟に染まっていましたから。ヒロが成し遂げた功績にふさわしい注目を集めなかった理由は、意外に単純です。つまり、『危機など決して起こるはずがない』と信じ込んでいる楽観的な経済学者たちの輪のなかに、ヒロが決して入ろうとしなかったからなのですよ」。

七年も前に亡くなった宇沢弘文がなぜコロナ危機のさなかに再評価されつつあるのか。スティグリッツの言葉はその理由の一端を明かしているように思います。

市場経済観の転換

「危機」を前提にした社会的共通資本の経済学とはどのようなものなのでしょうか。『社会的共通資本』（岩波新書、二〇〇〇年）で宇沢が説明しています。

「社会共通資本は、一つの国ないし特定の地域にすむすべての人々が、ゆたかな経済生活を営み、すぐれた文化を展開し、人間的に魅力ある社会を持続的、安定的に維持することを可能にするような社会装置を意味する」。

宇沢は社会的共通資本の構成要素として、①自然環境（大気、森林、河川、水、土壌など）②社会的インフラストラクチャー（道路、交通機関、上下水道、電力・ガスなど）③制度資本（教育、医療、司法、金融制度など）を挙げています。新自由主義では、社会的共通資本も「民営化」するなどして「市場に委ねるべき」となりますが、宇沢はこのような考えを否定して次のように言います。

「社会的共通資本は決して国家の統制機構の一部として官僚的に管理されたり、また利潤追求の対象として市場的な条件によって左右されてはならない。社会的共通資本の各部門は、職業的専門家によって、専門的知見にもとづき、職業的規範にしたがって管理・維持されなければならない」。

社会的共通資本には、宇沢の市場経済に対する見方が反映されています。市場経済は市場の領域だけで成り立っているのではなく、非市場の領域、具体的には社会的共通資本のネットワークが市場の土台として機能している。〈市場経済＝市場＋非市場〉という市場経済観です。

新自由主義は、市場化していない領域は活性化しないと考える。だから、医療もビジネスと捉えればいい、水道は民営化せよ、などと主張して市場領域を広げようとする。〈市場経済＝市場〉という市場経済観です。留意すべきは、新自由主義ほど極端でないにせよ、主流派経済学にも市場原理主義的な傾向があるということです。そこへクサビを打ち込むべく、宇沢は社会的共通資本の概念を導入したとも解釈できるでしょう。

かつて宇沢が社会的共通資本の経済学で主張した内容は、二〇一五年に国連で採択された「ＳＤＧｓ（持続可能な開発目標）」の内容と極めて類似しています。ですが、宇沢が社会的共通資本を着想したのは半世紀も前なのです。

「社会的共通資本は、一人一人の人間的尊厳を守り、魂の自立を支え、市民の基本的権利を最大限に維持するために、不可欠な役割を果たすものである」（前掲『社会的共通資本』）。

これは宇沢が、社会的共通資本がなぜ「たいせつなもの」なのかを簡潔に語った言葉です。私は今、社会的共通資本の考え方に強い関心を持っていますが、それはコロナ危機後の社会が目指すべき方向を照らす、極めて実践的な思考ではないかと考えるからです。

❖講義を終えて　ジャーナリズム再生の鍵

二〇二一年四月に八〇歳で世を去った立花隆氏は『田中角栄研究全記録』『宇宙からの帰還』など重厚なノンフィクション作品を数多く著した。組織に属さずフリーランスの立場で活躍した立花氏は、かつて『アメリカジャーナリズム報告』（文春文庫、一九八四年）で、組織ジャーナリズムを代表する存在である新聞記者について次のように語ったことがある。

「日本の新聞記者は、日本のあらゆるサラリーマンと同じく、自分の職務を選択するのではなく、自分の所属する企業を選択して就職する。企業の側は、採用する人間の特定の職能を買って雇うわけではなく、その人間のポテンシャルな能力を買って採用し、採用したあとでその人間にトレーニングをほどこし、一定の職能を与えるために企業の側から投資をする。不幸にして、その投資にみあうだけの能力を発揮できない者に対しても、終身雇用の原則に従って、企業の側は決して見捨てず、どこかにその人間の使い道を発見してやって雇い続ける。この温情あふれる終身雇用制に対して、記者（というより社員）の側も、ジャーナリストとしての職務に対する忠誠心よりは、自分の所属する企業への忠誠心をより強く持つ存在となる。日本のジャーナリストの大半は、根っからのジャーナリストというよりは、ジャーナリズム企業の社員でしかない」。

この文章が書かれたのは何十年も昔で、インターネットが普及した現在とではメディアを巡（めぐ）る環境は異なっているけれども、立花氏の指摘は今なお有効と思う。新聞社にせよテレビ局にせよ、日本ではジャーナリストを目指す人の多くは大手メディアへの就職を希望し、「ジャーナリズム企業の社員」となることを目指す。

かくいう私も大学卒業後に新聞社に就職し、新聞記者を経験してからフリーランスのジャーナリストとして活動を始めた。短期間ではあったけれども、新聞記者時代に取材の基礎を習得できたことは幸運だった。ただ、新聞社を辞めた当時を思い返してみると、大組織のなかにいると「ジャーナリズム企業の社員」で終わるのではという焦りにも似た気持ちは確かにあった。

日本のジャーナリズムの現状を鑑みると、時の権力者に対する大手メディアの〝忖度〟が横行している。「ジャーナリスト」より「ジャーナリズム企業の社員」が大勢を占めている。誤解なきよう言い添えれば、この講座の講師の顔ぶれを見てもわかるように、組織に属していてなおかつ優れたジャーナリストはいるし、むしろ、フリーランスは収入面をはじめ不安定な立場にある。結局、立花氏の言葉を借りるなら、「自分の所属する企業への忠誠心」を上回る「ジャーナリストとしての職務に対する忠誠心」を持てるかどうかが、ジャーナリストの役目を果たせるかどうかの分水嶺となる。

フリーランスの私があえてこんな話をするのは、ジャーナリズムの中枢を担う組織ジャーナリズムが今、本当の危機に瀕しているからである。ジャーナリストを志す者がいつまでも初志を忘れず抱え続けること。それしかジャーナリズム再生の鍵はない。つまり、その鍵はジャーナリストを目指す皆さんが握っている。

音声メディアの可能性とジャーナリズムにおける独自性
――ラジオ番組『ＳＣＲＡＴＣＨ　差別と平成』から考える

ＴＢＳラジオ　ＵＸデザイン局事業部兼新規事業開発センター
鳥山　穣
ＲＫＢ毎日放送　報道局担当局長
神戸金史

一　「やまゆり園」障害者殺傷事件の発生とその衝撃

加害者・植松聖の主張

鳥山：まず、相模原市で起きた殺傷事件について話したいと思います。二〇一六年七月二六日、神奈川県相模原市にある知的障害者施設「津久井やまゆり園」に、かつてその施設の職員だった植松聖（うえまつさとし）が侵入し、一九人の入所者を殺害、二六人に怪我を負わせた事件です。植松は建造物侵入などの疑いで逮捕されました。その後殺人などの罪で起訴され、裁判で死刑が確定し、現在は確定死刑囚になっています。

彼は事件を起こす前、衆議院議長宛てに手紙を送っており、「障害者は世の中の役に立たない」という主旨の文章が含まれていました。それについて、SNSなどでは、植松被告（当時）を非難する声が多かったのですが、一方で、それについいて同意するような発言も広がっていったという実感を持っていました。

神戸：事件は二〇一六年に起きましたが、私はその年の四月から、家族を福岡に残したまま、東京報道部長として単身赴任していました。私には自閉症と知的障害のある子どもがおり、現在二二歳です。犯人の植松被告が「障害者は生きている価値がない」と供述しているという報道がなされ、愕然としました。

Facebookへの投稿とその反響

神戸：この事件について、私は親として非常に苦しい思いをしました。また、年々障害者に対する理解は広がりつつある一方で、分断も広がり、敵意を持つ人も増えているような気がしていて複雑な思いもしていました。

大きな事件であるにもかかわらず、被害者が匿名で、被害者や被害者の家族に報道機関が接触できないまま、加害者の供述内容だけが報じられていきました。植松被告の憎悪を、私たちが社会に撒き散らしているという状況に対して、苦痛を感じていました。これは多くのメディアに携わる人間も同様だったと思います。

そこで、自分のFacebookに個人的な投稿をしました。ただ怒りや憤りをぶちまけても、逆に加害者や同調者が喜ぶと思い、事件へのカウンター・メッセージとなるように、父親としての私が、どんなことを考えながら、障害のある子どもを育てたのかを、時系列でアップしてみました。するとこの事件の一週間後に、私のこの文章が、ＴＢＳの『ＮＥＷＳ23』で全文朗読されることになり、私もスタジオで解説をしました。その後ＴＢＳがこの動画を配信したところ、一万三七〇〇件もシェアされ拡散していくという状況になりました。

そうしたなかで私は、Ｆａｃｅｂｏｏｋを通じて、パギやんという大阪在住の歌手と友達になり、私の書いた文章に曲をつけて歌にしていただきました。

鳥山さんとは、日本民間放送連盟の記者研修で一緒だったことがあり、以前から顔見知りでした。事件からおよそ一年後の二〇一七年八月、鳥山さんと飲んでいたときに、この歌をラジオで放送できるかどうか相談してみました。すると鳥山さんから、「歌のほかにもう二つくらい山があれば、一時間のドキュメンタリーができるんじゃないか」とアドバイスをいただいたのです。

二　ラジオ番組『ＳＣＲＡＴＣＨ　差別と平成』ができるまで

「ＳＣＲＡＴＣＨ」の持つ意味

鳥山：神戸さんにお話いただいたのが、二〇一七年の夏から秋にかけての動きです。その年末にＴＢＳラジオの特番の枠が取れそうだということで、準備を進めました。スタジオでパギやんのギターの弾き語りを録音し、神戸さんに取材していただくなど、二人でいろいろと取り組みました。実質的な制作スタッフは私たち二人だけで、意見を言い合いながら、取材と執筆は主に神戸さんが、録音や編集・組み立ては私が担当しました。

そして二〇一七年一二月に、『ＳＣＲＡＴＣＨ　線を引く人たち』というタイトルで放送にこぎつけました。

「線を引く人たち」というタイトルは、神戸さんのアイデアです（自分と「差別する相手」の間に勝手に一線を引く、という差別主義者をイメージ）。それだけだとわかりにくいので、英単語の「ＳＣＲＡＴＣＨ」を頭に付けることにしました。「ＳＣＲＡＴＣＨ」には、「引っ掻く」「ガリガリッと線を引く」のほかに、「ゼロ」とか「スタートライン」という意味もあります。学生のときに授業で、「ＳＣＲＡＴＣＨ」の語源の一つとして、「地面に木の棒でガリガリって線を引いて、それをスタートラインにした」という説を聞いたことがあり、これはぴったりだと思いました。

植松被告への面会を決断

鳥山：この番組は、約八分半のパギやんの歌をメインにした構成でスタートしました。ところが、制作の途中で、ＴＢＳテレビの西村匡史記者が、植松被告と数度にわたる面会や手紙のやりとりなど、独自の素晴らしい取材をして、『報道特集』という番組でスクープを出しました。それを見て、「私たちも植松被告に会えるんじゃないか」という流れになりました。
神戸：西村さんはよく知っている後輩で、「私も、逃げてはいけないのではないか」と鳥山さんに相談すると、「ぜひ植松被告との面会を入れましょう」と言ってくれました。そこで私は覚悟を決めました。
鳥山：私たちが準備を進めていた番組にも重要な要素と考え、会ったほうがいいと思いました。神戸さんが植松被告に手紙を出すと、面会を認める内容の返信が届き、会うことになりました。正直な話、私たちは、会うことがとても怖いと思いました。四六人もの死傷者を出した人間に会うのは初めてで、非常に攻撃的な言動をしていたので、面会することで私たちは大きなダメージを受けるだろうと思っていました。

神戸：私は回復できないようなダメージを受ける可能性があったので、一つの保険をかけました。福岡県北九州市で牧師をされている奥田知志さんが、たまたま当日に東京におられることがわかり、面会後にインタビューする約束を取りつけておきました。奥田さんは、ホームレス支援に取り組んでこられた方です。もし私が本当にダメージを受けていたならば、その悩みや苦しみを相談するためでもありました。特殊な形となりました。

鳥山：このような内容を盛り込んだ番組『ＳＣＲＡＴＣＨ　線を引く人たち』を二〇一七年一二月に放送しました。

「差別」と「平成」にフォーカスする

鳥山：その後も、神戸さんは植松被告との面会を続けていました。私のほうも、社会的弱者をテーマにした番組『人権ＴＯＤＡＹ』を担当していたので、同様の取材は続けていました。

そして、事件の発生から二年半が経過した頃、私たちの追加取材を含めた『ＳＣＲＡＴＣＨ　線を引く人たち』のリニューアル版を作ることになりました。それが二〇一九年三月に放送した『ＳＣＲＡＴＣＨ　差別と平成』です。「ＳＣＲＡＴＣＨ」はそのままですが、今回はテーマを「差別」と「平成」に絞り込もうということで、「差別と平成」というサブタイトルを付けました。なぜ「平成」かと言えば、二〇一九年という年が、ちょうど平成の終わる時期であったこと、そして植松被告の年齢がほぼ平成の長さと同じくらいであること、加えて神戸さんがＦａｃｅｂｏｏｋにに書いた文章が、好意的な勢いを持って世の中に広がり、その一方で皆さんも日々目にしていると思いますが、悪意のある言葉が拡散したことが、極めて平成的に思えたこと、などが理由です。

植松被告へのインタビューを再現する

鳥山：これから、『ＳＣＲＡＴＣＨ　差別と平成』の音声を一部聞いていただきます。二〇一七年一二月に、初めて植松被告に会いに行ったときのシーンです。面会室での録音は難しいため、再現ドラマという手法を採っています。

事前に質問を決めておき、現場では神戸さんが質問をして、私がメモを取りました。三〇分の面会時間が終わり拘置所から出たところで、レコーダーを回しながら、二人の記憶をたどって植松被告の発言を再現し、録音しました。かなり再現度の高い発言内容を起こせたと思っています。

では、音声をお聞きください。

（女性ナレーション）一昨年(おととし)の一二月、神戸記者は初めて、植松被告が拘留されている、横浜拘置支所に向かいました。面会の記録を取るため、ＴＢＳラジオの鳥山穣記者も同行しました。

（神戸ナレーション）朝八時半、私たちは、横浜拘置支所の受付の前に立ちました。電子機器をすべてロッカーに入れ、金属探知機のチェックを経て、待合室へと向かいました。

一〇分程度で、スピーカーから「第二面会室にお入りください」と、アナウンスが流れました。面会室のなかは、大人三人が座ればいっぱいになるほどの狭さでした。アクリル板の向こうには、同じような部屋があり、すぐにドアが開いて、軽く礼をして彼が入ってきました。

植松（以下、鳥山が吹替）「ご足労、ありがとうございます」

（神戸ナレーション）アクリル板で隔てられた狭い部屋には、私たち二人。向こう側には、植松被告と立ち会人の刑務官がパイプ椅子に座りました。アクリル板を挟んで、植松被告の顔と私の顔は、六〇センチ程度しか離れていませんでした。

（女性ナレーション）ここからは、植松被告と神戸記者の対話を、できるかぎり実際に近い形で、再現してみます。

（神戸ナレーション）短い挨拶の後、私は尋ねた。

神戸「あなたは、『意思疎通ができない人』のことを、心を失っている人、『心失者』と呼んでいますが、具体的にどういう人を指して言っているのですか」

植松「名前と、年齢と、住所を言えない人です」

（神戸ナレーション）私は、最初からかなり驚いた。こんな単純な線引きで、心失者を定義しているとは思わなかった。

神戸「事件の当日は真夜中で、みんな寝ていたでしょう。どうやって心失者かどうかを見分けたのですか?」

植松「起こしました。『おはようございます』と答えられた人は、刺していません」

（神戸ナレーション）面会開始から一五分、少しやりとりが激しくなり、話題を変えた。

神戸「雑誌の手記を読んだんですけども、やまゆり園で誰かが亡くなったときに開く『プチ葬式』で、入所者が『おやつは?』と聞いたので、あなたは『ああ、人の感情を持たないんだな、と感じた』と書いていましたね」

植松「はい、『人の概念とかがわからない』というか」

神戸「自閉症などの発達障害のある人は、決まった時間に決まったことをすることで、自分を安定させている人も多いでしょう? いつも一緒にいた人がいなくなって悲しいと思っていたとしても、お葬式のときにおやつの時間が来れば、『どうしたらいいんだろう?』と聞くことは、十分あると思いますよ」

植松「そうなのですかね。わかりません」

神戸「え、あなた、施設に勤めていたのに、本当に知らないんですか?」

植松「そうなのかもしれないですけど。でも、人としての感情がないことはわかっています。家族がそう思おうと思えば、思えるんじゃないですかね。神戸さんのおっしゃることはわかるけれど、他人にわからなければ、意味がないんです」
神戸「生と死をつかさどるのは、神のやることなんじゃないんですか。あなたは神なのですか？」
植松「そんなことは言っていません。恐縮ですよ。みんながもっとしっかり考えるべきなんです。考えないからやったんです。私は、気付いたから」
神戸「あなたは一線を引いたのですか？」
植松「そうです」
神戸「どうして、あなたが線を引く権利があるのですか？」
植松「じゃあ、誰が決めればいいんですか?! 気付いてしまったんだから。落し物を拾ったら届ける、当たり前ですよね。それと同じような感覚ですよ」
神戸「それは間違っていますよ」

（ドアを開ける音）

（神戸ナレーション）三〇分間の面会が終わった。面会室を出ると、冬の風が冷たかった。

鳥山「会えましたね」
神戸「会えました。印象は、ごくごく普通の青年ですね。率直な印象を言うと、かなり浅はかだな、と思いました。すごく薄っぺらい知識で、重大なことを判断してしまってる。かなり驚きました。（ため息）普通だったよね……」
鳥山「極めて弱気な青年ですね」

鳥山：実際の音声を、少し編集して短くしたものを聞いていただきました。
神戸：植村被告へのインタビューは、私が経験したなかでも、とても大きな意味を持つ取材になりました。身構えていったのに肩透かしをくらったような印象です。こんな薄っぺらい人が、一九人も命を奪った。「自分の心が傷付いて立ち直れないんじゃないか」という事前の恐れは杞憂で、逆に腹立たしさが募ったのを覚えています。

「ヘイトスピーチ」との共通点

鳥山：さて、『SCRATCH　差別と平成』の「平成っぽさ」は、SNSによって善意と悪意が拡散する様子がその特徴として挙げられます。
「差別」という視点で考えたとき、植松被告が起こした事件とは別に、当時の日本で起きていた、在日韓国人・朝鮮人に対する根強い差別、ヘイトスピーチについても取り上げることにしました。ヘイトスピーチは適した日本語に訳されていません。憎悪・憎しみに基づく抗議行動です。具体的には、新宿で行われていた、非常に強い言葉で差別発言をしているヘイトスピーチの様子を録音して、番組のなかで紹介しました。

神戸：ヘイトスピーチについては、以前から非常に関心を持っていました。最初に私が取材をしたのは二〇一四年に福岡市の中心部・天神で行われたヘイトデモです。あまりにえげつない言葉が飛び交っていたので、「放送することで、この憎悪を拡散させてしまうのではないか」という恐れがあり、放送しませんでした。しかし私たちが取り上げようが取り上げまいが、このヘイトスピーチは日本中にどんどん広がっていったわけです。ちなみに、このデモのリーダーは福岡県出身の桜井誠という男性で、現在は日本第一党の党首を名乗っています。

デモを追いかけながら、動画を撮りました。ヘイトスピーチは、攻撃する相手と自分の間に線を引いて、「お前たちは生きている価値はない」と言い、人格や尊厳、あるいは存在さえも否定するところが、植松被告と共通すると思いました。

三 「ラジオ」「テレビ」「新聞」のメディア特性を考える

内省を促す音声メディア

鳥山：次に、「ジャーナリズム」「報道と音声」というポイントから話していきたいと思います。

『SCRATCH 差別と平成』が「石橋湛山記念早稲田ジャーナリズム大賞」の奨励賞を受賞するにあたり、その選考委員であるジャーナリストの武田徹さんから「広く直接的な影響を社会に及ぼす役割をテレビ、ネットに譲ったラジオは、個々のリスナーの心の深層に言葉を届けるメディアとなった。本作を聴取したリスナーは、視覚情報に惑わされることなく、静かに考え始めるだろう。この内省の促しこそ複雑な構造をなす差別の問題と向き合う際に必要とされるものだ」というコメントをいただきました。

　そのご指摘どおり、二〇二一年の現在、テレビやインターネットなど視覚に訴えるメディアが数多くあるなかで、視覚情報に惑わされることなく、静かに考え始め内省を促す音声メディアの役割は、今後ますます重要になると私は考えています。

　音声メディアは、聴覚だけを使うところが最大の特徴です。私たちは音声メディアのことを「ながらメディア」と呼んでいます。「勉強しながら」「車を運転しながら」「キッチンで料理をしながら」音声で情報を得ることができるので、忙しい現代人には結構便利に利用されています。

　私はこの「〜ながら」の項目に、「想像しながら」「考えながら」を追加したいと思っています。音声メディアは、情報を受け取った人たちが、それぞれ自分の頭のなかに独自の映像を浮かべたり、想像したりすることが可能なメディアなのです。

　テレビのニュースでは、インタビュー映像を流す場合、その人の映像を一五秒以上使ってしまうと視聴者に飽きられてしまうので、それ以上は、ニュースに関連した映像やグラフなどをインサートと称して映像をかぶせて使用する場合がほとんどです。ラジオの場合は、私の経験から言って、話が面白ければ、同じ音声でも一〜三分くらいは使うことができると思います。

神戸：番組の台本を書くにあたり、どこまで引用するかとても悩みました。鳥山さんに、「インタビューを大胆に長く使いましょう」「面白かったら三分いきましょう」と言われました。テレビのニュースやドキュメンタリーを作ってきたので、電波の特性もわかっているつもりでいましたが、ラジオで三分もいけることは知りませんでした。この番組で言うと、牧師の奥田さんのところは、三分半あります。

鳥山：中身のある話をじっくりと聞かせるのに、ラジオは有効だと思います。

ジャーナリズムにおける編集で大切なこと

鳥山：ある発言を放送した場合、音声でしか伝わらないものは何なのでしょうか。それは、その発言の熱（温度）や間、それから声色などではないかと思います。こうしたものは、文字ではなかなか伝わりにくい。同じ発言でも、文字にした場合と、音声の場合ではまったく違って伝わります。また映像があると、余計な情報が入ってきてしまうこともあるので、これも違って伝わる可能性があります。こうしたところに、音声情報の強みがあるのではないかと思います。

たとえば、TBSラジオのニュース番組で菅義偉首相（当時）の発言を取り上げる場合、私は菅首相がメモを見ながら話す間合いや言い淀み、あるいは声を荒げたりするところに意味があると考えているので、こうした部分は極力編集せずに放送しています。

ただ、放送には時間的な制限があるので、その発言のどの部分を使うべきなのかをよく考えて編集することはあります。一番大事なのは、発言者の意図しないような編集はしてはいけないということです。それは、菅首相のような為政者でも、一市民であっても同様です。

ただ、ドキュメンタリーなどを作る場合、素材を選び、切り出していく作業をしなければならないので、常にそうした危険性ははらんでいるのが現実です。

神戸：しかし、私たちにとって編集という作業は不可欠です。たとえば、財務省の決算文書の改竄問題に関して、財務省の職員であった赤木俊夫さんが作成した「赤木ファイル」が出てきましたが、これは五〇

○ページあるわけで、そのまま報道することは物理的に不可能です。メディアで報じる際に「ここが大事なポイントです」と提示する編集作業が、ジャーナリズムの根本だと私は思っています。

「テレビでしか」「ラジオでしか」できないこと

神戸：私は新聞記者でしたが、放送局に転職しました。両方を経験して、「テレビでしか」できない部分、逆に「活字にしか」できない部分が、はっきり見えました。媒体それぞれに長所があるわけです。

テレビ報道の本質は残像感だと思っています。たとえば金額の一桁まで細かく伝えることは活字に任せればいいので、それが一億円なのか一〇〇億円なのかというイメージをしっかり残すことが放送の使命です。視聴者に残るイメージが、自分が取材した事実と相似形であることが重要です。

今回初めてラジオに取り組んでみて、「ラジオでしか」できないこともあるのを痛感しました。先ほどの鳥山さんのお話で言うと、三分のインタビューをそのまま流すことは、テレビではできません。活字のメディアであれば可能かもしれませんが、ラジオのような声色や間といったものは再現できません。植松被告の面会再現や、八分半もあるパギやんの歌を全部流すのは、「ラジオでしか」表現できないことでした。

取材映像からの出発となったテレビ番組化

神戸：『SCRATCH　差別と平成』をテレビ番組化することになりましたが、ラジオの音声に映像を貼り込むだけではラジオ番組で到達したレベルを超えられないと思いました。そこで私は、いったんラジオ番組としての『SCRATCH　差別と平成』から離れ、取材映像などの素材に立ち戻り、それをどう編集すれば、テレビにしかできない番組が作れるのかを模索しようと考えました。

私は二一歳の頃に、早稲田にあったACTミニ・シアターで、一九一六年公開の『イントレランス』というモノクロ・サイレント映画を見ました。このタイトルは『不寛容』という意味で、古代から現代まで、四つの時代の不寛容の物語が同時並行で描かれています。

物語が別の時代に移るとき、スクリーンには「ゆりかごを揺らす女性」が、時空を超えた存在として現れます。ゆりかごのなかにいるのは、いつの時代も不寛容な私たちです。そして、この女性がゆりかごを揺らすと、映画のシーンが別の時代に飛び、そこで新たな不寛容が描かれるという構成になっています。

今の日本からも、寛容さが次第に失われてきているように思われます。植松被告の起こした「やまゆり園」障害者殺傷事件、ヘイトスピーチ、沖縄差別、歴史改竄などがこれにあたります。私は、こうした現代の不寛容を描くときに、映画『イントレランス』の「ゆりかごを揺らす女性」の手法を借りて、女性がゆりかごを揺らすと、次の不寛容の場面に映像が飛ぶような構成で番組を制作し、『イントレランスの時代』というタイトルにしました。

図1は、六〇分のなかで番組の時間を表しています。六〇分のなかで、どのような時間配分でそれぞれのコンテンツが配置されているのかがわかります。テレビでは、ラジオと映像の順番を入れ替え、そこに新しく取材したものを組み込んでいます。網かけは全部新しい取材です。また、ラジオではパギやんの歌の全編を放送しましたが、テレビではそこまではやるべきではないと判断しました。

図1　ラジオとテレビの構成の違い

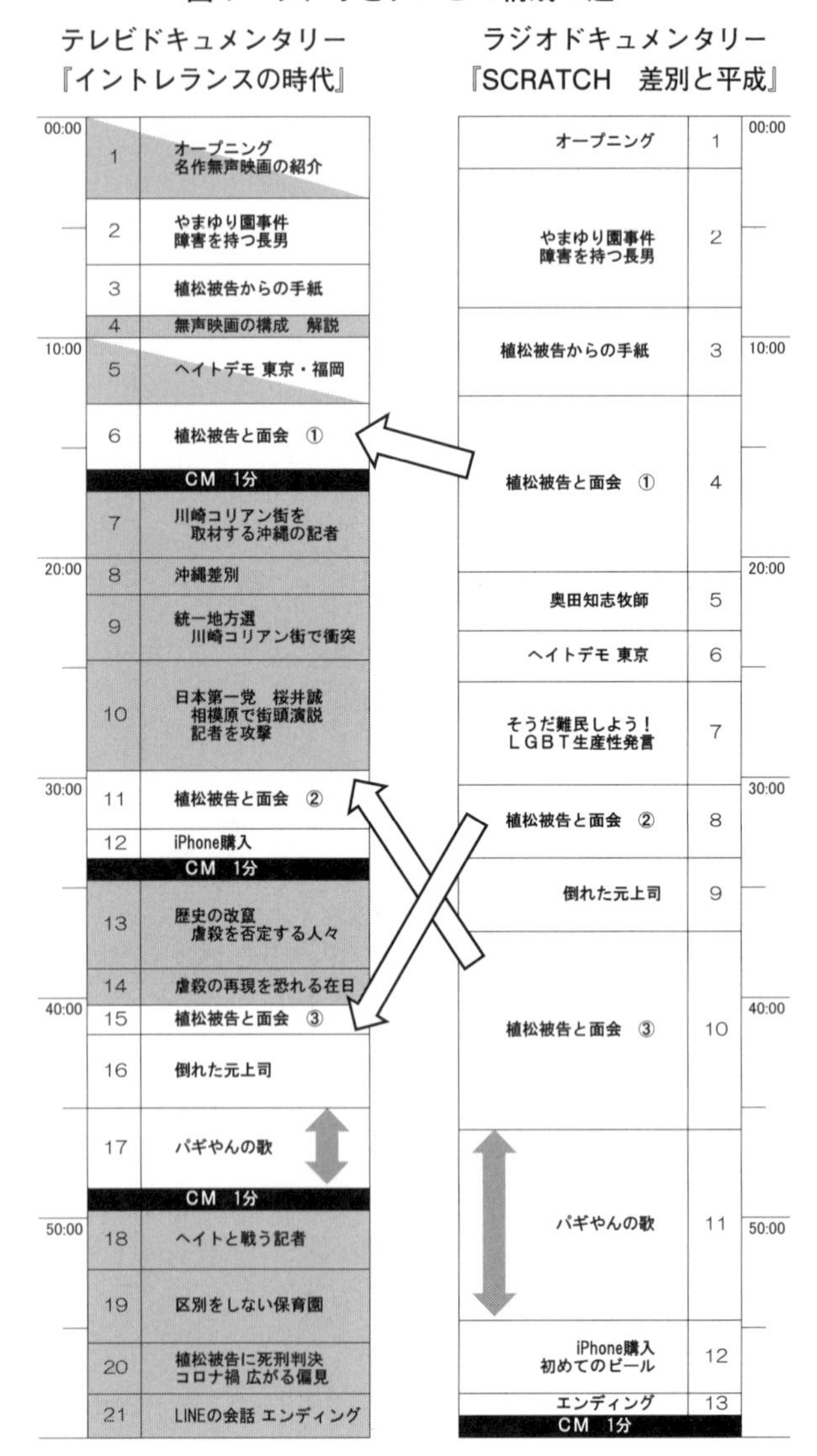

テレビドキュメンタリー
『イントレランスの時代』
ラジオドキュメンタリー
『SCRATCH　差別と平成』
00:00
10:00
20:00
30:00
40:00
50:00
1 オープニング 名作無声映画の紹介
2 やまゆり園事件 障害を持つ長男
3 植松被告からの手紙
4 無声映画の構成　解説
5 ヘイトデモ 東京・福岡
6 植松被告と面会　①
CM　1分
7 川崎コリアン街を 取材する沖縄の記者
8 沖縄差別
9 統一地方選 川崎コリアン街で衝突
10 日本第一党　桜井誠 相模原で街頭演説 記者を攻撃
11 植松被告と面会　②
12 iPhone購入
CM　1分
13 歴史の改竄 虐殺を否定する人々
14 虐殺の再現を恐れる在日
15 植松被告と面会　③
16 倒れた元上司
17 パギやんの歌
CM　1分
18 ヘイトと戦う記者
19 区別をしない保育園
20 植松被告に死刑判決 コロナ禍 広がる偏見
21 LINEの会話 エンディング
オープニング 1
やまゆり園事件 障害を持つ長男 2
植松被告からの手紙 3
植松被告と面会　① 4
奥田知志牧師 5
ヘイトデモ 東京 6
そうだ難民しよう！ ＬＧＢＴ生産性発言 7
植松被告と面会　② 8
倒れた元上司 9
植松被告と面会　③ 10
パギやんの歌 11
iPhone購入 初めてのビール 12
エンディング 13
CM　1分

※網かけの項はテレビ化で追加

新たなテレビ番組の形を目指す

神戸：今回ラジオ番組をベースにしてテレビ番組を作ることになったとき、私はあえてテレビらしさを手放そうと考えました。テレビの特徴である「わかりやすい」というのは「飽きさせない」という意味も含みますが、テンポだけよく次の話題に移っても、何も印象に残らない構成では意味がないと考えました。したがって、ラジオの特性である「想像させる」ことや、活字の特性である「行間を読ませる」ことを、視聴者に体験してもらうような番組に仕上げようと思いました。私がラジオ番組を制作していなければ考えなかったことです。

番組のなかに、「虐殺の再現を恐れる在日韓国人・朝鮮人の方の話」（図1・14番目の章）があります。マイクを握ってしゃべっている三〇代の女性の言葉を、一分間そのまま放映しました。胸を打つ発言でした。彼女は「私はもう殺されても構いません。いつ殺されてもいいと覚悟をしています。在日の方々は一定程度そう思っているんです。でも、これから生まれてくる子たちが安心できる社会にしてください」と語ったのです。

差別と反差別の中立報道はあり得ない

神戸：私の番組を見て、「これは客観報道だろうか」と疑問を持った方もいらっしゃると思います。植松被告の主張に対して、私は明らかに逆の意見を述べています。それを「主観報道だ」と言われれば、そうかもしれません。

ただ、客観報道は重要ですが、「事実とフェイクの中立報道」はあり得ないと思います。それと同様に、

「差別と反差別の中立報道」もあり得ません。ジャーナリストとして「植松の意見もあるし、植松の意見に反対する意見もある」という立場を取るのであれば、これはもうメディアの使命の放棄だと考えています。

メディアの得意・不得意を理解する

鳥山：『SCRATCH　差別と平成』というラジオ番組は、ほかの多くのドキュメンタリーとは違い、三層構造になっています。まずは、インタビューシーンのような素材があり、その上に神戸さんの独り言のような語りがあって、さらにその上にアナウンサーのナレーションが入るという三層構造です。主人公は神戸記者という一人の男性でありつつ、同時に客観性も入れるためにアナウンサーのナレーションを入れています。これは珍しい作り方です。

加えて、BGMを多用しました。こういったものにBGMをつけることは邪道だという考えもありますが、今回はプラスに働きました。不愉快な話などのとき、不協和音やビートが一定ではない音楽を使っています。逆に、神戸さんが家族と会うなど前向きになるようなシーンでは、ビートがしっかりした、明るい曲を使いました。番組の本筋を曲げないように、補強することができました。

私は、「世の中に完璧なメディアはない」と思います。ラジオでは、「ご覧のように」という原稿は絶対に使えません。テレビは、私たちが普段の生活のなかで感じている匂いや味、感触などのようなものが抜け落ちてしまいます。文字のメディアは、文字と写真や図版でしか情報を伝えることができません。それぞれのメディアには、得意なことや不得意なことがあるわけです。そんな特性をご理解いただければと思います。

❖講義を終えて　音声ドキュメンタリーの可能性と、その利点

鳥山　穣

私たちの講義に対して、丁寧な感想や意見をくれた学生の皆様にはこの場を借りて御礼を申し上げます。感想には音声メディアそのものや音声ドキュメンタリーに初めて接したという声が多く、そのような方へ番組を紹介し、一緒の時間を過ごせたことは幸せなことです。一九七九年生まれの私にとってインターネットは一九九五年のWindows95以降に広まった、まさに「新しい」メディアです。「後から来た新しいものは無条件にいいもの」と短絡的に考えてしまう癖は誰でも持っています。しかし皆さんにとってはネットもテレビも新聞もそしてラジオも物心ついたときから存在していました。私やその上の世代が持つ、根拠のない「インターネット万能論」のような先入観を持たずに選択肢を活用できる世代です。この文章を読んでいる皆さんのなかには将来ニュースを生業にする人も、そうでない人もいます。それでも、ニュースと関わらない人はいません。各種メディアの特性を知り、状況に応じて適切なメディアを取捨選択して人生を豊かに過ごしていただければと思います。以下、講義に対する感想や意見について記します。

記者は主観的であるべきか。私は両方を行き来しながら誠実さと優しさを持つのがいい記者だと考えています。

ニュースが風化することへの疑問を呈した方がいます。放送メディアは「同じことを伝え続ける」のが苦手です。感染症に対して「距離を取れ」「手を洗え」と伝え続けるのは、街頭の看板の方が向いています。ニュースの現場では、常に「なぜ、今それを伝えるのか」と考えることが重要です。日付は契

機の一つになりますし、新しい自然災害を伝えながら過去の事例を盛り込むなどの工夫も可能です。

音声メディアと琵琶法師による平家物語の伝播について書いた方がいます。世の中の情報の大多数は、まだウェブ上の情報や、文字や映像や音声素材になっていません。

記録・保存することと他者に伝えることについて、デバイスや情報技術の発達で進化が続くでしょう。「オーラル・ヒストリー」という学問分野がありますが、より充実することを望みます。

「現代において、現地に行くことの価値をどう考えればいいか」という声がありました。取材の基本は現地に行き、見て、人に会い、話を聴き、匂いを嗅いで歩き回ることです。行かなくてもわかることはありますが、行かないと絶対にわからないものがあります。

「日本人は国内の差別に対して他国と比べて鈍感なのか。差別構造はどう改善するのか」という質問をいただきました。差別はされる当事者にとっては常に敏感なものです。日本は多民族国家ですが、近い世代（親、祖父母、曾祖父母）に海外移住の当事者が欧米等に比べると少ないことが影響していると思います。昨今では、特にスポーツの分野で複数のルーツを持つ選手の活躍が目立っています。こうした事例が事態の前進に寄与することを期待します。ただ、多民族国家でも差別があることは事実です。

余談ですが「diversity」という英単語があります。「多様性」と訳されますが、私は「お互い様」と意訳しています。アメリカでＢＬＭ（私は「黒人の命を軽んじるな」と訳す）運動のときに頻出した「systemic racism」という言葉があります。「制度としての差別」とはどういうことか、調べてみてください。

「番組が生々しくて何だか気持ち悪い」という感想をいただきました。それこそが伝えたかったことです。他人の心に影響を与えることが作り手にとって最も重要なことの一つです。聴いたあとに考え始める契機になったのなら、至上の喜びです。

❖講義を終えて　あなたはいったい何者なのですか？

神戸金史

得ない。

「事実」と「フェイク」の中立報道があり得ないのと同様に、「差別」と「反差別」の中立報道もあり得ない。

障害者殺傷事件やヘイトスピーチの取材を通じて、私は近年強く思うようになりました。「中立報道」の名に隠れて、不当な差別を相対化してはいけない。ラジオの『ＳＣＲＡＴＣＨ　差別と平成』、テレビの『イントレランスの時代』。二つのドキュメンタリー番組は、私のそんな思いを形にしたものです。

石橋湛山記念早稲田ジャーナリズム大賞記念講座を受講した学生さんのレビューシートを読むと、一四〇人のうち二〇人が、私の「あり得ない」という発言に触れていました。メッセージがきちんと届いていることを、とても嬉しく思いました。

その一方で、「世代を超えた理解」はとても難しくなってきている、と私は感じています。各地の大学生と話したり、講義のレポートを読んだりすると、使っている言葉は同じなのに、意味が違っていて戸惑うことがあります。

たとえば、「客観報道」という言葉。

戦前、大本営発表を垂れ流してしまった新聞と放送は、国内外幾千万の死に大きな責任を負っています。国を亡ぼしてしまった反省から、当局発表だけに拠らない客観報道を戦後ジャーナリズムは大事にしてきました。「二度と戦争を起こさない」という思いが、戦後のジャーナリズムの根っこにはあるのです。文学部の日本史学専修で、社会思想史やジャーナリズム史を学んだ私は、「客観報道は大本営発表と反対の精神的態度で、公正な報道の前提だ」と考えてきました。

ところが、現在の若い世代が使う「客観報道」の反対語は、「大本営発表」ではなく、どうも「偏向報道」のようなのです。


批判ばかりのマスコミは、偏向している。

総理が言った言葉は、そのまま「客観報道」すべきなのだ――。


いろいろな大学の学生と話すと、こう思っている人は少なくはないように感じます。この文脈では、客観報道はなんと、大本営発表を垂れ流すことになってしまうのです。

時代は大きく転換しました。「二度と戦争を起こさない」という戦後ジャーナリズムの基本精神は、戦争体験者に会ったことがない世代には、ただのキャッチフレーズのようにしか聞こえないでしょう。語り継ぐことは、私たちが思っていた以上に難しい。このことを認めるのに、私は強い苦痛を感じます。

しかし、私たちの世代も、「客観報道」の趣旨をきちんと理解していたか。両論を取り上げるけれども、自分の見識は示さず、逃げていていなかったか。昨今メディアが受ける批判は、自らが招いた面が否めません。それは、差別を報じるときに記者が中立・客観の立場に安住していなかったか、という問題にもつながります。

次代のジャーナリストは、かつてのように客観報道の盾に隠れることはできず、「お前はいったい誰なのだ」という問いかけを常に受ける立場になる。そんな予感がしています。

日々の報道は、「歴史の最初のデッサン」です。誰かの代わりに、自分の目で見て、耳で聞いて、言葉に紡いで、誰かに伝える作業は、いつの時代も必要なものです。テレビとラジオ二つのセルフ・ドキュメンタリーもまた、私なりのデッサン。後世の歴史家が、二〇二〇年前後の日本の精神性が描かれた史料として参照してくれたら、と思っています。

調査報道「サクラエビ異変」の取り組み
——富士川の河川環境を中心に

静岡新聞　清水支局長
坂本昌信

一　サクラエビ不漁の問題を追う

自ら原因究明を行う「掘り起こし型」取材

静岡新聞では、「サクラエビ異変」をテーマに富士川の河川環境についての長期連載をしています。この連載は、地場水産業における不漁の原因究明が出発点でした。

サクラエビは体長数センチのピンク色のエビで、生やかき揚げ、関西ではお好み焼きの具材として食されています。静岡県のみが専門の漁を実施しており、県内では非常に馴染み深い水産物です。近年、そのサクラエビが不漁となり、主産卵場に注ぐ富士川の濁りが地元でクローズアップされました。

日本三大急流の富士川は、井伏鱒二が愛した「尺アユ」の川でもあります。尺アユとは、体長三〇センチ以上のアユのことです。急流を上ることで大きくなるものの、急流ゆえに鼻が曲がってしまった「鼻曲がり」と呼ばれる尺アユが、一〇年ほど前まではたくさん釣れたそうです。しかし、この尺アユも現在まったく見ることができません。

原因究明のため、海洋物理学や海洋生物学などの専門家が有志で立ち上げた「サクラエビ再生のための専門家による研究会」と連携し、科学的観点から調査を実施しました。その過程で、主産卵場に注いでいる富士川（われわれは「母なる富士川」と呼びます）の、いわば社会問題にも光を当てていくことになりました。のちほど説明しますが、この社会問題とは特産品が漁獲できないという経済的側面にとどまらず、大げさな言い方をすると人間の文明の負の側面を顧みるようなものでした。

取材チームは当初、私を含め数人でスタートしました。その後、取材の趣旨に賛同するスタッフが集まり、最大で十数人ほどのチームになりました。現在も四～五名ほどがコアメンバーとして取り組んでいます。

この取材で心掛けたことは、発表先取り型ではなく、掘り起こし型で取材するということです。記者クラブに所属し、プレスリリースを先取りして書いていくことも必要ですが、「サクラエビ異変」には発表された内容をそのまま載せている記事はほとんどありません。よくジャーナリズムは反権力だと言われたりしますが、私はクラフトマンシップだと思っています。手作りで丁寧に一つひとつこだわりを持って作ることが大切なのではないでしょうか。

構造的な社会問題に挑む

サクラエビの不漁を取り巻く社会問題の解決には、地元の皆さんや議員の方々に一つのパッケージとして挑んでいただけるよう発信しました。要望を受けてこれまで数回開いた「勉強会」でも、この点を踏まえて説明をしています。

社会問題を構造的に理解する際に「二階建て、三階建て」などと整理されることがあります。今回も同様で、一階部分に基礎となるアルミニウム加工大手日本軽金属の戦時期からの巨大水利権の問題がありました。二階部分には日軽金雨畑ダム（山梨県早川町、総貯水容量一三六五万立方メートル）の堆砂問題が、三階部分には、日軽金出資の採石業者ニッケイ工業による高分子凝集剤入り汚泥（ポリマー汚泥）の不法投棄の問題がありました。これらには通底しているものがあります。それは、行政や企業、地元住民、マスコミの川への無関心です。現状を良くするためには、別々に切り離すのではなく、それぞれの問題と向き合っている流域住民が一つになって皆で川を良くしていこうというメッセージが必要でした。

きっかけは二〇一八年秋の全面休漁

取材を始めたきっかけは、二〇一八年の春の漁でサクラエビが過去最低の水揚げを記録したことです。サクラエビ漁は春と秋に二回漁をしますが、二〇一八年秋漁は明治時代から続く漁史上初の全面休漁となりました。この問題を受けて、二〇一九年の元旦から報道を本格的にスタートしたのです。

連載は二年半以上続いており、期間としては異例の長さだと思います。よくわれわれは「『海』の問題はすなわち『川』の問題であり、『森』の問題であり、そして『人』の問題である」と書いています。この連載で、人の問題にまで行き着くことができればと思っています。

記事では、これまでに述べた問題意識をもとに、大きく「漁獲規制」「文化」「環境」の三つの方向性を立てて当初から報道しています。現在は一三章七七回まで掲載していますが、ほかの特集なども合わせると、さらに多く扱っています。

原因究明の手法

不漁の原因究明においては、東京大学や海洋研究開発機構（ＪＡＭＳＴＥＣ）の先生方が作る私的研究会「サクラエビ再生のための専門家による研究会」と連携し、黒潮大蛇行などさまざまな側面から不漁の原因を探っていきました。現在、四つの仮説に行きついています。①黒潮大蛇行、②漁師の乱獲、③幼生の餌不足、④主産卵場に注ぐ富士川の濁り、です。先生方がそれぞれの仮説について実証実験を行っており、われわれはその実証実験の状況を取材しています。

取材班としては、人間がすぐに対応できることは②漁師の乱獲と、④主産卵場に注ぐ富士川の濁り、の二つだと思っています。そこで、独自に川を遡ったり、漁師の方々に取材したりするなどして、いわば「ジャーナリスティック」に実態に迫っています。一方で、研究会での研究者の方々の「アカデミック」な議論については、新聞で逐一詳報しています。

研究会では、サクラエビに関して一線で研究している方々が集まってくださいました。われわれが謝礼を支払っているわけではないので、手弁当です。先生方の専門家としての責任感と、われわれの意気を感じてくださった点があるのではないでしょうか。新聞社が専門家による私的研究会と連携して、その議論を紙面でリアルタイムで報じるような企画は珍しいと思います。

取材の目的と方向性については、アーカイブサイトを制作し、「理念編」「実践編」などタイトルを付け、われわれの取り組み内容を理解してもらえるような記事をアップしています。哲学者カントの論文「啓蒙とは何か」のなかに「理性の公的な利用」という言葉があります。良い言葉だと思ったので、アーカイブサイトに理念として記しました。新聞記者、公務員、会社員など自身の仕事の枠にとらわれず、「一人の人間」として物事に向き合っていこうという内容です。そうしたことを当時から現在にかけて、志ある記者が実践しています。

一から進めた人脈構築

新聞連載が長くなると大変なこともあります。長期間連載することについて、社内外を説得して認められる必要があります。また、紙面上の迫力を長期間の連載でいかに出すかという点にも、非常にエネルギーが必要です。そこで、取材班は一つの合言葉として「理性の公的な利用」を掲げているのです。

先にも述べたように、取材では、発表先取り型から掘り起こし型へのシフトを徹底して実施しています。人脈構築も一から行っていきました。掘り起こし型において、人脈構築は取材の基本です。結果として、年齢、職業、郷里、および新聞社という枠組みを超えてネットワークができていきました。静岡新聞関連の人脈にとどまらず、他の全国紙の方、およびそのＯＢの方にも非常にお世話になりました。われわれでは想像もつかない紙面展開などについてもアドバイスをいただきました。

二　不法投棄問題と生態系への影響

濁りの原因となっているポリマー汚泥とダムの堆砂

富士川の濁りの原因について、最も大きな問題が富士川水系雨畑川でのポリマー汚泥の不法投棄の問題です。二〇一九年五月一四日付朝刊では「雨畑川に汚泥投棄　廃棄物処理法　抵触か」と一面で、山の奥の雨畑ダムの麓で日軽金出資の採石業者ニッケイ工業による不法投棄が長年行われている現場を押さえ、特報しました。本来ならば焼却処分すべきポリマー汚泥という産業廃棄物がかき出され、トラックに積まれて運ばれ、川に流されていたのです。われわれは情報を受けてヘリコプターも飛ばしてその様子を動画撮影し、公開しました。これがサクラエビにどのような影響があるかについては、現在検証を進めています。

不法投棄された川のすぐ上流の雨畑ダムには非常に多くの泥が溜まっています。これも下流の濁りの原因になっており、川や海の生態系に大きな影響を与えています。二〇一七年度の国のデータによると、このダムは総貯水容量五〇〇〇万立方メートル以上の全国のダム約五〇〇〇カ所のなかで一番泥が溜まっている状況でした。われわれがこの問題を報道したことを受けて、国や県がダムのなかに溜まっている泥の撤去を行政指導しました。泥の蓄積状況はかなりひどく、ＮＨＫをはじめとする他メディアでの報道にもつながりました。

雨畑ダムや不法投棄現場のある雨畑川が注ぐ早川と富士川の合流地点では、早川からの濁りが富士川本

写真１　堆砂が進み、ほとんどが土砂に埋まった日軽金雨畑ダム
（2019年８月、山梨県早川町）

（出所）静岡新聞。

流に注いでいました。豪雨があると、早川と富士川の合流地点は非常に濁りが強くなってしまうという状況にあり、地元の方々は非常に危惧しています。

河川環境を守る立場の富士川漁協が沈黙

しかし、行政や地元の富士川漁協はなかなか腰を上げませんでした。不法投棄については、不法投棄を行ったニッケイ工業の社長が、もとは山梨県の治水課長だったことがわかりました。治水課長は、川をきれいに保つ活動を率先して行う人物です。その人物が天下った企業が一〇年間、生態系を壊滅させるような非常に深刻な不法投棄をしていたのです。そのような事情があり、県も警察に刑事告発をしなかったのだと考えています。

われわれも記事を書いているなかで虚しさがありました。振り返ると企画が始まってから一

年ほど休みがないような状態で、へとへとになるまで記事を書き、動画も展開しました。結果として行政を動かすことができればと思っていましたが、このときはかないませんでした。

行政、企業、漁協の癒着と言えるような構図があり、厚い壁となっていました。本来ならば漁協は河川環境を守らなければならない立場です。富士川漁協は、富士川の中流の漁業権を持っている団体なので、富士川が環境汚染により濁れば、遊漁券を売っている自分たちが困るはずです。しかし、真っ先に声を上げるべき漁協が、濁りに関してまったく関心を持たない姿勢をわれわれの取材に貫き通すのです。

この点を非常に不審に思い、取材していくと、富士川漁協は富士川に発電用巨大水利権を持つ日軽金から、年間約一五〇〇万円の補償金をもらっていたことがわかりました。もともと四〇〇万円ほどの補償金が支払われていたものを、取水堰堤（取水するために設置された堰堤）の水利権更新時期に引き上げていたこともわかりました。漁協も彼らなりに日軽金と交渉していたのです。補償金が裏にあったがゆえに、漁協が本来ならば動くべきときに動かなかった理由がわかりました。

証明されたプラスチック汚染

行政や漁協の動きがないなか、われわれも行き詰っていきました。企画が長くなると、社内には次の企画をやりたい人もいます。行政からは、高をくくったようなことを言われたりもしました。たとえば、「ポリマー汚泥が富士川に残留しているのではないか」「それが生態系に影響を与えているのではないか」という指摘に対しては、「静岡新聞で実験をやって結果が出たらわれわれも動きますよ」と山梨県の不法投棄を監視する部署の課長が言ったりもしました。そこで、そこまで言われるなら一か八かやってみようと行ったのが、東京海洋大学の研究室との独自検出実験です。

二〇二一年の四月下旬に、東京海洋大学に泊りがけでうかがって、先生方とともに凝集剤の検出実験を行いました。事前にわれわれの問題意識をお伝えするなかで、先生方からは、「一度環境に出た凝集剤成分を検出することは、手法として確立されていないこともあり、無理だと思う」とご説明がありました。それでも、さまざまな方法を先生方と考えた末に、「はっきりとは出ないものの、否定は決してできない」という結果を出すことができました。

この結果は、「プラスチック汚染そのもの」（二〇二一年五月一八日付朝刊）という特集記事（図1）にデータそのものを盛り込んで掲載しました。データにより説得力を持たせ、実験していただいた先生のコメントも掲載しました。また、静岡新聞以外の岩波書店の月刊誌『科学』にも検出実験についての記事を書くことで、発信していきました。そうするなかでようやく風向きが変わってきたのかなと思います。

不法投棄された魚毒性物質

富士川におけるプラスチック汚染の大きな問題の一つに、情報公開請求の結果、不法投棄されていた凝集剤のなかに、ポリアミンと呼ばれる魚毒性が非常に高いものが含まれていたことがわかったこともあります。除光液のなかに含まれる物質「アセトン」の三〇〇倍にも上る非常に魚毒性が高いものでした。凝集剤の代表的成分とされるアクリルアミドポリマーではなく、アミン系の物質が直接水質に影響を与えて、生物がいなくなったのかもしれません。いろいろ考えられますが、とにかく凝集剤に由来すると思われるものが河川から検出されたことがわかりました。その検出のためのサンプルについては、われわれが長靴

図1　東京海洋大学研究室と取材班の凝集剤成分検出実験の詳細を報じた記事

高分子凝集剤入りポリマー汚泥残留　分析詳報

東京海洋大学牧子研究室の協力で実施した実験では、2019年5月までの少なくとも約8年間、日本軽金属出資の採石業者ニッケイ工業による不法投棄が続けられた雨畑川（山梨県早川町）から約30キロ下流の富士川本流で、不法投棄が行われなくなったいまもなお、高分子凝集剤入りポリマー汚泥が残留していることが判明した。石油由来のアクリルアミドポリマー（AAP）はプラスチックそのもの。富士川水系でプラスチック汚染が広がっている実態も浮き彫りになっている。生態系の異変との因果関係は厳密には未解明ながら、川ではアユなどが激減、サクラエビ春漁では主産卵場の富士川河口に群れがみられない。取材班が実施した分析を詳報する。

（「サクラエビ異変」取材班）

サクラエビ異変　母なる富士川

プラスチック汚染そのもの

調べる第一歩は「煮詰める」

[illegible]

半透明の白い粒が析出

[illegible]

煮詰めた液体を「光学分析」

[illegible]

存在否定できない結果

[illegible]

水中で泥を揺らし「可視化」

[illegible]

〝房状〟の集合体を確認

[illegible]

凝集剤　少なくとも5種類　アルミ系や魚毒性高いものも

[illegible]

山梨県　早々に「撤去宣言」

[illegible]

凝集剤で泥の粒子より下流へ

佐藤駿佑氏（高分子化学）

[illegible]

（出所）『静岡新聞』2021年5月18日付朝刊。

を履いて川に入り一〇〇サンプル以上を集めました。

この実験結果と報道の結果、山梨県と静岡県が本格調査を約束してくれました。地元の市議会でも住民の意見書採択を求める請願が可決されるなど、非常に大きな話になってきたところです。

濁りによるサクラエビの繁殖阻害

濁り成分の微細粒子そのものについても、サクラエビに影響があることがわかってきました。取材班と連携する「サクラエビ再生のための専門家による研究会」の先生のうちのお一人が、サクラエビの産卵時期に、「アタマグロ」と呼ばれる産卵間近の海老を採取し、その日のうちに大学に運んで水槽のなかで産卵させたのです。卵や幼生について、それぞれ違う一定濃度の濁水を加えていった際にどうなるかという実験をされました。この結果、富士川の濁りが直接サクラエビの卵のふ化や幼生の生育に影響しているという科学的信憑性も高まってきています。

影響は静かに広がっているのではないか

ここからはわれわれがこれからすべきことについてお話しします。まずは、公害事件の可能性はないかという点です。凝集剤の主成分であるアクリルアミドポリマーは紫外線で分解され劇物になります。地元の医師のなかにも非常に危惧されている方もいます。人間への健康被害も危惧される、とんでもないことが起きているのではないかと考えています。

この点はまだ追跡しているところですが、人に害が出るのは当然だと思います。化学的な物質が環境に影響を及ぼしている可能性が高まるなか、人に害が及んでいないはずはありません。非常に深刻な事態だと捉え、取材をしているところです。この点も含めて、山梨・静岡県の両知事は調査の実施を約束しておりますので、その調査の成り行きを見ていきたいと思います。

三　静岡の「もう一つの水問題」

私企業が持つ巨大な水利権

静岡県は現在、リニア中央新幹線の開通についての問題を抱えています。県知事は、南アルプスにトンネルを通すことで大井川の水が流出することを非常に危惧しています。東京や大阪など大都市に関係することでもあり、そちらのほうが全国的には大きく取り上げられがちです。しかしわれわれは、この大井川の問題と同様、静岡が抱える「もう一つの水問題」である富士川の問題についてもぜひ皆さんに関心を持っていただきたいと思っています。

富士川の問題で欠かせないのが、戦時期から国策企業として成長してきた日軽金の巨大水利権です。富士川水系に六つの水力発電所を持つ日軽金は、戦時中に戦闘機「零戦」の機体に使う超々ジュラルミンを製造するために設立された企業と言って過言ではありません。この金属はアルミの一種で、当時先端素材でした。アルミを製造する際には電気が必要です。川から水力発電のために水を奪われることには、地元の人の反対運動もあったとは聞いていますが、設立当時は戦時期だったこともあり大きな問題にはなりませんでした。その結果、富士川沿いに巨大な導水管（トンネル）が建設され、水力発電所が設置されてター

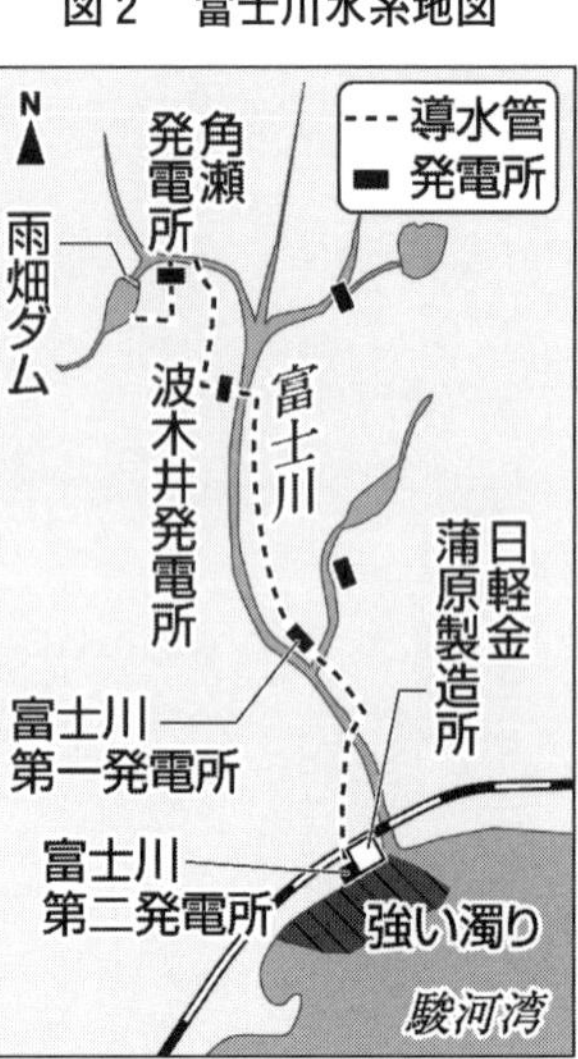

（出所）静岡新聞。

ビンが回されました。今もこの富士川から引く水の利権を日軽金が持っており、その導水トンネルからは富士川本流以上に強い濁水が駿河湾奥に注いでいます。

地元に戻るか水利権

取材するなかで、戦時期の導水トンネル建設のために行われた大規模な朝鮮人強制連行や、その際にあったと見られる死亡事故について正確な記録が残っていないことなどもわかりました。さらに、日軽金が流域自治体や住民に一切説明することなく、膨大な電力が必要なアルミ製錬をすでに止め、富士川流域の水力発電所で得た電力を国の制度を使って電力会社への売電に流用していることも判明し、「サクラエビ異変」の連載のなかで一つひとつ取り上げてきました。この結果、地元住民の間で反発が強まり、山梨県知事と静岡県知事がこの巨大水利権も含めた河川環境について検討する動きが出てきました。山梨県内の二町は現在水利権更新手続き中の日軽金波木井発電所（山梨県身延町）の水利権一部返還を求めており、われわれも非常に注目しているところです。

水利権の返還は非常に大きな話で、日軽金の取水量は最河口部で毎秒七五トンに上るそうです。現在リニアのトンネル工事で静岡県知事が問題にしている他県への流出水量の合計が毎秒二トンなので、実はリニア問題よりも日軽金の水利権のほうが河川環境に与える影響は大きいことがわかります。もしこの水利権が一部でも戻ってきたら、すごいことでしょう。

河川法の欠陥を問う

国の河川法運用に問題がある点についても、お話したいと思います。日軽金波木井発電所について、山梨県内の二町が「買電に流用しているようなら」と水利権を一部返すよう求めていることを、先に触れました。法律では「(発電用水利権の許可・更新の際には)関係都道府県知事の意見を聴かなければならない」とあります。では、「関係都道府県知事」は誰を指すのでしょう。国土交通省が内部で「マニュアル」として使っている河川法を解説する書籍など二冊をわれわれが読んだところ、「原則として取水口、注水口、放水口、取水堰等が設置されることとなる土地の存する都道府県の知事」とありました。波木井発電所のこれらの施設は山梨県内にあります。これでは減水により最も影響を受ける下流の静岡県知事には聞く必要がありません。もちろん、静岡県内の市町にも確認する必要はありません。

今回、山梨県知事は、国交省から「従来どおりの量で更新してよいか」と打診があったため、山梨県内の自治体に諮問したところ、地元の二町から反発があり、国交省にその旨をそのまま伝えたそうです。これにより、もしかしたら水利権が一部戻ってくるかもしれない状況が生まれています。ただ、本来なら、国交省は山梨県だけではなく、静岡県にも同様の意見聴取をすべきで、この点、河川法の運用が極めて恣意的に行われています。国のこうした河川法の運用の問題の影響を受けるのは、富士川だけではなく、複数県にまたがる他の全国の河川の場合も同様です。これは法律の不備だと思っています。

企業はなぜ問題を放置するのか

日軽金について、あまり個社のことだけを責め立てることに気が引ける部分もあります。しかし、現状では同社の会社運営のまずさは目も当てられないような状況です。所有する自家発電用の雨畑ダムには堆砂が蓄積して埋まっており、周辺に集落もあるため、水害の危険性が非常に高まっています。

日軽金は堆砂対策のため、二年連続で巨額の特別損失を計上しています。いくらお金をかけても土砂は溜まり、有効な手は打てずに経営の重荷となっており、もはやダム設置者としての当事者能力を失っているようにも見えます。また、日軽金の全国の工場では、アルミ板の不正検査が行われ、日本産業規格（JIS規格）が取り消されました。今、まさに順法精神が試されている状況です。

四　長期連載の着地点はどこか

得られた成果と今後

新聞記者であれば、ここまで話題が広がった連載について、どう落とし所を見付けていくかが当然気にかかります。われわれなりに答えを見付けようとした結果、一つの終着点として多少なりとも行政を動かすことができました。独自の実験により山梨県と静岡県を本気にさせ、取り組むべき課題として成立させたのは大きな成果だと思っています。一方で、「サクラエビ異変」はまだ続いていますので、今後どのように取り組んでいくかが課題です。そのなかで、見えてきたキーワードが「人新世」と「コモンズ」「地方と東京」「流域思考」です。

「人新世」に生きる

「人新世」は最近注目が集まっている言葉です。人間の開発が進み過ぎて、環境に深刻な影響が発生してままならない状況に陥っている時代のことを指します。産業革命や第二次世界大戦の影響による地層が未来永劫残ってしまうような時代を迎えるなか、この「人新世」の時代にわれわれはどのように環境に向き合っていくかを、「サクラエビ異変」を通じて考えていきたいと思っています。

機能する「コモンズ」とは

「コモンズ」は共有地という意味で使われることが多い言葉です。ほかにもさまざまな捉え方をされています。有名な経済の法則「コモンズの悲劇」は、共有地を放置すると、そこに関連する漁師や農家、林業従事者などが資源を勝手に乱獲してしまうので、資源が枯渇してしまうということを指します。はたしてそうなのでしょうか。もっと地元に根付いた知恵や民族的な仕組みを再考すべきではないか、という議論もあり、両方の考え方をさらに丁寧に見ていく必要があります。

地方の問題を監視するのは誰か

「地方と東京」も大きなキーワードです。今回の話は大企業の売電の問題も絡んでいて、福島原発事故とも非常に似た構図があると感じます。地方が東京の犠牲になってよいのかという問題意識があります。その点からも「サクラエビ異変」の取材は続けなくてはならないと思っています。現在、地方は疲弊しており人が少なくなって高齢化しています。すると、監視の目もなくなってしまいます。行政が監視すればよいのですが、今回の件を鑑みると期待できません。マスコミも監視すべきですが、全国紙は東京の取材に人を割かねばならず、経営的な問題もあって選択と集中が進み、監視が難しい状況です。この点も「サクラエビ異変」を通じて考えていきたいと思います。

「流域思考」で環境と向き合う

「流域思考」は、近年国交省が提唱している「流域治水」とは異なるものです。進化生態学者の岸由二さんが以前から提唱している概念で、よく「地べたの感覚」と表現されます。岸さんは今の日本人は宇宙人の感覚で日本に住んでいる、つまり、グリッドというか、座標のなかで住んでいると述べています。たとえば、何県何市のどこだといった、まったく地べたの感覚がない情報のなかで考えるのではなく、その流域や川に住む一つの生き物として、生態系も含めて環境について考えていくべきだということです。静岡や山梨であれば、「富士川沿いの支流の早川、さらに支流の雨畑川のこの沢の近くに住んでいる」と考えることによって、行政区画などは蚊帳の外に置いて、自然や川と向き合っていけるのではないでしょうか。このような点を念頭に置いて、手探りをしながら取材しようとしています。

そこに暮らす人々を守るための報道を

調査報道の目的は、世の中を動かすことですが、読者がいるかぎり継続していくことに意義があってもよいのではないかと思っています。「サクラエビ異変」は異例の長さの連載だと言われますが、そのなかで、われわれのような人間集団が静岡新聞にもいることを見せていきたい。おもねらない態度、自らネタを発掘する姿勢を続けることに意味があると考えています。

取材班が理念として掲げてきた「理性の公的な利用」については、新聞記者あるいは会社員という枠組みを超え、富士川の近隣に生きるものとしての立場が今試されているのではないかと思います。二〇二一年七月現在、静岡県は熱海市の土石流災害を大きな事件として抱えています。これは、富士川の問題とも「目にははっきりと見えない環境破壊」という点で一致しているのではないでしょうか。

熱海市の土石流災害は、産業廃棄物の搬入があったなど、さまざまな点が取り上げられていますが、一見しただけでは事件の全容が当初はわからなかったという点が特徴です。昔の公害事件は構図がわかりやすい面もあり、海が赤く染まったりしました。一方で、富士川や熱海市の問題は、災害の発生や生物への影響があったとしても、原因がすぐに判別できない状況に置かれています。この点は誰がいち早く気付き、告発するかにかかっています。熱海市の事件も、この件についてもっと早く詳細に取材をしていたメディアがいれば、災害が起こる前にいち早く報道できたかもしれません。すべての環境問題に言えることですが、その責任の一端は常にわれわれマスコミにもあるとの認識が重要だと感じています。

❖講義を終えて　コンテンツ磨きの重要さ、今こそ

早稲田大学の皆さんにお話をさせていただき、自分が新聞記者になる前のことをいろいろと思い出しました。部活もせずに、学校をさぼって大井川の土手で太宰治や坂口安吾を読んでいたいいかげんな高校時代のこと、そんな自分を叩き直したいと四年間続けた体育会アメリカンフットボール部時代のこと、よく講義のノートを貸していた部活の先輩から「新聞記者向いているんじゃない？」と言われるまま、マスコミを志したことなどです。

大学時代は部活が生活の中心で、『ＡＥＲＡ』の「現代の肖像」を自分と同じ年くらいの大学生の書き手が書いているのを見て「東京にはすごいライバルがいるんだな。本当に新聞記者になれるのかな」などとぼんやり思っていました。そのなかの一人は、その後結構有名な作家となったのですが、静岡新聞社に入ってから伊豆の下田で知り合い、頻繁ではありませんが交流が続いています。

一般に、新聞記者の仕事の多くを占めるのが、いわゆる「発表もの」と呼ばれる行政や企業のプレスリリースを正確に記事にすることです。残りは、「追っかけ」と呼ばれる他社に載った記事を半日か一日遅れで書く仕事。そのようななかでも「独自もの」と呼ばれるスクープを取ってくることが求められ、やることは多いです。私が言った「ジャーナリズムとはクラフトマンシップなのではないか」という言葉に多くの皆さんに反応していただきましたが、振り返ると会社の同僚や上司に恵まれた面があり、「サクラエビ異変」の取材を通し、新聞記者として得難い経験をしたという実感もあります。ただ、この言葉は新聞記者の仕事のあらゆるレベルで真理だと思っています。

今回と同じような話をすると、「なぜ全国紙の毎日新聞をやめたのですか」と聞かれます。今回、皆さんからはそうした質問はなかったので、あえて詳しくは触れませんが、新聞社の取材はチームワークで成り立っている以上、「退社」という決断はほめられたものではなく、ほろ苦い気持ちを今も持っています。「全国紙にいればできた取材もあったな」と思うなか、今回の話を通じ、「人生は何度でもやり直せる」ということ、それを見ていたり評価したりしてくれる人もいるということも小さな声で伝えたかった。

「サクラエビ異変」はようやく形になり始めましたが、まだまだ続きます。クラフトマンシップにも通じますが、自然や生態系というものを取材対象にする以上「地べたの感覚」というものを大切にしていきたい。デジタル全盛の時代ですが、ネットか紙であるかは「どう伝えるか」といういわば「作法」のような範疇の話であり、本質論ではありません。重要なのはいつの時代もコンテンツの面白さです。

新聞はなぜ売れなくなったのか。社内でもよくそうした話をします。私は、「新聞が面白くないから」だと思います。「発表もの」「追っかけ」を記事化するかどうかの判断の最大の基準の一つは、いまだに「ほかの社が書くかどうか」であり、現場では〝チキンレース〟が日々繰り返されている面もあります。今の新聞制作の指揮系統のデフォルトは機能不全になっていて、「思想」の再構築があっていい。

あえて「作法」の話に戻すなら、「新聞紙」という物体が家に届く、手に取って読めるという事実はとても重く、権力への影響力もネットは紙に及びません。私はこの火を消してはならないと思っており、そのためにも、新聞記者のコンテンツ磨きの重要さが今、ますます増しています。

「今と地続きの歴史」を伝える
——NHKスペシャル『全貌 二・二六事件』の取材・制作の現場から

NHK エグゼクティブ・ディレクター
右田千代

一　今につながる「歴史」に取り組む

「自分の心の琴線に触れたら、立ち止まれ」

まず最初に、私が担当しているディレクターという仕事についてお話したいと思います。ディレクターには、取材・ロケ・編集・コメント作成などさまざまな仕事がありますが、NHKのディレクターにとって特に大事な仕事は「企画」「提案」と言われます。私は入局した際「ディレクターとは提案する動物だ」と研修で言われたことが今も忘れられません。

その提案・企画について、尊敬する先輩からいただいた大切な言葉があります。「自分の心の琴線に触れたら、立ち止まれ。そこに、自分にしかできない企画の芽がある」という言葉です。「心の琴線に触れることがあったら、それを大事にしなさい。この時代に生きる一人として自分が感じることは、同じ時代を生きる他の人たちにとっても大事なことと重なるかもしれない」という意味です。自分が「あれ？」と思ったときに、まず立ち止まる。それを深く掘り下げて取材していったら、その先に同時代の人たちにも響く企画が生まれる可能性がある、と教えていただきました。私は今もこの言葉を心に置いて、実践しています。

「今」の戦争体験者と出会う

ＮＨＫでは番組の分野に応じて担当が分かれており、私は報道番組を担当しています。報道番組担当のディレクターは「クローズアップ現代＋」「ＮＨＫスペシャル」や「おはよう日本」などでドキュメンタリーを制作しています。

そうした業務のなかで、私はかつて旧ユーゴスラビア紛争時にサラエボに行ったり、コソボ紛争が勃発したときに現地に行ったりして番組を制作しました。報道番組なので「一〇〇万人近い難民が出た」というニュースを受けてすぐ現場に向かいました。そこで「過去」ではなく「現代」の戦争体験者と出会ったことが私のなかに深く残りました。サラエボの内戦で傷付いた若い人たちや、コソボ紛争で難民となった人たちなどとの出会いです。また、日本では広島の被爆者の方に多くのことを教えていただきました。こうした方々は、普通名詞の「難民」「戦争被害者」「被爆者」ではなく、名前や顔がある一人ひとりであることを痛切に感じ、「一人ひとりの命」の重みを実感しました。自分が出会った戦争を体験した方々のことを思い浮かべながら番組を作ることが、自分の原点になっていると感じます。

その後、さまざまなご縁がきっかけで、自衛隊の取材を長く行ってきましたが、それが日本軍の取材につながり、同時に「今」につながる歴史であることに気付いたことが、二〇一九年に放送したNHKスペシャル『全貌 二・二六事件〜最高機密文書に迫る〜』の企画の出発点になっています。

今、戦争という歴史に取り組むとき、それは「歴史番組」ではなく、自分が生きる「今」につながる「報道ドキュメンタリー」であると考えています。

また、私の両親は戦時中に青春を過ごした戦中世代です。父母から聞いていた戦争、空襲体験や仲間を戦争で亡くした話などが心に残り、私にとって戦争は「他人事」ではありません。戦争体験者から話を聞いてきた人間としての責任を感じる、個人的な思いもあって番組制作に取り組んでいます。

二 「資料」との出会いに至るまで

八十数年前の出来事の第一次資料とは

私が担当した番組、NHKスペシャル『全貌 二・二六事件』は、海軍の富岡定俊元海軍少将が戦後持ち続けていた極秘の公文書が番組の軸となっています。二・二六事件は八十数年前の出来事ですので、生存者も極めて限られています。それだけに、資料を映像としてどう表現するかも大事なポイントでした。

まず今回は「第一次資料」であることがとても重要でした。第一次資料とは、一言で言えば事件が起きた当時にリアルタイムで記録された資料です。それ以外の資料は、その後に記憶をもとに書かれたり、裁判など検証を経て書かれたもので、事後の解釈や推測などが入っています。今回は第一次資料であるからこその強い説得力をどう活かせるかが大切でした。その結果、当時の時系列を大切にした内容になりました。さらに、九〇歳、一〇〇歳を超えた方々の貴重な証言が資料に書かれた事実を裏付けてくれました。

番組の演出としても、資料に刻まれた事実を、視聴者に説得力をもって受け止めてもらうことを最優先に考えました。ドキュメンタリーと再現ドラマで伝えましたが、再現ドラマも徹底して事実にこだわりました。また資料部分を朗読してもらう方として、三〇年来お世話になってきた俳優の今井朋彦さんにお願いしました。過度な感情や価値判断を込めずに事実に説得力を持たせられる希有な語りに支えていただきました。

なぜ資料が不可欠なのか

戦争など歴史に関するドキュメンタリーにとっては、根拠となる資料の存在が不可欠です。

現代に起きている出来事、たとえば新型コロナウイルスや東京五輪などについては、皆がある程度基本的な情報を共有し、それを土台にして議論ができると思います。それに対し、生存者がほとんどいない時代の話題は、そもそも何が事実であるか、情報が共有できていないことが多く、資料に頼らざるを得ないのが現実です。

ＮＨＫでも、戦争や原爆などに関わる内容を取り上げる際には、どんな新しい資料を発見したのか、どんな事実に基づく番組かを問われます。今回も二・二六事件について、これまで知られていなかった極秘文書が見付かったことで、番組の提案が採択されました。

資料に基づく優れたドキュメンタリーとして、ＮＮＮドキュメントで放送された南京事件に関する番組があります。参考になるのは、第一次資料の扱い方です。南京事件は、その事実を巡って今もさまざまな意見があるなか、この番組の制作チームは、従軍していた兵士たちが当時記した日記によりどころを求めました。当時現場でリアルタイムに記された日記という第一次資料だからこそ、事後の解釈や推測をできるかぎり排したアプローチができる。この方法はとても大事な視点だと学びました。

プロジェクトメンバーとの出会い

歴史的な資料は、簡単に見付かるものではありません。今回の番組で扱った資料についても、出会うまでの縁をたどると、一八年前までさかのぼります。日本海軍や自衛隊、戦争をテーマに、ともに番組を作ってきた同僚や取材先の方とのご縁があったからこそ、今回の資料と出会うことができました。

最初のきっかけは二〇〇一年六月に起きた自衛隊の事故です。北海道の大演習場で航空自衛隊が訓練弾を住宅地に誤射するという衝撃的な事故でした。私も制作に参加し、緊急でクローズアップ現代『訓練弾が住宅街を襲った――検証・自衛隊訓練誤射事故』を放送しました。

私が取材で自衛隊に接したのはこれが初めてでしたが、このとき一緒に制作した記者やプロデューサーなどと、その先も自衛隊や海軍・戦争に関する番組をともに制作していくことになりました。ここで生まれた縁が今回の番組にもつながっていったのです。

ＮＨＫ内での連携体制

プロジェクトチームに関連して、私見ですが、記者、ディレクター、プロデューサーの違いについて簡単にご説明します。ＮＨＫの記者はまずはニュースの原稿を書くことが重要な業務です。警察や官公庁の記者クラブに所属している記者もいて、取材をもとにニュースの原稿を書き、さらに企画や番組作りもします。ディレクターは企画を提案しさまざまな番組を作ります。ニュースをもとにして始まる企画の場合は、記者とディレクターが一緒に仕事をすることもあります。ディレクターが記者とともに官公庁などを取材するなど、さまざまな関わり方があります。

ＮＨＫではディレクターは、プログラムディレクター（ＰＤ）と呼ばれます。ＰＤが経験を重ねた結果、俯瞰的に番組全体を統括し、予算やリソースを管理しながら番組の責任を持つ管理職、チーフプロデューサー（ＣＰ）になります。

私はその中間に位置し、管理職ですがディレクターを続けています。ディレクターとして年数を重ねても、やはり第三者の目というのは非常に重要で、第三者の目なくして番組はできません。今回も後輩のプロデューサーと一緒にチームを組んで制作しました。

自衛隊の事故を取り上げたクローズアップ現代では、当時防衛省クラブにいた小貫武記者に多くを教えられました。非常に優秀な記者で、私がこの事故をきっかけに自衛隊に関心を持ったことを受け、専門的な立場から自衛隊に関する企画を制作していく中心となりました。

それぞれの専門を活かしてプロジェクトチームを組むことで、自分一人ではたどり着けない領域まで取材する醍醐味を味わうことができます。

自衛隊への取材と番組企画の芽

チームで自衛隊取材を始めて、陸海空すべての自衛隊の広報幹部と会うなど、自衛隊とは何かを取材していた二〇〇一年、米同時多発テロ事件「9・11」が起きました。「9・11」が起きる前は、自衛隊を取材した印象は「非常に抑制的な実力組織」でした。太平洋戦争の惨禍を経験した国民の間では、戦後長い間、軍国主義への抵抗感が広く共有されてきました。日本国憲法下では自衛隊は軍隊ではありませんが、武装した実力組織であることは事実です。それを自衛隊としても自覚し、駐屯地を出て町中を移動するときは制服を私服に着替えるなど、常に国民の目を意識し神経を使っていると当時うかがいました。憲法下、非常に厳格に、公務員としての務めを果たそうとしていることが伝わってきました。そんななか、「9・11」が起き、アメリカから支援要請を受けた自衛隊は、一気に世界の安全保障の表舞台で注目されるようになっていきます。私たちはそうした自衛隊の過渡期を取材し、NHKスペシャル『自衛隊は何をするのか 対テロ支援・現場からの報告』という番組を制作しました。海上自衛隊の「対テロ支援」の現場をイージス艦に乗るなどして密着取材しました。この過程で、海上自衛隊の幹部と深い信頼関係を築いていた小貫記者は、海上自衛隊誕生の経緯を記録した資料が防衛省内に存在することを教えられ、取材が可能となりました。その資料をもとに、海上自衛隊が戦後アメリカとの協力関係のもとでいかにして生まれたかをたどったNHKスペシャル『海上自衛隊はこうして生まれた』という番組を制作するに至りました。

専門家・研究者との出会い

その後も同じチームで戦争や自衛隊に関する番組を作り続け、二〇〇四年にNHKスペシャル『子どもたちの戦争――戦時下を生きた市民の記録』を制作したところで、私事でありますが、親の介護と子育てで休職しました。休職中もチームと連絡を取り合い、休職を終えた後にNHKスペシャル『日本海軍400時間の証言』を制作・放送しました。この『子どもたちの戦争』と『日本海軍400時間の証言』を制作するなかで、外部の専門家との貴重な出会いがありました。

東京都千代田区九段に、戦没者遺族の労苦を伝える資料などを集めた「昭和館」があります。『子どもたちの戦争』という番組は、戦争中子どもだった方たちが高齢化し、戦争で亡くなった家族の思い出がつまった品などを昭和館に納める姿を追った番組でした。昭和館に勤務していた戸高一成さん（現・呉市海事歴史科学館館長）とは、この番組の取材で出会いました。戸高さんは大変ユニークな方で、多摩美術大学で彫刻を専攻しながら、軍関係の歴史に興味を持ち、古本屋で資料を収集する一方、当時まだご存命だった元海軍士官の方々に直接お話を聞いてこられました。戸高さんからうかがう、歴史書には載っていないような当事者のお話が大変興味深く、私たちは定期的に勉強会の講師をお願いしてきました。勉強会を始めて三年ほどたったとき、戸高さんから「海軍反省会」について初めて教えていただきました。

海軍反省会は、海軍の元幹部の方々が、昭和三〇年代から一三〇回以上にわたって密かに集まり、「自分たちはなぜ戦争を始めたのか、なぜ敗北したのか」について、当事者として自ら検証した会議でした。戸高さんは海軍の元幹部に信頼されて会議の準備にも関わり、会議を録音したテープの一部を預かっていらっしゃったのです。当時ご健在だった海軍幹部のご了解を得て、私たちは録音テープに基づき番組『日本海軍400時間の証言』を制作・放送することができました。

この番組の取材では、もう一つの大切な出会いがありました。今回の『全貌 二・二六事件』の資料を提供していただいた防衛大学校名誉教授・田中宏巳先生です。田中先生から教えていただいたのは、これまで誰もその存在を知らなかった、富岡定俊元海軍少将が所蔵した海軍の公文書でした。

歴史的資料というのは、どこに眠っているのかわかりません。資料をお持ちの方は、その重要性をわかっていて、公開すべきかどうか考えながら大事に保管しているのではないかと思います。歴史的資料が公開されるまでには何十年という時間がかかっても当然であると、痛感しています。

三 裏付けを取るまでの途方もない工程

取材の過程で直面した現実

田中宏巳先生から、富岡定俊元海軍少将の所蔵資料を教えてもらい、私たちは二・二六事件の取材を始めました。まずは大量の資料に何が書いてあるのかを読み込むことから始めました。皆さんの早稲田大学の先輩である、同僚・神津善之ディレクターや記者の仲間とともに、数千ページに及ぶ内容を分担して読み進めました。神津ディレクターが中心となって、読み込んでわかった事実をすべて年表にし、海軍から見た二・二六事件の四日間を克明にたどろうと考えました。一方で、第一次資料であるだけに、時系列で記録された膨大な内容のうち、特にどれが重要なのか、なかなか判断がつきませんでした。

そうしたなか、チームに参加していた歴史に詳しいフリーのリサーチャー・板橋孝太郎さんが、重要な発見をしました。資料のなかに、鉛筆で走り書きされたページがあり、読みづらかったこともあって、私たちは注目をしていませんでした。すると板橋さんが、そこに書いてある「上」という言葉に気付きました。「上」とは「かみ」と読み、昭和天皇を指すものであること、昭和天皇の発言が書いてあるのではないかと指摘してくれたのです。板橋さんに言われるまで、私たちはその重要性に気付けませんでした。昭和天皇の発言という重要なことが走り書きで書いてある——この発見は大きな分岐点になりました。その後、田中先生をはじめ専門家や研究者の方々に、より深い読み解きをお願いし、新たな発見をしていくという作業を進めていきました。

時間との闘いだった証言

資料と同じく、番組に欠かせないのは、資料に書かれた内容を裏付けてくれる当事者の証言です。これは時間との闘いでした。事件発生当時二〇歳の方でも現在は一〇〇歳を超えています。記者の方たちを中心に、資料に名前が掲載されている方について、海軍OB名簿などで消息をたどり、徹底的に調査しました。

しかし、調査は難航を極めました。連絡が取れる方がいたら、直ちにインタビューに行くという方針で臨みました。その結果、決起部隊側の方と決起部隊を鎮圧した側の方、青年将校の遺族の方などにお話をうかがうことができました。八〇年経ってしまったために聞けなかった証言もあると思いますが、八〇年経った今だからこそ聞けたお話もありました。証言してくださった方のなかには、残念ながら取材後お亡くなりになった方もいらっしゃいました。私たち戦争を知らない世代が知り得なかった事実を、真摯に語り残してくださった皆さんに感謝の気持ちでいっぱいです。

歴史が刻まれた現場

二・二六事件の現場は、都心部に集中しています。この事件は私たちの身近な場所で起きた出来事だということは、番組でも伝えるべき重要なことだと感じました。そこで企画が立ち上がった最初の段階で、スタッフ皆で二・二六事件の現場を巡りました。

出発地点はＮＨＫの近くにある二・二六事件慰霊像、決起部隊が処刑された現場跡です。事件当日に決起部隊が行軍した場所はミッドタウンとして様変わりしています。決起部隊が滞在した千代田区の山王ホテルや料亭幸楽の周辺は、今は近代的な高層ビルが立ち並んでいます。

赤坂の青山通り沿いにある公園は、事件で殺害された高橋是清大蔵大臣の邸宅跡地です。邸宅の建物そのものは、小金井市の江戸東京たてもの園に移設されていますので、関心がある方はぜひ訪ねてみてください。高橋大臣が殺害された部屋、決起部隊が上がってきた小さな階段などもそのままに再現されています。初めてその場に立ったとき、事件が実際にあったことを実感しました。

当時「部隊に帰れ」と決起部隊に呼びかけるアドバルーンが掲げられた建物。その屋上に上って、国会議事堂、警視庁など当時決起部隊が占拠していた場所を見通そうとしましたが、今は高いビルで遮られて見えず、時代の流れを感じました。

陸軍の戒厳司令部が置かれ、事件の象徴的な場所とされてきた建物も残っていました。九段会館です。東日本大震災でホールの天井が落ちて犠牲者が出たこともあり、私たちが取材を始めたとき、すでに建て直しが始まっていました。かろうじて今に残る当時の部屋を撮影することを許され、映像に残すことができました。今や事件の現場が消えようとしているということを痛感し、それを伝えることも私たちの義務だと感じました。

四　制作の過程で大切にしたこと

事件は今を生きる私たちと無関係ではない

二・二六事件のような軍部によるクーデターは遠い出来事のようですが、単なる歴史上の出来事、他人事ではないと感じます。現在も海外では軍部によるクーデターが起きています。日本には、憲法下、軍隊はありませんが、自衛隊という武力を持った実力組織が存在しています。また、私たちは法治国家に暮らしていますが、二・二六事件の時代にも憲法や法律がありました。それでも軍幹部や政府が抑えきれずに部隊によるクーデター未遂が起きてしまったという現実がありました。事件は過去の出来事ではなく、今なお起こり得る事実として重く受け止めなければと思いました。

また二・二六事件の九年後、日本海軍が真珠湾を攻撃し、太平洋戦争が始まります。今回取材して二・二六事件の頃から、戦争の前兆はすでに始まっていたのではないか、と感じました。多くの国民は、戦争が始まるのかどうか想像できないなかで、戦争への道を進んでいたのだと感じます。

事件の大きな影響として、専門家が指摘するのは「軍部による脅威」です。政治家は武力で脅されるなかで沈黙しました。また昭和天皇は、二・二六事件をきっかけに影響力を得ましたが、軍部によって軍国主義を助長する役割に利用されていきます。国民はそれをリアルタイムで見ていながら、止める機会も持てないまま戦争へと進んでいったのです。戦争への道のりは、誰にも制御できない形で進んでいく、ということに怖さを感じました。今の憲法では個人が尊重されていますが、どんなときも一人ひとりの命が守られていくのかどうか、注視していかなければいけないと感じています。

海軍が記した二・二六事件の第一次資料は、幹部による印が押された公文書です。しかし長い間公開されることはなく、事実は闇に埋もれていました。これまで「事実」とされてきたのは陸軍が事件後に決起部隊の青年将校を裁いた軍法会議の記録が中心でした。そこにはない事実を記した公文書が、八〇年あまりの間、存在すら知られずにいたのです。私たちは歴史の一面だけを見て「これが事実だ」と思い込んできた。資料の不在によって歴史の一面しか伝わっていない現実。二・二六事件以外についても、起こり得ることではないかと感じます。

事件の現場も「私たちが生きる今」とつながっている

今私たちが生きている街でかつて起きた二・二六事件。事件については当時たくさんの写真が撮影されました。軍部の規制が敷かれるなか、新聞記者が隠し撮りまでした、貴重な写真の数々が残っています。今回、その写真が撮影されたのと同じ場所に、テレビカメラを置いて撮影しました。カメラマンと撮影クルーが中心となり、古地図まで取り寄せ、事件当時どのポイントから撮られたかをできるかぎり正確に再現することに挑戦しました。そこまでこだわったのは、現代と事件がつながっていることを、実際に映像で表現したいと考えたからです。過去と現代、二つの写真を重ねることで、事件が今の私たちの歴史とつながっていることを感じてほしいと思っています。

若い人たちに伝えたい思い

今回制作に関わったチームは、皆、戦争体験を若い人たちに届けたいと、強い思いを持って取り組みました。私自身は広島で被爆者の方々からたくさんの大切なことを教えていただいたことをきっかけに、戦争に関する番組を制作してきました。年々戦争体験者の話を聞く機会が少なくなっていくなか、若い人たちに、自分がうかがってきた内容をきちんと伝える役割があると改めて感じています。戦争体験者のお話を直接うかがってきた私たちが感じる、「歴史は私たちが生きる今と地続きだ」という実感を、何よりも大切に若い人たちに伝えたいと思っています。

だからこそ、再現パートは今回の番組でとても大切だと考えました。若い人たちの心の琴線に触れる、優れたドラマを制作してきた堀切園健太郎ディレクターが制作しました。今回は特に、事実として検証できたことを徹底して表現しています。重要閣僚を殺害している場面では、台詞や殺害の方法など詳細はすべて記録に基づいています。警備に当たっていた警察官が殺害された場面では、制服の肩章なども厳密に表現しました。事実で裏づけられないことは表現しない、イメージにはしない、と事実を伝えることに徹しました。細部が事実に基づいて表現されていることで、再現ドラマはより深い説得力を持ち、ドキュメントとともに一つの表現として伝わったのではないかと感じます。

番組を企画した社会的背景

最後に、今なぜ二・二六事件の番組を制作したかについてお話します。田中宏巳先生から教えられた極秘文書について、企画の実現を検討し始めたのは二〇一七年でした。その年はたまたま政府の公文書を巡る問題が表面化し、「忖度」という言葉が流行語になりました。現代日本において政府が公文書をどう扱っているのか、そして自分たちが知る事実が今後歴史としてどう伝わっていくのかに思いを致しました。

今回、私たちが手にするに至った、二・二六事件に関する海軍の公文書についても、内容をきちんと後世に伝えなければならない。またこれまで八〇年あまり公になってこなかった実態も伝えていかなければならない、と思いました。二・二六事件の資料を巡って知ったことは、今の時代につながる問題だと思います。

そして、この番組は八月一五日の終戦の日に放映しました。二・二六事件から戦争への道のりが始まっていた、という実感を取材で得たため、その実感を伝えたいと考えました。過去の歴史についての番組ではない、今につながる報道ドキュメンタリーであるとスタッフ一同で議論しながら制作した結果でした。

戦争を自らの問題・歴史として捉える

私にとっては、戦争体験者の方々との出会いが原点です。広島の被爆者の方々やサラエボの若者、コソボの難民の方々、皆さんの人間性に心を動かされ、心から尊敬の念を抱いてきました。また皆さんは自ら選んで被爆者や難民などになったのではないことを改めて思いました。そして、もし自分がその立場だったら、と考えました。自分はたまたまこの時代・この場所に生まれたけれど、もしかしたら被爆者や難民としての人生を生きていたかもしれない。そう考えたとき、戦争は他人事ではなくなり、自分にとっての問題だと感じられるようになりました。

いくら戦争の番組を制作しても、なかなか戦争はなくならないし自己満足だろうとも思われるかもしれません。しかしそれは「雪かき」と同じだという言葉を聞いたことがあります。一度雪かきを止めてしまうと、雪はどんどん降り積もります。雪かきを止めなければ、いつか道が開けるという意味が込められています。戦争の番組を制作することをやめてしまうと、未来に戦争体験者の思いがつながらなくなってしまいます。小さい力だと思っても、ひとかき、ひとかき続けていけば、希望はきっとあると思って、これからも取り組んでいきます。

❖講義を終えて　ジャーナリストになりたいと思い続ける

講座についての皆さんのレポートを拝読し、今回提示した「今と地続きの歴史」という主題について、それぞれご自身の気持ちに照らして受け止めてくださったことが伝わってきました。「自分たちの世代は戦争について責任はない、しかし戦争が起こってしまったことは事実だから、真摯に向き合いたい」とし、戦争を「自分ごと」として考えることの必要性を書いている方も多くいて、こちらが励まされる思いがしました。

最後に私から、今後皆さんに考えていただきたい、と思うことをお伝えします。「ジャーナリストは何のために存在するのか」という問いです。

今、私がこのことを問われたら「あらゆる権力を監視するため」と答えると思います。そう考えるようになったのは、これまで戦争について取材するなかで「どんなに知識や経験がある人でも、人間であるかぎり、過ちを犯す可能性がある」ということを学んだからです。戦争遂行など人々の命に関わる重要決定を下す政府も、人間の集まりです。国民から信頼されている政府であっても、その決定や判断において「過ち」がないかどうか、監視する役割は常に必要です。その役割を報道機関は担っている、と思います。

一方で「ジャーナリスト」ということについて考えるとき、私自身が忘れられない言葉があります。この仕事を始めたばかりの頃、先輩からいただいた言葉です。「NHKにいるかぎり、ジャーナリストだとは思うな。しかし、ジャーナリストになりたいと思い続ける人間であれ」――この言葉をいつも心に置いて、その意味を考え続けてきました。

権力を監視するためには、あらゆる権力と距離を置き、客観的事実を発掘して、人々にとって意味のある、または世界をよりよくするための報道を行う必要があると思います。

それを実現するためにどの組織にも属さず、自分の名前と責任において取材し伝える、フリージャーナリストの方々がいます。それに対し組織に所属する私は、組織に守られた形で取材を行っています。当然の判断だとわかりつつ、組織としてそれは紛争地など生命に危険が及ぶ現場には、ときに職員が派遣されないこともあります。組織としてそれは当然の判断だとわかりつつ、私の先輩は「命を懸けることも辞さずに取材するフリーのジャーナリストが存在するなか、自分たちも同じジャーナリストだ、などと決して思い上がってはいけない、傲慢になるなかれ」という大切な心構えを教えてくれたのだと思います。同時に、「権力を監視する」とは、生半可な正義感や使命感だけでは実現できない、深い覚悟が問われる、という意味も込められていたと今、思います。

大事なのはその先に続く言葉です。「しかし、ジャーナリストになりたいと思い続ける人間であれ」。たとえ組織に所属していても、個人として「あらゆる権力と距離を置いて、世界を少しでもよりよいものにしたい」と思い続け伝え続けていくことが大切だ、という励ましの言葉と受け止めています。

私自身、権力を監視する役割を覚悟を持って果たしているか、傲慢になってはいないか、と自問自答しながら、この仕事を続けていきたいと改めて思います。

皆さんも、ジャーナリストは何のために存在するのか、自分にとってジャーナリズムとは何か、考えてみていただければ幸いです。自分の心の琴線に響くことを見つめ続けていけば、その先にきっと答えが見えてくるのではないか、と思います。

沖縄の問題を〝自分ごと〟に
――映画『ちむぐりさ　菜の花の沖縄日記』で伝えたかったこと

沖縄テレビ　報道部キャスター
平良　いずみ

一　「既視感」との闘い

「この声を全国に響かせたい」という思いから

私は二〇年くらいアナウンサーをしています。「なぜアナウンサーなのにドキュメンタリーを作るの？」とよく聞かれるので、最初にお話をしておきます。私はアナウンサーとしては落第生で、こういう場にいてもすぐに言葉が出てこなかったり、咄嗟には面白いことが言えません。そこで「どうしたらいいのだろう」と悩んでいたときに、ローカル局では人材が不足しているので、アナウンサーをしながら、現場に行って記者と同じような仕事もすることにしたわけです。

そして記者の仕事をするなかで、行く先々で出会う人たちから「こういうことを伝えてほしい」「この声を全国に響かせてほしい」という話をうかがいます。テレビマンの仕事を一言で言えば、お聞きした人たちの声をお伝えする仕事です。「お聞きした声をどうすればほかの人に届けられるのか」という問題意識から、言葉を磨いたり、人の心に届くような映像の編集方法を日々考えたりしています。

沖縄の基地問題は政治の問題としてのみ捉えられがちですが、住む人たちにとっては暮らしの問題であり、命の問題であることを取材に行く先々で聞いてきました。そうした声をどうやったら伝えられるのか、ということを意識してドキュメンタリーを作っています。

昨日の六月二日、アメリカ海兵隊のヘリが、民家からわずか一二〇メートルのところに不時着しました。このニュースは、沖縄テレビでトップニュースとして流し、琉球新報でも本日の朝刊の一面に載っています。キー局のフジテレビでも放送されたこの一分くらいのニュースが、どれだけの人に自分の問題として認識してもらえるのかというのが、私たちの大きな悩みの種です。悩んでいたときに、ある少女との出会いがありました。

「若い人の視点で見たい！」という声

それが、石川県能登半島から沖縄のフリースクールに通うためにやってきた坂本菜の花さんです。私は彼女の言葉に出会い、「彼女の言葉の力を借りれば、何とか沖縄のことが『自分ごと』として皆さんに届けられるのではないか」と思いました。そこで、彼女のドキュメンタリー番組を作り、その後それを映画化しました。

沖縄の問題は、戦後七六年も経過しているので、既視感との闘いです。「これは以前に見たことがある」と思われれば、すぐにチャンネルを変えられてしまうというのが現実です。したがって制作者側も、「どうしたらみんなに立ち止まって見てもらえるのか」ということを考えながら、いろいろな方法で番組を制作していかなければなりません。

そんななかで、「沖縄の被害者意識はもうたくさんなんだ」という言葉が、私の胸に刺さっています。確かに私たちが基地問題を取材するとき、辺野古だったらゲート前で拳を振り上げている反対運動の人たちの姿を取り上げます。では、それだけで伝えられるのでしょうか。一〇代の皆さんにそれが届くかというと、難しいのが現状です。時代が変わってきているので、若い人の視点で見た沖縄の基地問題を描いてみようと思いました。

もう一つきっかけになったのは、皆さんと同じ一〇代の大阪の大学生との出会いです。一〇人程度のゼミに呼んでいただきました。「どうすれば、沖縄の問題を自分ごととして考えてもらえますか」「どういう番組だったら見てもらえますか」と尋ねたところ、「若い人の視点で見たい」と言われたことが、番組を作る原動力になりました。

二　テレビ番組『菜の花の沖縄日記』の制作

新聞コラム「菜の花の沖縄日記」との出会い

番組に、アメリカ軍属による女性暴行事件への抗議行動として、二〇一六年六月に開かれた沖縄県民大会の様子を盛り込んでいます。私は生後半年の息子の育休中でした。こういう県民大会があるたびに、私は取材していましたが、このときばかりは一県民として、犠牲になられた方への哀悼の意と、悔しさや悲しさを抱えて、幼い息子を連れて参加しました。沖縄では、アメリカ軍に関係する事件事故が繰り返されるたびに、県民大会が開かれ、県民が静かに集まってきます。そこで怒りと悲しみとを共有して、またもとの生活に帰っていく。全国放送で一～二分のニュースとして取り上げてもらってはいるのですが、集まった県民の思いがちゃんと伝えられているかどうかは疑問です。そのとき私は、「仕事に復帰したとき、どうやったら伝えられるのだろう」とずっと考えていました。そして仕事に復帰し、私は菜の花ちゃん（写真1）が書いたコラムに出会いました。菜の花ちゃんは、石川県の北陸中日新聞に「菜の花の沖縄日記」というコラムを執筆していました。番組の抗議集会のシーンのナレーションにもあったように、「本土では今回起こった事件がどのように受け止められているのでしょうか。報道されるのは、『抗議活動が大きくなるおそれ』『最悪なタイミング』。使われる言葉一つひとつが、私の喉にささって抜けません」など、菜の花ちゃんの言葉は皮膚感覚にすっと入ってくるものでした。彼女が紡いだ言葉の力を借りれば、県外の若い人たちにも、沖縄の問題を自分のこととして捉えてもらえるのではないかと思いました。私は

写真1　坂本菜の花さん

（出所）映画『ちむぐりさ　菜の花の沖縄日記』より。

そこに望みをかけて、番組と映画を作りました。

とはいえ、どこからどのように取材をしようかと考えていたとき、やはり「基地の問題」は「暮らしの問題」であり、「命の問題」であることを、伝えなければいけないと思いました。辺野古のニュースは連日報道されていますが、どうしても政治の問題が中心となり、見過ごされてしまう人たちがたくさんいます。そうした人たちにこそフォーカスし、「なぜ県民が辺野古に対してNOを突き付けているのか」「それを暮らしの視点からきちんと描きたい」と考えるようになりました。

もずくの養殖から辺野古問題を考える

辺野古が埋め立てられてしまうと、辺野古の海はもとより、その周りの海もとても大きな影響を受けてしまいます。特に影響を受けるのが、辺野古から直線距離で七キロメートルの位置にある宜野座の海です。そこでは、もずくの養殖が行われています。もずくの養殖は浅瀬でしかできません。しかし、周囲が埋め立てられてしまうと、もずくの種がネットに根づかなくなることが、ほかの地域で確認されています。したがって宜野座のうみんちゅ（漁師）の人たちは、二〇一三年に辺野古の埋め立てに反対し、抗議大会を開いていました。

私は二〇一六年に育児休業から復帰し、まず宜野座漁協に行き、組合長に「ぜひ取材をさせてください」とお願いしました。三年前に抗議大会が開催されていましたし、すんなり取材させてもらえるだろうと考えていましたが、組合長に「取材はお断り」と言われました。理由を聞いてみると、「三年前とは事情が違う」と言われました。辺野古を埋め立てるために、国は巧妙な手段を使います。地元である辺野古のうみんちゅたちへの漁業補償金が支払われるほか、埋め立て反対派の人たちを監視するための監視船を提供すれば、一日六万円にも上る高額なチャーター代も支払われます。最初、うみんちゅは埋め立てに全員反対でした。しかし時間が経過するとともに、生活がありますので、監視船の提供に協力するうみんちゅは徐々に多くなっているとの話を聞きました。そのため、「漁協として反対の拳を上げられない。だから取材は受けられない」と断られたわけです。

しかし、取材というのは断られてからが勝負です。何回も足繁く通い、「辺野古の名前は出しません。もずくが採れなくなったときのために、海中の記録を取っておかなければいけないのでは」ということを一生懸命説明しました。そうしたら組合長は、辺野古の名前を出さないことを条件に、取材を受け入れてくれることとなり、一年を通して放送することができました。

取材を続けていくと、信頼関係もできてきます。断られることを覚悟しつつ、「どうしても暮らしの問題を伝えるために、辺野古からわずか七キロメートルのところにある宜野座のもずくのことを坂本菜の花ちゃんや高校生たちに見てもらい、映像として出したい」とお願いすると、うみんちゅのおじさんが「いいよ」と言ってくれました。「いいんですか？　辺野古の名前も出しますよ」と言うと、「いいよ。ただ、俺たちの顔は出さないで」ということでご承諾をいただき、番組で描くことができました。国策によっていろいろな分断が起きてしまって、人の気持ちが引き裂かれています。そこに「菜の花ちゃん」という澄み切った若い人が入ってくれることによって、本音が引き出せることを、今回の取材を通じて私たちは発見しました。

沖縄では、一九七二年に沖縄が本土に復帰して以来、米軍機の墜落事故が年に一回くらいのペースで起こっています。安全保障という名のもとに、命が脅かされていることを、自分自身の問題として考えてほしいというのが沖縄県民の願いです。

三　映画化を通じて全国に伝えたいこと

届けたいところに届ける道を探して

次に、二〇一八年に作ったテレビ番組『菜の花の沖縄日記』を映画化した経緯について、お話したいと思います。映画を公開したのは、二〇二〇年二月です。

『菜の花の沖縄日記』は、フジ系列の全国ネットの番組として制作し、全国で放送されました。しかし、東京のフジテレビでは、平日の夜中三時に放送され、私たちが本当に見てほしい人たちに届いているという実感が正直ありませんでした。

そんななか、ローカル局のドキュメンタリストたちが、全国に届けるために、映画化という道を開いてくれていたので、私も映画を作ることを決めました。

報道マンたちは、ワンカットの映像を撮るために必死で駆け回っています。二〇一六年の夜中、辺野古に近い名護市安部で起きたオスプレイの墜落事故（**写真2**）の際も、アメリカ軍は一報を入れないので、私たちは自力で事故現場を捉えるしかありません。安部は、沖縄テレビのある那覇市から一時間半くらいかかります。暗いなか、Ｔｗｉｔｔｅｒなどで情報を集め、ようやく夜中の二時か三時にテレビとしては沖縄テレビが最初に駆けつけて、映像を撮りました。取材クルーは警察が敷いた規制のなかにいて、一度その場を離れると立ち入りができなくなるため夜が明けるまで浜辺で待ち続け中継を届けました。「これが現状なんだ」ということを全国に伝えるために報道マンたちは、切磋琢磨して日夜駆け回っています。そういうワンカットワンカットの映像に刻まれた思いを届けたいということも、映画化に踏み切った理由の一つです。

写真2　2016年名護市安部の浜辺に墜落したオスプレイ

© 沖縄テレビ放送

激動の一年を撮る――翁長知事の死去と辺野古県民投票

二〇一八年五月の番組放送以降、二〇一九年までの一年間は、沖縄にとって激動の一年でした。映画版には、これらの取材シーンなどを加えています。まず、辺野古の新基地建設阻止について、一生懸命県民の声を代弁してくださっていた翁長前知事が病気で急逝されました。これまでに何度も県内の自治体選挙で、辺野古反対を掲げたリーダーが選ばれているのですが、そのたびに国は、「それだけがワン・イシューじゃない」ということで辺野古新基地建設を強行していきます。そこで、二〇一九年二月に当時二七歳の元山仁士郎さんが旗を振り、辺野古米軍基地建設のための埋立の賛否を問う県民投票が実現しました。その結果、七割の県民が反対に票を投じました。しかしその翌日、菜の花ちゃんがゲート前で目にしたのは、土砂を基地に運び込むためのトラックが数珠つなぎになっている光景でした。県民がいろんな思いを抱えながら投じた一票が、こんなにも軽んじられている現実を目の当たりにして、菜の花ちゃんが涙を流すシーンがあります。その涙を映画化することで全国に届けたいと思いました。

今改めて思うのは、辺野古の問題は、私たち沖縄に暮らす人間にとっては、尊厳の問題です。翁長前知事がよくおっしゃっていましたが、沖縄にある基地というのは、戦後、県民の同意なしに銃剣とブルドーザーで奪われた土地に造られた基地です。もしも辺野古新基地が完成したら、私たち県民が同意をした初めての基地ということになってしまいます。そうさせないために、翁長さんはNOを突き付けていこうということで、県民の声を代弁して政府と対峙されていました。翁長さんが亡くなる直前に命を削って訴えた姿もフィルムに刻みたいと考えていました。

沖縄経済に関する意識の隔たり

本土におけるステレオタイプな沖縄理解について、上智大学のメディア投票研究会（「沖縄の米軍基地問題を巡る本土と沖縄の有権者の意識ギャップに関する研究」）が、二〇二〇年四月に一〇〇〇人の全国の有権者を対象に調査を実施しました。「沖縄の米軍基地が縮小したら沖縄の経済はどうなるか？」という設問に、「良くなる」「やや良くなる」と答えた沖縄の人たちは五〇・五パーセントなのに対して、本土は二五・六パーセントでした。逆に「悪くなる」「やや悪くなる」と回答したのが、沖縄の人たちは二四・五パーセント、本土は四四・五パーセントです。

意識の隔たりがとても大きいのがわかります。本土側の人たちの意識に、アメリカ軍基地がもたらす経済的な恩恵によって沖縄経済が支えられているという認識がいまだに高いということに、私たちは驚かされます。

一つの例をご紹介すると、本島の北中城村には、もともとアメリカ軍関係者が使う泡瀬ゴルフ場という施設があったのですが、その雇用人数はわずか数十人でした。このゴルフ場が二〇一〇年に返還されたので、その跡地にショッピングモールが建てられました。そして、このショッピングモールの雇用人数が約二五〇〇人、経済効果としては五七四億円にも上ります。

県民所得で考えても、復帰した当初の一九七二年では基地関連の所得が一五％でしたが、今はわずか五％です。私たちはこのような誤解を、事実できちんと伝えていかなければならない責任も感じています。

四　ローカル局の存在意義

生活者の切実な声を届ける

地方からドキュメンタリーを発信する意義について、私の経験からお話させていただきます。

基地の問題は、非常に大きな、長年続いている問題で、先ほど「既視感との闘い」と述べましたが、地域に軸足を置いている生活者だからこそ気付く視点があると思っています。二〇一七年、普天間第二小学校の運動場に、子どもたちの体育の授業中、約八キロもあるアメリカ軍機の窓が落ちてきて、一人の児童がかすり傷を負いました。あのとき、沖縄で暮らす大人たちは、「このままじゃいけない」と改めて思いました。私もすぐ現場に直行して、お母さんたちにマイクを向けました。現実を変えられない悔しさや悲しさなど、いろんな思いが押し寄せてきて、インタビューになりませんでした。そして、ひとしきり涙を流したあと、お母さんたちから「普天間基地は本当に明日にでもなくなってほしい」という言葉を聞きました。そこで、「それが代替施設と言われる辺野古に移設してほしいと思うか」と聞くと「そうはまったく思わない。だって、今度は辺野古の人たちが、私たちと同じ思いをするんでしょう」と答えてくれました。「ちむぐりささねえ」という言葉をおっしゃられたので、「本当にこれを伝えないといけないな」と思いました。「ちむぐりさ（肝苦りさ）」とは、「相手のことを思って、私も悲しい」ということを意味する、沖縄の言葉、ウチナーグチです。私はこの「ちむぐりさ」という言葉を、いろいろなところで聞きました。そこで、その言葉の力や、生活者の視点で描けば、何とかこの現状が伝わるのではないかということを考えました。なぜなら、私自身が生活者であり、子育てをする母だからこそ気付けた視点なのですから。

後世のために記録する

一方で、ローカル局のテレビマンには、後世のために記録する使命というのも課せられていると思います。先ほどもご紹介しましたが、二〇一九年二月の県民投票の実施を呼びかけた元山仁士郎さんに、「何でこんな大変なことをあなたはやろうと思ったのですか」と質問したところ、「自分がお父さんになったときに、子どもから『お父さん、あの辺野古が埋め立てられるのをただ何にも言わずに見てたの？』と言われたら、それに返す言葉がない。だからこそ僕は『自分の力のかぎりがんばったんだよ』ということを、胸を張って言えるように今行動している」とおっしゃっていました。

そして私たちテレビマンには、彼が自分の言葉どおりに行動したことを記録する使命があるのだろうと思います。

五　「ちむぐりさ」に込められた思い

東村高江でのヘリ炎上現場での取材

さて、映画のタイトルにした「ちむぐりさ」という言葉を伝えたいと思ったきっかけについてお話させていただきます。

二〇一七年一〇月一一日、本島の東村高江に、アメリカ軍のヘリが不時着して炎上しました。ここに駆けつけたのが、その土地の所有者である西銘晃さん、美恵子さんご夫婦でした。本当に穏やかなお二人で、沖縄の人のよいところを全部持っているような優しい方々です。その美恵子さんから、菜の花ちゃんと一緒にお話をうかがいました。ヘリが落ちたときに、近くにいた晃さんが最初に言ったことは、「あのヘリに乗ってたアメリカ兵たちは大丈夫だったかねえ」ということだったそうです。私もその話を聞いて、とても驚きました。自分の大事な土地でヘリコプターが炎上し、自分の命が危険にさらされ、放射性物質も近くに撒き散らされたにもかかわらず、最初に晃さんのお父さんが心配したのはアメリカ兵の命だったわけです。これこそが本当の「ちむぐりさ」です。

取材の前日に、国会でこの事故のことが問題となり、アメリカ軍ヘリの頻発する事故を危惧する答弁のときに、別の国会議員が「それで、何人死んだんだ！　誰も犠牲になってないじゃないか！」というヤジを飛ばしました。美恵子さんは、取材でこのことを思い出されて、ぐっと声を詰まらせて、「じゃあ人が死ねばよかったのかな」ということを、噛み締めるようにおっしゃられ、涙を流されました。

私は美恵子さんから「この事実をちゃんと伝えてね」と、バトンを渡された思いがしました。菜の花ちゃんは、美恵子さんの優しさや涙にどう反応していいのか、戸惑った表情を浮かべていました。しかし、菜の花ちゃんという橋渡し役がいてくれたからこそ、彼女の感性を通じて、私たち県民が慣らされてしまったものに、新たな化学反応を起こすことができました。

そして、番組を見たオーストラリアの学者の方からも「菜の花ちゃんというブリッジキャストという橋渡し役がとても大きな意味を持っているし、すごくそれが生きている」という評価をいただきました。

「ブリッジキャスト」に思いを託して

「ブリッジキャスト」は、欧米のメディアではよく使われる手法です。たとえば、欧米のメディアがアフリカの問題を取り上げるときに、単にリポーターがその問題の報告をするだけでは、視聴者には自分の問題として捉えてもらえません。そこでブリッジキャストという手法を使うことになります。すなわち、リポーターが現地の生活に入ってその問題に接し、報道することで、視聴者の皆さんがリポーターの目を通してその問題を追体験できるわけです。そのことによって視聴者は、自分のこととして問題を捉えることが可能になるのです。

『菜の花の沖縄日記』に関しても、菜の花ちゃんというブリッジキャストがいることで、テレビ画面の向こうにいる本土の人たちに、自分ごととして番組を見てもらえるのです。その一方で、ブリッジキャストを置かなければならないくらい、沖縄と本土の溝が深いことにも気付いたと、その学者の方に言われ、衝撃を受けました。

沖縄でドキュメンタリーを作っていると、思いが本土に届いている実感がありません。それは、戦後七六年という時間の経過とともに、沖縄と本土の溝がどんどん深くなっているからだと思います。でも、そこで諦めたら終わりです。映画の最後に、菜の花ちゃんはマハトマ・ガンジーの言葉を引用して、「自分がしていることの多くが無意味でも、やり続けないといけない。それは自分が世界を変えるためではなく、自分が世界によって変えられないため」と言っています。本当にそのとおりだと思います。沖縄のいろんな問題は、大きな権力が相手です。自分の無力感に苛まれてしまいますが、しかしそこで諦めたり、発信することをやめてしまったらそれで終わりです。それは避けなければなりません。自分たちの生きる世界を、そしてみんなの命を守っていくために、私は制作者として手を替え品を替え発信を続けていくつもりです。

写真3　映画『ちむぐりさ　菜の花の沖縄日記』ポスター

映画化がつないだ本土メディアの仲間

映画化してとても良かったことは、本土メディアを含めてたくさんのメディアの皆さんに取り上げていただいたことです。毎日新聞は、大きく一面で取り上げてくださいました。朝日新聞も、映画が公開される地方で記事を毎回載せてくださいました。そういうメディア仲間の全国の支援がとても大きな力になりました。「なかなか届かない」という悔しさを抱えているのは、本土メディアの皆さんも一緒だということがわかりました。

「ちむぐりさ」は全国の問題

この「ちむぐりさ」というのは、沖縄だけの問題ではなく全国の問題です。沖縄が復帰した一九七二年より以前には、日本の全国各地に現在より広大なアメリカ軍基地があり、東京を含め多くの墜落事故や人命が奪われる事故なども頻発していました。アメリカ軍の基地問題は、本来なら全国の問題だったはずです。しかし復帰前後を境に、本土にあった六割のアメリカ軍基地が、この小さな沖縄に集中してしまったという現状があります。

皆さんにも「沖縄の問題は自分の問題なんだ」ということを意識していただけたらと思います。その一点が変わるだけで、問題の見え方が違ってくることを願っています。

❖講義を終えて　共感力「ちむぐりさ」に期待

今、私たちはコロナ禍を生きている。未知の感染症が流行してから私たちは人と会えないことが、こんなにも辛いことなのだと痛感させられると同時に、会えなくても「誰かとつながっている」――そう思えることで元気になれることも知った。そうした人に備わっている〝共感力〟とも言うべき力で、戦後七〇年あまりが経った今なお、暮らしや命が危険にさらされる基地の島・オキナワの現状を少しでも前に進めたい、その一心で作ったのが映画『ちむぐりさ　菜の花の沖縄日記』だ。タイトルの「ちむぐりさ（肝苦りさ）」とは、沖縄の言葉・ウチナーグチで、他人の悲しみを自分の悲しみとして受け止め一緒に悲しむ、まさに〝共感する〟という意味。直接顔が見えないオンラインの講義で、どれだけ共感・ちむぐりさしてもらえるか心配だったが、三〇分のダイジェスト版を視聴したうえで参加してくれた受講生の皆さんの感想を読んで、私の心配は杞憂に終わったとホッと胸を撫でおろした。

受講生の多くが、沖縄での特別な体験があるわけではないだろう。しかし、いずれの感想からも、映画の主人公である本土から沖縄にやってきた少女・坂本菜の花さんの目に、自身の目を重ねてオキナワを見て、感じてくれたことが伝わってきた。「沖縄でこんなことが起きているなんて知らなかった」「これまで遠くの出来事だったが、事実を肌で実感した」など、初めてオキナワで起きていることを知ったという素直な感想。「自分とは関係の薄い所というような潜在的意識を持ってしまうところが問題だと感じた」「沖縄で起きている事実を自分ごとにすべき、リアリティを私たちはもっと持つべきだと思った」など、この問題に自身がどう向き合ってきたのか、思考を深めてくれたことが伝わる意見。さらには、自分が沖縄に身を置くジャーナリストならどう伝えたいかというところまで想像力を働かせ決意を記してくれたメッセージもあった。映画を観たことにより学生の皆さんが、沖縄で起きている問題の「被害者」でも「加害者」でもなく、真剣な「当事者」になってくれた手応えを感じ、嬉しくなった。

少し話は逸れるが、一九九五年に沖縄では米兵による少女暴行事件が起き、反基地運動の大きなうねりが起きた。そのとき、大学一年だった私は、沖縄で暮らしながらもどこか遠くの出来事のように感じていた。八万五〇〇〇人が集まった県民大会にもアルバイトを優先して行かなかった。その後悔、不甲斐なさが報道マン人生の原点にある。だからこそ、私たちの社会で起こっていることを誰かが初めて知る後押しをしたいと仕事を続けてきた。その意味で、今回、若い皆さんと直接対話できる貴重な機会をいただけたことに心から感謝している。

閑話休題。人間が自分の体験したものだけしか受け止められないのだとしたら、今日までの社会の発展や進歩はなかったはず。それを可能にしたのは、先ほど書いた「共感力・ちむぐりさする力」なんだと思う。今回の講義を通して、若い皆さんの持つ優れた「共感力」に触れ、希望を感じた。皆さんがその「共感力」を失わず社会で活躍するとき、この国は少しずつ優しい国へ変わる、そう信じています。

あとがき

石橋湛山記念 早稲田ジャーナリズム大賞は、二〇二〇年に第二〇回を迎えた。創設二〇周年という節目の年に記念行事を計画していたが、新型コロナウイルス感染症の拡大により、大きな影響を受けることとなった。

まず賞の選考自体をオンラインで進めることになり、第二〇回の最終選考結果の発表が翌年二〇二一年二月にずれ込んだ。「はじめに」でも触れたように、二〇一九年度（第一九回）の受賞者を中心に講義をしていただく二〇二〇年度の記念講座「ジャーナリズムの現在」は休講となった。二〇周記念行事として予定していたのは、企画展「石橋湛山記念 早稲田ジャーナリズム大賞——二〇年の歩み」とジャーナリズム・シンポジウム「これからのジャーナリズムを考えよう」である。新型コロナの感染防止の観点から記念行事は延期することにした。

幸いなことに、二つの記念行事は二〇二一年度に無事に開催することができた。企画展（主催＝本賞事務局、協力＝一般財団法人石橋湛山記念財団、早稲田大学文化推進部文化企画課）は五月一六日〜六月二〇日の期間、早稲田大学歴史館・企画展示ルームで開催された。感染予防のため、開催当初は学内者のみの来館とした。来館できない方のために、「バーチャルツアー」のウェブページを作成した。展示室内の五カ所から三六〇度カメラで撮影したものを使っており、参加者は、展示室内の様子を三六〇度ぐるりと見渡すことができる。次のURLからバーチャルツアーにアクセスできる。（URL:https://www.waseda.jp/culture/news/2021/06/02/12924/）

シンポジウム「これからのジャーナリズムを考えよう」は、日本経済新聞社、米コロンビア大学ジャーナリズム大学院、早稲田大学ジャーナリズム大学院（政治学研究科ジャーナリズムコース）の三者が主催し、二〇周年記念行事として、早稲田ジャーナリズム大賞事務局（早稲田大学広報室内）が共催をした。開催にあたり、上智大学メディア・ジャーナリズム研究所、慶應義塾大学メディア・コミュニケーション研究所の協力も得ることができた。

開催日は、二〇二一年六月一九日。早稲田大学大隈記念講堂を主会場（無観客）とし、アメリカ東海岸、香港、ロンドンをオンラインで結んで開催し、大隈講堂から日本経済新聞社のNIKKEI LIVEを通じてライブ配信をした。時差の関係で土曜日午前九時からの開催となったが、約九〇〇人の方にライブ動画（日本語）を視聴していただいた。

本シンポジウムの主テーマは「分断する社会と民主主義の将来　メディアの役割とは」であった。本書のタイトルや「はじめに」で紹介した二〇二一年のノーベル平和賞とも通底する内容である。

シンポジウムは、田中愛治・早稲田大学総長とスティーブ・コル・コロンビア大学ジャーナリズム大学院長の主催者挨拶で始まり、中林美恵子・早稲田大学教授（本賞選考委員）が「SNS時代の民主主義とジャーナリズムの葛藤」と題する基調講演を行った。続いてパネル討論に移り、シェイラ・コロネル・コロンビア大学教授、シッラ・アレッチ記者（国際調査報道ジャーナリスト連合＝ICIJ）、グレース・リー記者（Nikkei Asia）の三氏が、ニューヨーク、ワシントン、香港からオンラインで参加し、土屋礼子・

早稲田大学教授（本賞選考委員）の司会のもとで話し合った。最後に私が総括として「これからのジャーナリズムの形」の話をした。なお、シッラ・アレッチ氏は、早稲田とコロンビア、両大学のジャーナリズム大学院修了生である。

講演者の間では、分断や格差を招く要因として、SNSの普及や新型コロナウイルス感染症のパンデミックが取り上げられた。指摘されたのは、SNSの普及により、一般市民が報道の担い手になることが可能になった一方で、偽情報の拡散や社会の分断が起きやすくなったという功と罪の両面であり、パンデミックが社会の格差を広げたという現実だった。そして、パンデミックのなかでジャーナリズムにどのような制約が課せられ、どのような可能性が生まれたかについて意見が交わされた。議論のなかでは、深い洞察力を持ってデータを活用するデータジャーナリズムが報道の主流に登場したことや、ジャーナリストは、より時間をかけて真偽を検証し、偽の情報を発信しないことの重要性などが強調されていたように思う。

シンポジウムの動画アーカイブ（日英同時通訳付、二時間三二分）は日本経済新聞社のサイトで視聴できる。ご覧いただければ幸いである。（URL.https://www.nikkei.com/live/event/EVT210426002/archive）

さて、本書に登場する講師の方々の構成を紹介させていただきたい。

本書は、二〇二一年度春学期に開講した早稲田ジャーナリズム大賞記念講座「ジャーナリズムの現在」に招聘した講師の方々の講義を収録したものである。お話しいただいたのは、二〇一九年度早稲田ジャーナリズム大賞受賞者五作品六名（「SCRATCH　平成と差別」は二名）、二〇二〇年度同賞受賞者六作品六名▽両年度のファイナリストから四作品四名（最終選考会の候補作代表者＝イージス・アショア配備問題を巡る一連の報道、森友自殺〈財務省〉職員遺書全文公開「すべて佐川局長の指示です」、「全貌二・二六事件」～最高機密文書で迫る～、「ちむぐりさ　菜の花の沖縄日記」）――である。

各回の講義内容をもとにしたドラフトを作成、それぞれ担当講師の方にチェックをお願いし、必要に応じて再構成していただいた。また、講師の方々には、学生からのレビューシートを読んでもらい、「講義を終えて」というコラムも執筆していただいた。二〇二一年度の記念講座「ジャーナリズムの現在」はオンラインでの開講となり、残念ながら、講師の方々が学生と対面する機会はつくれなかった。それでも、学生はＺｏｏｍ上でチャット欄はもちろんのこと、ビデオとマイクをオンにする形で積極的に質問をしてくれた。質問が多く、授業終了後に質問の時間を延長で設けることもしばしばだった。お忙しいなか、ご協力、ご対応いただいた講師の方々に心よりお礼を申し上げる。

本書の作成にあたっては、いつもながら多くの方々のお世話になっている。とくに、早稲田ジャーナリズム大賞事務局長の湯原法史氏、早稲田大学広報室の菊池彰徳氏、宮田園子氏、志熊万希子氏、太田あき子氏には、記念講座の講師陣の選定、依頼から、講座運営、本書の完成まで、多方面の実務をご担当いただき、さまざまなアイデアを頂戴した。また、早稲田大学出版部の武田文彦氏、畑ひろ乃氏には、遅れがちな私の作業を辛抱強くお待ちいただいた。皆様に深く感謝申し上げたい。

二〇二一年一一月七日

瀬川至朗

執筆者紹介（掲載順）

大場 弘行（おおば　ひろゆき）

毎日新聞東京社会部記者。2001年毎日新聞社入社。2016年、東京社会部にて調査報道を担当し、キャンペーン報道「公文書クライシス」をスタート。2019年には「公文書クライシス」取材班代表として早稲田ジャーナリズム大賞を受賞。著書に毎日新聞取材班著『公文書危機――闇に葬られた記録』（毎日新聞出版、2020年）。

滝本 匠（たきもと　たくみ）

琉球新報社デジタル推進局長。1998年琉球新報社入社。ワシントン特派員や政経部基地担当記者として沖縄・米軍基地問題を取材。2018年の沖縄県知事選取材班でファクトチェックに携わる。共著に『琉球新報が挑んだファクトチェック・フェイク監視』（琉球新報社編集局編著、高文研、2019年）ほか。

宮崎 拓朗（みやざき　たくろう）

西日本新聞社社会部記者。1980年生まれ。2005年西日本新聞社に入社、長崎総局に配属。その後、報道センター（社会部）、東京報道部などを経て、2018年社会部遊軍に異動、かんぽ生命の不正販売問題の取材を手掛ける。2020年より社会部警察司法担当キャップ。

日下部 聡（くさかべ　さとし）

毎日新聞デジタル報道センター長。1993年毎日新聞入社、2021年四月より現職。2016～17年、英オクスフォード大学ロイタージャーナリズム研究所客員研究員。著書に『武器としての情報公開』（ちくま新書、2018年）。「憲法骨抜きを許した内閣法制局の対応をスクープ」（2018年11月）で2016年度日本ジャーナリスト会議（JCJ）大賞受賞。

片山 夏子（かたやま　なつこ）

東京新聞福島特別支局記者。埼玉新聞社を経て2003年中日新聞入社。連載「ふくしま作業員日誌」で「むのたけじ地域・民衆ジャーナリズム賞」大賞。著書『ふくしま原発作業員日誌――イチエフの真実、9年間の記録』（朝日新聞出版、2020年）で講談社本田靖春ノンフィクション賞と早稲田ジャーナリズム大賞奨励賞など３賞を受賞。

松川 敦志（まつかわ　あつし）

秋田魁新報社会部長。1996年秋田魁新報入社。社会部などを経て、2003年朝日新聞社へ転職。東京社会部などを経て2016年に那覇総局長を最後に退社し、秋田魁新報に再入社。編集委員を経て、2020年より社会部長。イージス・アショア配備問題取材班代表として2019年度新聞協会賞、第68回菊池寛賞、第62回日本ジャーナリスト会議賞を受賞。

秦 融（はた　とおる）

中日新聞名古屋本社編集局編集委員。1984年中日新聞社入社。編集局社会部、カイロ支局長、運動部長等を経て、2013年より編集委員。「連載・農は国の本なり」で農業ジャーナリスト賞（2009年）、「連載・西山美香さんの手紙」で早稲田ジャーナリズム大賞（2019年）、日本医学ジャーナリスト協会賞大賞（2020年）を受賞。

三上 智恵（みかみ　ちえ）

映画監督、ジャーナリスト、フリーアナウンサー。毎日放送、琉球朝日放送を経て2014年フリーに転身。劇場版『標的の村』でYIDFF日本映画監督協会賞・市民賞ダブル受賞、『沖縄スパイ戦史』（大矢英代共同監督）で文化庁映画賞受賞。『証言 沖縄スパイ戦史』（集英社新書、2020年）で城山三郎賞、早稲田ジャーナリズム大賞等を受賞。

房 満満（ぼう　まんまん）

株式会社テムジン ディレクター。1989年中国生まれ。日本での留学を経て、2014年株式会社テムジンに入社。主な作品にNHK BS1スペシャル『激動の家族史を記録する　中国・新たな歴史教育の現場』（ATP賞最優秀新人賞受賞）、映画『出櫃（カミングアウト）――中国 LGBTの叫び』（東京ドキュメンタリー映画祭短編部門グランプリ）。

相澤 冬樹（あいざわ　ふゆき）

1962年生まれ。1987年、NHKに記者として入局。東京社会部記者、ニュースデスク、大阪府警キャップなど歴任。2017年、大阪司法キャップとして森友事件を取材。翌年、記者を外され退職。著書に『メディアの闇 「安倍官邸VS.NHK」森友取材全真相』（文春文庫）、『真実をつかむ　調べて聞いて書く技術』（角川新書）、赤木雅子さんとの共著『私は真実が知りたい』（文藝春秋）。

佐々木 実（ささき　みのる）

1966年生まれ。日本経済新聞社を経て、フリージャーナリスト。『市場と権力 「改革」に憑かれた経済学者の肖像』（講談社、2013年）で大宅壮一ノンフィクション賞、新潮ドキュメント賞を受賞。『資本主義と闘った男　宇沢弘文と経済学の世界』（講談社、2019年）で早稲田ジャーナリズム大賞、城山三郎賞を受賞。

鳥山 穣（とりやま　じょう）

2003年TBSラジオ入社。番組制作、記者などを経て2021年より事業部兼新規事業開発センター。主な番組に『ニュース探究ラジオDig』（ギャラクシー賞選奨）、『SCRATCH　差別と平成』（ABU賞、放送文化基金賞最優秀賞、早稲田ジャーナリズム大賞奨励賞ほか多数）、『荒川強啓デイ・キャッチ！』など。

神戸 金史（かんべ　かねぶみ）

1991年毎日新聞入社。2005年RKB毎日放送入社、2020年より報道局担当局長。主な番組に『攻防 蜂の巣城』（放送文化基金賞など入選）、『うちの子　自閉症という障害を持って』（JNNネットワーク大賞）、『シャッター　報道カメラマン空白の10年』（「地方の時代」映像祭入選）、『イントレランスの時代』（JNNネットワーク大賞など）。

坂本 昌信（さかもと　まさのぶ）

静岡新聞清水支局長。名古屋大学法学部卒。2002年毎日新聞社入社。2010年静岡新聞社に入社、社会部などを経て2021年より現職。「サクラエビ異変」取材班にて、科学ジャーナリスト賞、早稲田ジャーナリズム大賞奨励賞、平和・協同ジャーナリスト基金賞奨励賞、農業ジャーナリスト賞、ジャーナリズムXアワードZ賞などを受賞。

右田 千代（みぎた　ちよ）

1988年NHK入局。主な番組に『被曝治療83日間の記録』（モンテカルロ国際テレビ祭金賞他）、『隣人たちの戦争』（同銀賞他）、『日本海軍　400時間の証言』（早稲田ジャーナリズム大賞他）、『きのこ雲の下で何が起きていたのか』（NYフェスティバル銀賞他）、『全貌二·二六事件〜最高機密文書で迫る〜』（ギャラクシー賞奨励賞他）。

平良 いずみ（たいら　いずみ）

沖縄テレビキャスター。1999年沖縄テレビ報道部入社。2011年『どこへ行く、島の救急ヘリ』、2015年『まちかんてぃ』で日本民間放送連盟賞優秀賞等、2018年『菜の花の沖縄日記』で「地方の時代」映像祭グランプリを受賞。2019年「放送ウーマン賞」を受賞。2020年3月初監督作品となる映画『ちむぐりさ　菜の花の沖縄日記』を公開。

「石橋湛山記念 早稲田ジャーナリズム大賞」受賞者

第20回　2020年度

【公共奉仕部門】

受賞者　西日本新聞社かんぽ生命不正販売問題取材班　代表 宮崎 拓朗（西日本新聞社 社会部）

作品名　かんぽ生命不正販売問題を巡るキャンペーン報道

発表媒体　西日本新聞

【公共奉仕部門】

作品名　「桜を見る会」追及報道と『汚れた桜「桜を見る会」疑惑に迫った49日』の出版　ネットを主舞台に多様な手法で読者とつながる新時代の試み

受賞者　毎日新聞統合デジタル取材センター「桜を見る会」取材班代表 日下部 聡（毎日新聞　東京本社）

発表媒体　毎日新聞ニュースサイト、毎日新聞出版

【草の根民主主義部門】

受賞者　三上 智恵

作品名　『証言　沖縄スパイ戦史』

発表媒体　書籍（集英社新書）

＊奨励賞

【公共奉仕部門】

受賞者　片山 夏子（東京新聞社会部）

作品名　『ふくしま原発作業員日誌　イチエフの真実、9年間の記録』

発表媒体　書籍（朝日新聞出版）

【草の根民主主義部門】

受賞者　房 満満（株式会社テムジン）

作品名　NHK BS1スペシャル「封鎖都市・武漢～76日間 市民の記録～」

発表媒体　NHK BS1スペシャル

【文化貢献部門】

受賞者　静岡新聞社「サクラエビ異変」取材班　代表 坂本 昌信（静岡新聞社編集局社会部）

作品名　サクラエビ異変

発表媒体　静岡新聞、静岡新聞ホームページ「アットエス」

【ファイナリスト】

候補者　佐治 洋

作品名　Choose Life Project「5月12日 各政党 #検察庁法改正案に関する緊急記者会見 検察庁法改正案vs修正案 から続く4作品」

発表媒体　Choose Life Project (You Tube)

候補者　相澤 冬樹

作品名　「森友自殺〈財務省〉職員遺書全文公開『すべて佐川局長の指示です』」
発表媒体　週刊文春

候補者　NHKスペシャル「全貌 二・二六事件」制作チーム代表 右田 千代
作品名　NHKスペシャル「全貌 二・二六事件～最高機密文書で迫る～」
発表媒体　NHKスペシャル

候補者　北日本放送報道制作局 障がい者問題取材班　代表 武道 優美子
作品名　「19人を殺した君と重い障がいのある私の対話」
発表媒体　北日本放送、日本テレビ系列全国放送

候補者　平良 いずみ
作品名　「ちむぐりさ 菜の花の沖縄日記」
発表媒体　沖縄「桜坂劇場」東京「ポレポレ東中野」大阪「第七芸術劇場」など順次全国公開

第19回　2019年度

【公共奉仕部門】
受賞者　「公文書クライシス」取材班　代表 大場 弘行（毎日新聞東京本社編集編成局特別報道部）
作品名　公文書クライシス
発表媒体　毎日新聞
【草の根民主主義部門】
受賞者　呼吸器事件取材班　取材班代表 秦 融（中日新聞社：名古屋本社編集局編集委員）
作品名　調査報道「呼吸器事件」 司法の実態を告発し続ける連載「西山美香さんの手紙」
発表媒体　中日新聞・中日web
【文化貢献部門】
受賞者　佐々木 実
作品名　『資本主義と闘った男　宇沢弘文と経済学の世界』
発表媒体　書籍（講談社）
＊奨励賞
【公共奉仕部門】
受賞者　琉球新報ファクトチェック取材班　取材班代表 滝本 匠（琉球新報社）
作品名　県知事選などを巡るファクトチェック報道とフェイク発信源を追う一連の企画
発表媒体　琉球新報
【文化貢献部門】
受賞者　鳥山 穣（TBSラジオ）、神戸 金史（RKB毎日放送）

作品名　　報道ドキュメンタリー「SCRATCH　差別と平成」
発表媒体　TBSラジオ、RKB毎日放送
【ファイナリスト】
候補者　　野沢 周平
作品名　　「琉球難民～証言と記録でたどる台湾疎開～」
発表媒体　琉球放送、BS-TBS

候補者　　牧 久
作品名　　『暴君　新左翼・松崎明に支配されたJR秘史』
発表媒体　書籍（小学館）

候補者　　「ETV特集　シリーズ　データで読み解く戦争の時代」取材班代表 塩田 純
作品名　　ETV特集　シリーズ　データで読み解く戦争の時代
発表媒体　NHK ETV特集

候補者　　NHK ネット広告の闇取材班　取材班代表 藏重 龍
作品名　　「水増しインフルエンサー」や「漫画村の裏広告」「フェイク広告」などネット広告の闇を追跡した一連のキャンペーン報道
発表媒体　NHK NEWS WEB、NHK総合テレビ、NHK新書

候補者　　中国新聞社災害取材班　城戸 収
作品名　　西日本豪雨の一連の報道と連載「いのちを守る　検証西日本豪雨」を中心としたキャンペーン
発表媒体　中国新聞、中国新聞デジタル

候補者　　秋田魁新報イージス・アショア問題取材班　代表 松川 敦志
作品名　　イージス・アショア配備問題を巡る一連の報道
発表媒体　秋田魁新報

候補者　　信友 直子
作品名　　ぼけますから、よろしくお願いします。
発表媒体　映画（ネツゲン、フジテレビ、関西テレビ）

第1回　2001年度
【公共奉仕部門】
受賞者　　三木 康弘（故人）と神戸新聞論説委員室
作品名　　阪神・淡路大震災からの復興に向けての論説、評論活動
発表媒体　神戸新聞
【草の根民主主義部門】
受賞者　　曽根 英二
作品名　　「島の墓標」

発表媒体　山陽放送

【文化貢献部門】

受賞者　　毎日新聞旧石器遺跡取材班　代表 真田 和義（渡辺 雅春、山田 寿彦、高橋 宗男、早川 健人、山本 健、本間 浩昭、西村 剛、ほか取材班）

作品名　　旧石器発掘ねつ造問題の一連の企画ならびに『発掘捏造』の出版

発表媒体　毎日新聞

第２回　2002年度

【公共奉仕部門】

受賞者　　田城 明

作品名　　「21世紀　核時代　負の遺産」

発表媒体　中国新聞

【公共奉仕部門】

受賞者　　広河 隆一

作品名　　『パレスチナ　新版』並びに雑誌などへの発表

発表媒体　書籍（岩波新書など）

第３回　2003年度

【公共奉仕部門】

受賞者　　鈴木 哲法

作品名　　「鉄路　信楽列車事故」の長期連載を中心とした鉄道の安全を考える一連の報道

発表媒体　京都新聞

【公共奉仕部門】

受賞者　　Ｃ型肝炎取材班　代表 熱田 充克

作品名　　一連の「Ｃ型肝炎シリーズ」及びその特別番組

発表媒体　フジテレビ「ニュースJAPAN」及び特別番組

【文化貢献部門】

受賞者　　佐藤 健（故人）、生きる者の記録取材班　代表 萩尾 信也

作品名　　「生きる者の記録」

発表媒体　毎日新聞

＊奨励賞

【草の根民主主義部門】

受賞者　　「ずく出して、自治」取材班　代表 畑谷 広治

作品名　　「ずく出して、自治～参加そして主役へ～」

発表媒体　信濃毎日新聞

【文化貢献部門】

受賞者　　塚田 正彦

作品名　　「さんばと12人の仲間～親沢の人形三番叟の一年～」

発表媒体　長野放送

第４回　2004年度

【公共奉仕部門】

受賞者　　琉球新報社地位協定取材班　代表 前泊 博盛
作品名　　日米地位協定改定キャンペーン「検証　地位協定～不平等の源流～」
発表媒体　琉球新報

【公共奉仕部門】

受賞者　　NHK「東京女子医科大学病院」取材班　代表 影山 博文
　　　　　（山元 修治、北川 恵、落合 淳、竹田 頼正、山内 昌彦、角 文夫）
作品名　　NHKスペシャル「東京女子医科大学病院～医療の現場で何が起きているか～」
発表媒体　NHK総合テレビ

【草の根民主主義部門】

受賞者　　「わしも'死の海'におった～証言・被災漁船50年目の真実～」取材班　代表 大西 康司
作品名　　「わしも'死の海'におった～証言・被災漁船50年目の真実～」の報道
発表媒体　南海放送

＊奨励賞

【公共奉仕部門】

受賞者　　鹿沼市職員殺害事件取材班　代表 渡辺 直明
作品名　　「断たれた正義」－なぜ職員が殺された・鹿沼事件を追う－
発表媒体　下野新聞

【文化貢献部門】

受賞者　　赤井 朱美（プロデューサー兼ディレクター）
作品名　　石川テレビ放送ドキュメンタリー「奥能登　女たちの海」
発表媒体　石川テレビ放送

第５回　2005年度

【公共奉仕部門】

受賞者　　「少年事件・更生と償い」取材班　代表 田代 俊一郎
作品名　　「少年事件・更生と償い」シリーズ
発表媒体　西日本新聞

【公共奉仕部門】

受賞者　　「沖縄戦新聞」取材班　代表 宮城 修（国吉 美千代、志良堂 仁、小那覇 安剛、宮里 努、高江洲 洋子）
作品名　　沖縄戦新聞
発表媒体　琉球新報

【文化貢献部門】

受賞者　　「沈黙の森」取材班　代表 棚田 淳一（朝日 裕之、片桐 秀夫、村上 文美、谷井 康彦、浜浦 徹）
作品名　　キャンペーン企画「沈黙の森」
発表媒体　北日本新聞

＊奨励賞

【草の根民主主義部門】
受賞者　　永尾 俊彦
作品名　　『ルポ諫早の叫び～よみがえれ干潟ともやいの心～』
発表媒体　書籍（岩波書店）

第6回　2006年度

【公共奉仕部門】
受賞者　　「検証　水俣病50年」取材班　代表 田代 俊一郎
作品名　　「検証　水俣病50年」シリーズ
発表媒体　西日本新聞
【公共奉仕部門】
受賞者　　古居 みずえ
作品名　　ドキュメンタリー映画「ガーダ～パレスチナの詩～」
発表媒体　映画
【草の根民主主義部門】
受賞者　　「地方発憲法を考える」取材班　代表 山口 和也
作品名　　連載「地方発憲法を考える」
発表媒体　熊本日日新聞

第7回　2007年度

【公共奉仕部門】
受賞者　　朝日新聞編集局特別報道チーム　代表 市川 誠一
作品名　　「偽装請負」追及キャンペーン
発表媒体　朝日新聞および書籍（朝日新書）
【草の根民主主義部門】
受賞者　　朝日新聞鹿児島総局　代表 梶山 天
作品名　　鹿児島県警による03年県議選公職選挙法違反「でっちあげ事件」をめぐるスクープと一連のキャンペーン
発表媒体　朝日新聞
【文化貢献部門】
受賞者　　RKB毎日放送報道部　代表 竹下 通人
作品名　　「ふるさとの海～水崎秀子にとっての祖国にっぽん～」
発表媒体　RKB毎日放送
＊奨励賞
【公共奉仕部門】
受賞者　　「同和行政問題」取材班　代表 東田 尚巳
作品名　　検証「同和行政」報道
発表媒体　毎日放送
【草の根民主主義部門】
受賞者　　「お産SOS」取材班　代表 練生川 雅志
作品名　　連載「お産SOS～東北の現場から～」
発表媒体　河北新報

第8回　2008年度

【公共奉仕部門】

受賞者　　「新聞と戦争」取材班　キャップ 藤森 研
作品名　　連載「新聞と戦争」
発表媒体　朝日新聞

【草の根民主主義部門】

受賞者　　「やねだん」取材班　代表 山縣 由美子
作品名　　「やねだん～人口300人、ボーナスが出る集落～」
発表媒体　南日本放送

【文化貢献部門】

受賞者　　「探検ロマン世界遺産」取材班　代表 寺井 友秀
作品名　　探検ロマン世界遺産スペシャル「記憶の遺産～アウシュビッツ・ヒロシマからのメッセージ～」
発表媒体　NHK総合テレビ

第9回　2009年度

【公共奉仕部門】

受賞者　　土井 敏邦（ジャーナリスト）
作品名　　ドキュメンタリー映画「沈黙を破る」
発表媒体　映画

【公共奉仕部門】

受賞者　　斉藤 光政（東奥日報社社会部付編集委員）
作品名　　①「在日米軍基地の意味を問う」一連の記事
　　　　　②『在日米軍最前線～軍事列島日本～』
発表媒体　①東奥日報
　　　　　②書籍（新人物往来社）

【文化貢献部門】

受賞者　　大西 成明（写真家）
作品名　　写真集『ロマンティック・リハビリテーション』
発表媒体　書籍（ランダムハウス講談社）

第10回　2010年度

【公共奉仕部門】

受賞者　　NHKスペシャル「日本海軍400時間の証言」取材班　藤木 達弘（日本放送協会大型企画開発センターチーフ・プロデューサー）
作品名　　NHKスペシャル「日本海軍400時間の証言」全３回
発表媒体　NHK総合テレビ

【草の根民主主義部門】

受賞者　　生活報道部「境界を生きる」取材班　丹野 恒一
作品名　　「境界を生きる」～性別をめぐり苦しむ子どもたちを考えるキャンペーン～
発表媒体　毎日新聞

【文化貢献部門】
受賞者　　国分 拓（日本放送協会 報道局 社会番組部 ディレクター）
作品名　　『ヤノマミ』
発表媒体　書籍（日本放送出版協会）
＊奨励賞
【公共奉仕部門】
受賞者　　笠井 千晶（中京テレビ放送 報道部 ディレクター）
作品名　　NNNドキュメント2009「法服の枷～沈黙を破った裁判官たち～」
発表媒体　NNN（Nippon News Network）

第11回　2011年度

【公共奉仕部門】
受賞者　　ETV特集「ネットワークで作る放射能汚染地図　福島原発事故から２か月」取材班　　代表 増田 秀樹（日本放送協会制作局文化･福祉番組部チーフ・プロデューサー）
作品名　　ETV特集「ネットワークで作る放射能汚染地図　福島原発事故から２か月」
発表媒体　NHK　Eテレ
【公共奉仕部門】
受賞者　　大阪本社社会部・東京本社社会部「改ざん事件」取材班　代表 板橋 洋佳
作品名　　「大阪地検特捜部の主任検事による押収資料改ざん事件」の特報および関連報道
発表媒体　朝日新聞
【草の根民主主義部門】
受賞者　　三上 智恵（琉球朝日放送　報道制作局　報道制作部　ディレクター）
作品名　　報道特別番組「英霊か犬死か－沖縄靖国裁判の行方－」
発表媒体　琉球朝日放送
＊奨励賞
【文化貢献部門】
受賞者　　鎌仲 ひとみ（映画監督）
作品名　　ドキュメンタリー映画「ミツバチの羽音と地球の回転」
発表媒体　渋谷ユーロスペース他劇場と全国約400ヶ所の自主上映

第12回　2012年度

【公共奉仕部門】
受賞者　　「プロメテウスの罠」取材チーム　代表 宮﨑 知己（朝日新聞東京本社報道局特別報道部次長）
作品名　　連載「プロメテウスの罠」
発表媒体　朝日新聞
【草の根民主主義部門】
受賞者　　渡辺 一史
作品名　　『北の無人駅から』

発表媒体　書籍（北海道新聞社）

【文化貢献部門】

受賞者　　NHKプラネット九州　制作部　エグゼクティブ・ディレクター　吉崎 健
作品名　　ETV特集「花を奉る　石牟礼道子の世界」
発表媒体　NHK　Eテレ

＊奨励賞

【草の根民主主義部門】

受賞者　　三陸河北新報社　石巻かほく編集局　代表 桂 直之
作品名　　連載企画「私の3.11」
発表媒体　石巻かほく

【文化貢献部門】

受賞者　　「阿蘇草原再生」取材班　代表 花立 剛（熊本日日新聞社編集局地方部次長）
作品名　　連載企画「草原が危ない」と阿蘇草原再生キャンペーン
発表媒体　熊本日日新聞

第13回　2013年度

【草の根民主主義部門】

受賞者　　「波よ鎮まれ」取材班　代表 渡辺 豪（沖縄タイムス社特別報道チーム兼論説委員）
作品名　　連載「波よ鎮まれ～尖閣への視座～」
発表媒体　沖縄タイムス

【文化貢献部門】

受賞者　　ETV特集「永山則夫100時間の告白」取材班　代表 増田 秀樹（日本放送協会大型企画開発センター　チーフ・プロデューサー）
作品名　　ETV特集「永山則夫100時間の告白～封印された精神鑑定の真実～」
発表媒体　NHK　Eテレ

＊奨励賞

【公共奉仕部門】

受賞者　　木村 英昭（朝日新聞東京本社報道局経済部）
　　　　　宮崎 知己（朝日新聞社デジタル本部デジタル委員）
作品名　　連載「東京電力テレビ会議記録の公開キャンペーン報道」
発表媒体　朝日新聞

【公共奉仕部門】

受賞者　　林 新（「原子力“バックエンド”最前線」取材チーム　日本放送協会　大型企画開発センター　プロデューサー）
　　　　　酒井 裕（エス・ヴィジョン代表）
作品名　　BSドキュメンタリーWAVE「原子力“バックエンド”最前線～イギリスから福島へ～」
発表媒体　NHK　BS1

第14回　2014年度

【公共奉仕部門】

受賞者　NNNドキュメント取材班　代表 大島 千佳（NNNドキュメント取材班ディレクター）

作品名　NNNドキュメント'14「自衛隊の闇～不正を暴いた現役自衛官～」

発表媒体　日本テレビ

【草の根民主主義部門】

受賞者　下野新聞社編集局子どもの希望取材班　代表 山﨑 一洋（下野新聞社編集局社会部長代理）

作品名　連載「希望って何ですか～貧困の中の子ども～」

発表媒体　下野新聞

【文化貢献部門】

受賞者　与那 原恵

作品名　『首里城への坂道～鎌倉芳太郎と近代沖縄の群像～』

発表媒体　書籍（筑摩書房）

＊奨励賞

【草の根民主主義部門】

受賞者　伊藤 めぐみ（有限会社ホームルームドキュメンタリー・ディレクター）

作品名　ドキュメンタリー映画「ファルージャ～イラク戦争　日本人人質事件…そして～」

発表媒体　映画

第15回　2015年度

【公共奉仕部門】

受賞者　新垣 毅（琉球新報社編集局文化部記者兼編集委員）

作品名　沖縄の自己決定権を問う一連のキャンペーン報道～連載「道標求めて」を中心に～

発表媒体　琉球新報

【草の根民主主義部門】

受賞者　堀川 惠子

作品名　『原爆供養塔～忘れられた遺骨の70年～』

発表媒体　書籍（文藝春秋）

【文化貢献部門】

受賞者　朴 裕河

作品名　『帝国の慰安婦～植民地支配と記憶の闘い～』

発表媒体　書籍（朝日新聞出版）

＊奨励賞

【公共奉仕部門】

受賞者　NHKスペシャル「水爆実験60年目の真実」取材班　代表 高倉 基也（NHK広島放送局チーフ・プロデューサー）

作品名　NHKスペシャル「水爆実験60年目の真実～ヒロシマが迫る“埋もれた被ばく”～」

発表媒体　NHK総合テレビ

第16回　2016年度

【公共奉仕部門】

受賞者　　日本テレビ報道局取材班　代表 清水 潔（日本テレビ報道局特別報道班）
作品名　　NNNドキュメント'15「南京事件兵士たちの遺言」
発表媒体　日本テレビ

【草の根民主主義部門】

受賞者　　「語り継ぐハンセン病～瀬戸内３園から～」
　　　　　取材班　阿部 光希、平田 桂三（ともに山陽新聞社編集局報道部）
作品名　　「語り継ぐハンセン病～瀬戸内３園から～」
発表媒体　山陽新聞

＊奨励賞

【公共奉仕部門】

受賞者　　新潟日報社原発問題取材班　代表 仲屋 淳（新潟日報社編集局報道部次長）
作品名　　長期連載「原発は必要か」を核とする関連ニュース報道
発表媒体　新潟日報

【草の根民主主義部門】

受賞者　　菅野 完
受賞作品　『日本会議の研究』
発表媒体　書籍（扶桑社）

第17回　2017年度

【公共奉仕部門】

受賞者　　NHKスペシャル「ある文民警察官の死」取材班　代表 三村 忠史（日本放送協会大型企画開発センター チーフ・プロデューサー）
作品名　　NHKスペシャル「ある文民警察官の死～カンボジアPKO23年目の告白～」
発表媒体　NHK総合テレビ

【草の根民主主義部門】

受賞者　　「新移民時代」取材班　代表 坂本 信博（西日本新聞社編集局社会部デスク・遊軍キャップ）
作品名　　「新移民時代」
発表媒体　西日本新聞

【文化貢献部門】

受賞者　　林 典子
作品名　　『ヤズディの祈り』
発表媒体　書籍（赤々舎）

＊奨励賞

【公共奉仕部門】

受賞者　　「枯れ葉剤を浴びた島2」取材班　代表 島袋 夏子（琉球朝日放送記者）
作品名　　「枯れ葉剤を浴びた島2～ドラム缶が語る終わらない戦争～」
発表媒体　琉球朝日放送

第18回　2018年度

【公共奉仕部門】

受賞者　森友学園・加計学園問題取材班　代表 長谷川 玲（朝日新聞社 ゼネラルマネジャー補佐）

作品名　森友学園や加計学園の問題をめぐる政府の情報開示姿勢を問う一連の報道

発表媒体　朝日新聞・朝日新聞デジタル

【公共奉仕部門】

受賞者　「駐留の実像」取材班　代表 島袋 良太（琉球新報社）

作品名　連載「駐留の実像」を核とする関連ニュース報道

発表媒体　琉球新報

【公共奉仕部門】

受賞者　NHKスペシャル「戦慄の記録　インパール」取材班　代表 三村 忠史（NHK大型企画開発センター　チーフ・プロデューサー）

作品名　NHKスペシャル「戦慄の記録　インパール」

発表媒体　NHK総合テレビ

【草の根民主主義部門】

受賞者　布施 祐仁（ジャーナリスト）、三浦 英之（朝日新聞社 記者）

作品名　『日報隠蔽』南スーダンで自衛隊は何を見たのか

発表媒体　書籍（集英社）

＊奨励賞

【草の根民主主義部門】

受賞者　「旧優生保護法を問う」取材班　代表 遠藤 大志（毎日新聞社 仙台支局）

作品名　キャンペーン報道「旧優生保護法を問う」

発表媒体　毎日新聞

【文化貢献部門】

受賞者　「消えた 村のしんぶん」取材班　代表 湯本 和寛（信越放送情報センター報道部記者）

作品名　SBCスペシャル「消えた 村のしんぶん～滋野村青年団と特高警察～」

発表媒体　信越放送（SBCテレビ）

本賞選考委員（第21回） （50音順）

瀬川至朗（早稲田大学政治経済学術院教授：ジャーナリズム研究）、外岡秀俊（元朝日新聞東京編集局長、北海道大学公共政策学研究センター上席研究員）、高橋恭子（早稲田大学政治経済学術院教授：映像ジャーナリズム論）、武田徹（ジャーナリスト、専修大学文学部教授）、土屋礼子（早稲田大学政治経済学術院教授：メディア史、歴史社会学）、中谷礼仁（早稲田大学理工学術院教授：建築史、歴史工学研究）、中林美恵子（早稲田大学社会科学総合学術院教授：政治学、国際公共政策）、アンドリュー・ホルバート（城西国際大学招聘教授、元日本外国特派員協会会長）、山根基世（アナウンサー）、吉岡忍（作家、日本ペンクラブ前会長）

過去に選考委員を務められた方々 （50音順、職名は委員在任時）

秋山耿太郎（朝日新聞社元社長、第19回～第20回）、新井　信（編集者、元文藝春秋取締役副社長、第１回～第15回）、内橋克人（評論家、第１回～第８回）、江川紹子（ジャーナリスト、第１回～第３回）、岡村黎明（メディア・アナリスト、第１回～第10回）、奥島孝康（早稲田大学総長、早稲田大学法学学術院教授、第１回～第３回）、鎌田慧（ルポライター、第１回～第15回）、河合隼雄（心理学者、文化庁長官、第１回）、黒岩祐治（元フジテレビジョンキャスター、第11回）、小池唯夫（元パシフィック野球連盟会長、元毎日新聞社社長、元日本新聞協会会長、第１回～第10回）、後藤謙次（ジャーナリスト、元共同通信編集局長、第12回～第17回）、小山慶太（早稲田大学社会科学総合学術院教授、第１回～第10回）、佐藤　滋（早稲田大学理工学術院教授、第15回～第16回）、佐野眞一（ノンフィクション作家、ジャーナリスト、第１回～第12回）、清水功雄（早稲田大学理工学学術院教授）、下重暁子（作家、第５回～第13回）、竹内　謙（日本インターネット新聞社代表取締役社長、第１回～第13回）、谷藤悦史（早稲田大学政治経済学術院教授、第１回～第14回）、田沼武能（写真家、日本写真家協会会長、第１回～第10回）、坪内祐三（評論家、第13回～第17回）、永井多恵子（世田谷文化生活情報センター館長、元NHK解説主幹、第１回～第４回）、箱島信一（朝日新聞社顧問、元日本新聞協会会長、第11回～第13回）、長谷川眞理子（早稲田大学政治経済学部教授、第１回～第５回）、花田達朗（早稲田大学教育・総合科学学術院教授、第６回～第13回）、林　利隆（早稲田大学教育・総合科学学術院教授、第１回～第５回）、原　剛（毎日新聞客員編集委員、早稲田環境塾塾長、早稲田大学名誉教授、第１回～第15回）、原　寿雄（ジャーナリスト、元共同通信社長、第１回～第３回）、土方正夫（早稲田大学社会科学総合学術院教授、第14回～第16回）、広河隆一（フォトジャーナリスト、「DAYS JAPAN」発行人、第11回～第18回）、ゲプハルト・ヒールシャー（ジャーナリスト、元在日外国報道協会会長、元日本外国特派員協会会長、第１回～第９回）、深川由起子（早稲田大学政治経済学術院教授、第８回～第13回）、松永美穂（早稲田大学文学学術院教授、第14回～第16回）、八巻和彦（早稲田大学商学学術院教授、第４回～第17回）、山崎正和（劇作家、東亜大学学長、第１回～第４回）、吉永春子（ドキュメンタリープロデューサー、現代センター代表、元TBS報道総局専門職局長、第１回～第８回）

「石橋湛山記念　早稲田ジャーナリズム大賞記念講座」シリーズ

報道が社会を変える
コーディネーター　原　剛　早稲田大学出版部　2005年　本体価格1800円

ジャーナリズムの方法
コーディネーター　原　剛　早稲田大学出版部　2006年　本体価格1800円

ジャーナリストの仕事
コーディネーター　原　剛　早稲田大学出版部　2007年　本体価格1800円

「個」としてのジャーナリスト
コーディネーター　花田達朗　早稲田大学出版部　2008年　本体価格1800円

「可視化」のジャーナリスト
コーディネーター　花田達朗　早稲田大学出版部　2009年　本体価格1800円

「境界」に立つジャーナリスト
コーディネーター　花田達朗　早稲田大学出版部　2010年　本体価格1800円

「対話」のジャーナリスト
コーディネーター　花田達朗　早稲田大学出版部　2011年　本体価格1800円

「危機」と向き合うジャーナリズム
コーディネーター　谷藤悦史　早稲田大学出版部　2013年　本体価格1800円

ジャーナリズムの「可能性」
コーディネーター　谷藤悦史　早稲田大学出版部　2014年　本体価格1800円

ジャーナリズムの「新地平」
コーディネーター　谷藤悦史　早稲田大学出版部　2015年　本体価格1800円

「今を伝える」ということ
編著者　八巻和彦　成文堂　2015年　本体価格1500円

日本のジャーナリズムはどう生きているか
編著者　八巻和彦　成文堂　2016年　本体価格1500円

「ポスト真実」にどう向き合うか
編著者　八巻和彦　成文堂　2017年　本体価格2000円

ジャーナリズムは歴史の第一稿である。
編著者　瀬川至朗　成文堂　2018年　本体価格1800円

ニュースは「真実」なのか
編著者　瀬川至朗　早稲田大学出版部　2019年　本体価格1800円

編著者紹介

瀬川　至朗（せがわ　しろう）

岡山市生まれ。東京大学教養学部教養学科（科学史・科学哲学）卒。毎日新聞社でワシントン特派員、科学環境部長、編集局次長、論説委員などを歴任。現在、早稲田大学政治経済学術院教授。「石橋湛山記念 早稲田ジャーナリズム大賞」選考委員、同記念講座コーディネーター、早稲田大学ジャーナリズム大学院（大学院政治学研究科ジャーナリズムコース）プログラム・マネージャー。ファクトチェック・イニシアティブ（FIJ）、報道実務家フォーラム各理事長。専門はジャーナリズム研究、科学技術社会論。著書に『科学報道の真相――ジャーナリズムとマスメディア共同体』（ちくま新書、2017年〔科学ジャーナリスト賞2017を受賞〕）などがある。

民主主義は支えられることを求めている！
「石橋湛山記念 早稲田ジャーナリズム大賞」記念講座2021

2021年12月9日　初版第１刷発行

編著者　瀬川至朗
デザイン　佐藤篤司
発行者　須賀晃一

発行所　株式会社早稲田大学出版部
〒169-0051 東京都新宿区西早稲田1-9-12
TEL03-3203-1551
http://www.waseda-up.co.jp

編集協力　有限会社アジール・プロダクション
印刷・製本　シナノ印刷株式会社

ISBN978-4-657-21020-3

石橋湛山記念
早稲田ジャーナリズム大賞

建学以来、早稲田大学は「学問の独立」という建学の理念のもと、時代に迎合せず、野にあっても進取の精神で理想を追求する多数の優れた人材を、言論、ジャーナリズムの世界に送り出してきました。
先人たちの伝統を受け継ぎ、この時代の大きな転換期に、自由な言論の環境を作り出すこと、言論の場で高い理想を掲げて公正な論戦を展開する人材を輩出することは、時代を超えた本学の使命であり、責務でもあります。
このような趣旨にのっとり「石橋湛山記念 早稲田ジャーナリズム大賞」を創設しました。

本賞は広く社会文化と公共の利益に貢献したジャーナリスト個人の活動を発掘し、顕彰することにより、社会的使命・責任を自覚した言論人の育成と、自由かつ開かれた言論環境の形成への寄与を目的としています。

賞の名称には、ジャーナリスト、エコノミスト、政治家、また本学出身の初の首相として活躍した石橋湛山の名を冠しました。時代の流れにおもねることなく、自由主義に基づく高い理想を掲げて独立不羈の精神で優れた言論活動を展開した湛山は、まさに本学の建学の理念を体現した言論人であるといえます。

（本賞制定の趣旨より）